Fritz Noetling

Die Fauna des samländischen Tertiärs

Fritz Noetling

Die Fauna des samländischen Tertiärs

ISBN/EAN: 9783743321052

Hergestellt in Europa, USA, Kanada, Australien, Japan

Cover: Foto ©ninafisch / pixelio.de

Manufactured and distributed by brebook publishing software
(www.brebook.com)

Fritz Noetling

Die Fauna des samländischen Tertiärs

Abhandlungen

zur

geologischen Specialkarte

von

Preussen

und

den Thüringischen Staaten.

- -

BAND VI.

Heft 3.

BERLIN.

In Commission bei der Simon Schropp'schen Hof-Landkartenhandlung.

(J. H. Neumann,)

1885.

Die Fauna

des

samländischen Tertiärs

von

Dr. Fritz Noetling,

Privatdocent an der Universität Königsberg i. Pr.

I. Theil.

Lieferung I: Vertebrata.
Lieferung II: Crustacea und Vermes.
Lieferung VI: Echinodermata.
Nebst Tafelerklärungen und zwei Texttafeln.

Herausgegeben

von

der Königlich Preussischen geologischen Landesanstalt.

Hierzu ein Atlas mit 27 Tafeln.

BERLIN.

In Commission bei der Simon Schropp'schen Hof-Landkartenhandlung.
(J. H. Neumann.)
1885.

Vorbemerkung.

Die geognostischen Verhältnisse des ostpreussischen, speciell
samländischen Tertiärs sind seiner Zeit eingehend von ZADDACH
dargelegt worden, jedoch fehlte eine Monographie der Fauna bis
jetzt. Die Fossilien finden sich in der Bernsteinformation in einer
der Bernstein-führenden Lage benachbarten Schicht. Es ist das
grosse Verdienst des verstorbenen Professor ZADDACH gewesen,
eine umfangreiche Sammlung dieser Versteinerungen, welche sich
jetzt im Mineralogischen Museum der Universität Königsberg befindet, zusammengebracht zu haben. Der ehrenvolle Auftrag, eine
Bearbeitung dieser Fauna vorzunehmen, wurde mir durch den
bisherigen Director des Museums, Herrn Professor Dr. M. BAUER
(jetzt in Marburg), zu Theil. — Der grosse Umfang des Materials
liess es räthlich erscheinen, die einzelnen Thierklassen gesondert
für sich zu betrachten, so dass die Darstellung einer jeden
eine in sich abgeschlossene Lieferung bildet, aber alle zu einem
Ganzen verbunden ein vollständiges Bild dieser eigenartigen Fauna
geben. Das ganze Werk zerfällt mithin in sechs Lieferungen,
und zwar Lieferung I: Vertebrata, Lieferung II: Crustacea und
Vermes, Lieferung III: Gastropoda, Lieferung IV: Pelecypoda,
Lieferung V: Bryozoa, Lieferung VI: Echinodermata. Von diesen
Lieferungen erscheint hiermit der erste Theil, nämlich die Lie-

lerungen I, II und VI, während der zweite Theil, nämlich die
Lieferungen III, IV und V, mit der am Schluss zu gebenden
Darstellung der aus der Untersuchung dieser Fauna erfolgenden
paläontologischen und geognostischen Resultate im nächsten Jahr
veröffentlicht werden wird.

Königsberg, im März 1885.

Fritz Noetling.

Inhalt.

Lieferung I.

Vertebrata.

Taf. I—XI.

Pisces.

Holocephali.

Edaphodon Bucklandi AGASSIZ.

Taf. I, Fig. 1a, 1b, 1c.

1843. *Edaphodon Bucklandi* AGASSIZ, Recherches sur les poissons fossiles Bd. III, pag. 351, tab. 40d, fig. 24 (typus) non fig. 9 — 12.

1850. *Edaphodon Bucklandi* DIXON, Geology and Fossils of the tertiary and cretaceous Formations of Sussex tab. 10. fig. 20 (ohne Beschreibung).

Das Fragment einer rechten Postdentalplatte [1]) von etwa 30^{mm} Länge und nahezu gleicher Breite, 28,5^{mm}, lässt sich trotz seiner

[1]) Ich kann NEWTON (Monograph of the Chimaeroid fishes etc. Memoirs of the Geological Survey. Monogr. IV, London 1878. pag. 4) nicht beipflichten, wenn er die auf uns überkommenen Reste des Gebisses fossiler Holocephalen als Ober-, Unter- und Zwischenkiefer bezeichnet. Dass dieselben keineswegs den Kieferknochen homolog sind, was überdies ja auch NEWTON selbst zugiebt, davon konnte ich mich durch das Studium des Gebisses von *Chimaera monstrosa* überzeugen. Diese unter obiger Benennung (AGASSIZ spricht ebenfalls von maxillaires supérieures etc.) gehenden Kauwerkzeuge waren, wie das Gebiss von *Chimaera* lehrt, ganz analog wie die Zähne aller anderen Selachier zu Lebzeiten des Thieres vermittelst einer zähen Membran auf dem Kiefer befestigt, von welchem sie sich nach dem Tode des Thieres leicht ablösen konnten. Sie bilden also keinen integrirenden Bestandtheil der Kiefer, mithin kann ihnen eine solche Bezeichnung auch nicht zukommen, und es empfiehlt sich, dieselbe fallen zu lassen, da sie nur zu leicht Veranlassung zu Irrthümern werden kann. Es dürfte wohl kaum bestritten werden, dass diesen sogenannten Kieferknochen die Function des Zerkleinerns der Nahrung obliegt, sie mithin den Dienst von Zähnen versehen: da aber, ihrer augenscheinlich zusammengesetzten Beschaffenheit wegen, die einfache Benennung »Zahn« nicht passend erscheint, so möchte ich die Bezeichnung »Dentalplatte« für diese Kauapparate vorschlagen. Diese Benennung hat jedenfalls den Vorzug, dass sie von der Function, welcher das fragliche Organ dient, hergeleitet ist, also irgend welchen Irrthum zu erregen nicht im Stande ist. Nach meinem persönlichen Dafürhalten sind die Dentalplatten der Holoce-

1*

Kleinheit sehr gut auf diese Art beziehen. Wenn auch die Form[1]) derselben nicht mehr erkennbar ist, so sieht man doch (Taf. I, Fig. 1), dass dieselbe sich nach vorn beträchtlich verschmälerte. Der Symphysialrand läuft in gerader Richtung von hinten nach vorn, dabei fällt die glatte Symphysial- oder Innenseite senkrecht nach unten ab. Der Aussenrand (Oralrand NEWTON's) läuft in gerader, aber schräg nach Innen gerichteter Linie, während die glatte, oder doch nur schwach gestreifte Aussen-(Oral-)seite schräg nach unten gerichtet abfällt. Die Dicke des Fragmentes ist nicht unbedeutend, sie beträgt an der hinteren Bruchfläche unter dem hinteren Innenzahne (Taf. I, Fig. 1b) insgesammt 18^{mm}, wovon 5 auf die Dicke des Zahnes, 13 auf die Dicke der Knochensubstanz kommen. Am vorderen Bruchrande (Fig. 1a) ist die Dicke jedoch bedeutend geringer, hier beträgt sie mit Einschluss des 3^{mm} dicken vorderen Innenzahnes nur noch 12^{mm}.

Die drei für *Edaphodon* charakteristischen plattenförmigen Zähne sind sämmtlich, wenn auch nur als mehr oder minder grosse Bruchstücke erhalten. Sie bestehen aus compacter Zahnsubstanz (bei dem vorliegenden Stücke von lichtbräunlicher bis weisser Farbe), welche von zahlreichen, unter sich parallelen Verticalkanälchen durchsetzt wird, deren Mündungen auf der Kaufläche in Form kleiner Vertiefungen von rundlichem oder länglich ovalem Umriss erscheinen. Zuweilen, namentlich auf den hinteren

phalen den Zähnen der anderen Selachier homolog, aber als ein Zahncomplex zu deuten, der dadurch entstanden ist, dass die Wurzeln ursprünglich vorhandener Einzelzähne so innig mit einander verschmolzen, dass sie ein homogenes Ganze von knochenartiger Beschaffenheit bilden, in welchem die emaillbedeckte Krone eingebettet liegt, resp. aus welchem sie hervorragt. Da das Gebiss wohl aller Holocephalen sich aus sechs einzelnen solcher Dentalplatten, wovon vier im Oberkiefer und zwei im Unterkiefer liegen, zusammensetzt, so spreche ich von einer rechten und einer linken Dentalplatte des Unterkiefers; beim Oberkiefer nenne ich die beiden vorderen Prädentalplatten, die beiden hinteren Postdentalplatten und unterscheide wieder zwischen rechts- und linksseitigen. Zur besseren Erläuterung gebe ich eine Skizze des Gebisses von *Chimaera mediterranea* mit den eingeschriebenen Bezeichnungen. (Vergl. die zusammengehörenden Figuren 1 u. 1a der Texttafel I. Der Unterkiefer ist nach oben gekehrt, wodurch das Rechts und Links besser hervortritt.)

[1]) In der Abbildung ist der Umriss des besseren Verständnisses halber punktirt ergänzt.

Partieen der Zahnplatte, verfliessen mehrere benachbarte Grübchen
miteinander, so dass kurze, wellige Furchen entstehen, die jedoch
anscheinend nur in der Quer-, niemals in der Längsrichtung sich
ausbilden. Auf den vorderen Partieen sind die Grübchen jedoch allseitig
durch breite Zwischenräume fester Zahnmasse geschieden. Die
Kaufläche der Zähne zeigt daher jene charakteristische chagrinartige
Beschaffenheit, an welcher auch lose Zahnfragmente leicht kenntlich sind. Bei meinem Exemplar sind die Verticalkanälchen mit
einer schwärzlichen Substanz erfüllt, die zuweilen, namentlich
gegen die Basis des Zahnes hin, ausgewittert ist. Auf den Bruchflächen tritt daher durch den Gegensatz der lichten Zahnsubstanz
und der dunklen Ausfüllungsmasse der Kanälchen die innere
Structur der Zähne sehr deutlich hervor. Bemerkenswerth erscheint
es, dass die Verticalkanälchen fast die ganze Dicke der Zähne
durchsetzen, und nur am hinteren Innenzahne lässt sich ganz an
der Basis desselben (Taf. I, Fig. 1 b) eine schmale Zone erkennen,
in welcher die Kanälchen horizontal gerichtet sind.

Vom vorderen Innenzahne (a) ist nur der hintere Theil auf
eine Länge von 11ᵐᵐ bei einer Breite von 9ᵐᵐ erhalten, wobei seine
Dicke (an der vorderen Bruchfläche gemessen) 3ᵐᵐ beträgt. Der
Zahn selbst liegt etwas vom Symphysialrand abgerückt und besitzt
einen geraden, jenem nahezu parallel laufenden Innen- resp. Aussenrand. Der Hinterrand, d. h. diejenige Linie, in welcher die
Knochensubstanz der Dentalplatte gegen den Zahn abschneidet,
bildet eine fast gerade, sehr schwach nach vorn convexe Linie.
Am vorderen Ende ist die Kaufläche schwach gewölbt, nach hinten
plattet sie sich etwas ab, indem sie sich gleichzeitig etwas nach
Innen neigt.

Wahrscheinlich ist jedoch dieser im Gebrauch befindliche,
frei aus dem Knochen hervorragende Zahn nur die vordere Partie
eines mit dem grösseren hinteren Theil in der Knochensubstanz
steckenden Zahnes. Man sieht nämlich (Taf. 1 c und 1 b) an der
hinteren Bruchfläche, genau in der Fortsetzung des Zahnes (a), nach
hinten unter dem hinteren Innenzahn (b) den Querschnitt eines
allseitig von Knochensubstanz umhüllten Zahnes (b'), der in seiner

Breite und der Wölbung seiner einstigen Kaufläche so genau mit
dem vorderen Innenzahn übereinstimmt, dass ich nicht zweifle, dass
wir in diesem Zahnquerschnitt die Fortsetzung dieses, und nicht etwa
einen Reservezahn für den darüber befindlichen hinteren Innenzahn
zu erblicken haben; gegen letztere Annahme spräche die bedeutend
geringere Breite des muthmaasslichen Ersatzzahnes. Der stricte
Beweis der Zusammengehörigkeit des Zahnquerschnittes mit dem
Zahne a wird jedoch nur nach der Entfernung der darüber befindlichen Knochensubstanz nebst hinterem Innenzahn zu führen sein,
da man dann wird entscheiden können, ob beide zusammenhängen
oder nicht; allein diesen Beweis kann ich an dem einzigen mir zu
Gebote stehenden Exemplar nicht führen.

　　Wäre aber meine Annahme gerechtfertigt, und ich habe vorläufig keinen Grund daran zu zweifeln, so erreichte der Zahn a
mit Hinzurechnung des Fehlenden mindestens die Länge von 30^{mm},
wovon allerdings beinahe zwei Drittel im Knochen stecken. Dabei
wäre dann der Zahn in seiner Längsrichtung sehr stark von vorn
nach hinten geneigt.

　　Dicht hinter dem soeben beschriebenen Zahne, und zwar hart
am Symphysialrande liegend, befindet sich der hintere Innenzahn (b),
von welchem der vordere Theil auf etwa 12^{mm} Länge erhalten ist;
am hinteren Bruchrande beträgt die Breite etwas mehr als 12^{mm}.
Seine grösste Dicke nahe dem Symphysialrande beträgt 5^{mm}, doch
nimmt dieselbe in Folge der Neigung der Kaufläche nach innen
allmählich bis zu 2^{mm} ab. Selbstverständlich lässt sich auch hier der
thatsächliche Umriss des Zahnes nur durch Combination ergänzen.
Man sieht, dass der Aussenrand in ziemlich gerader Richtung verläuft, während der Vorderrand sehr schräg nach hinten gerichtet
ist und kurz, bevor er in einer abgerundeten, stumpfwinkeligen
Ecke mit dem Innenrand zusammenstösst, eine ziemlich starke Einbuchtung erleidet. Daher nimmt der vorn nicht sehr breite und
stumpf gerundete Zahn nach hinten schnell an Breite zu, und in
Folge der Buchtung des Vorderrandes kann man bei ihm eine
schmale vordere Partie, welche zugleich flach gewölbt ist, von
einer breiteren, hinteren, abgeplatteten Partie unterscheiden. Die
Abplattung rührt auch hier wie vorher von der leichten Neigung

der Kaufläche nach Innen her. Betrachtet man die Dentalplatte im Profil etwa von der Symphysialseite her (Taf. I, Fig. 1c), so sieht man, dass vom vorderen zum hinteren Innenzahne die Dicke der Knochensubstanz schnell und in ziemlich bedeutendem Maasse wächst. Dadurch kommt die Kaufläche von b beträchtlich höher zu liegen als diejenige von a, und zwischen beiden bildet sich ein steiler, treppenartiger Absturz der Knochenmasse aus.

Eine anfangs tiefe, später flach vorwärts geneigte Längseinsenkung der Knochensubstanz trennt die beiden Innenzähne vom Aussenzahn c (Taf. I, Fig. 1, 1a u. 1b). Dieser, der eine ziemlich schmale Kaufläche frei aus der Knochenmasse herausragen lässt, ist auf eine Länge von etwa 20^{mm} erhalten. Sein Aussenrand ist leicht concav, der Innenrand beinahe gerade; letzterer bildet mit dem gleichfalls geraden, aber schräg nach aussen laufenden Hinterrand einen flach gekrümmten Bogen. Dadurch erscheint es, als ob der am vorderen Ende sehr schmale Zahn zunächst rückwärts an Breite zunimmt, sodann aber und zwar ziemlich schnell sich wieder verschmälert. Betrachtet man jedoch das Stück von der rückseitigen Bruchfläche, so sieht man, dass diese Verschmälerung nur eine scheinbare ist, und dass im Gegentheil die Breite rückwärts zunimmt, nur dass der Zahn zum grösseren Theil in der Knochenmasse verborgen liegt. Charakteristisch für den Aussenzahn (c) ist die starke Neigung der abgeplatteten Kaufläche nach Innen, von welcher nur die vorderste flach gewölbte Spitze ausgenommen ist.

Vorkommen: In England in den Bagshot- und Bracklesham-Sands, im Samlande sehr selten in der Zone A₁.

Bemerkungen: Es existiren von *Edaphodon Bucklandi* wohl mehrere vorzügliche Abbildungen, aber, so weit mir bekannt, keine genauen Beschreibungen derselben. AGASSIZ hat die Art aufgestellt und eine Reihe Abbildungen der Postdentalplatten nebst den muthmaasslich hierzu gehörigen Prädental- und Dentalplatten gegeben. Welche Gründe AGASSIZ veranlasst haben, diese verschiedenen Reste unter einem gemeinsamen Namen zusammenzufassen, ist Mangels einer ausführlichen Beschreibung nicht zu ermitteln. An sich ist ja die Wahrscheinlichkeit, dass die verschiedenen Dental-

platten einer Species angehören, sehr gross; der stricte Beweis
wird aber doch nur dann geführt werden können, wenn einmal
ein ganzes zusammengehöriges Gebiss gefunden wird.

DIXON giebt ebenfalls eine vorzügliche Abbildung einer Postdentalplatte unserer Art, gleichfalls aber ohne Beschreibung, und
wahrscheinlich gehört EGERTON's [1]) fig. 2 (eine Postdentalplatte,
leider ohne specifische Bestimmung) hierher.

Unser Fragment entspricht in Grösse und Form am besten
DIXON's fig. 20; auch AGASSIZ's fig. 24 zeigt eine sehr gute Uebereinstimmung in Bezug auf Gestalt und Lage der Zähne, jedoch
scheint das betreffende Exemplar einem bedeutend grösseren Individuum angehört zu haben, als es DIXON's oder das samländische
waren. Auffällig ist die grosse Differenz in der Form der Postdentalplatte, welche zwischen DIXON's und EGERTON's Abbildungen
einerseits und AGASSIZ's fig. 24 andererseits existirt.

Bei Letzterem besitzt dieselbe einen unregelmässig vierseitigen
Umriss, d. h. sie ist an ihrem vorderen Ende nur um Geringes
schmäler als am hinteren: bei DIXON und EGERTON zeigt sie
jedoch die Gestalt eines nahezu rechtwinkeligen Dreiecks, d. h. von
beträchtlicher Breite hinten, verschmälert sie sich nach vorn und
endet in einer Spitze. Die Abbildungen der beiden letzteren
Autoren dürfen wohl einen grösseren Anspruch auf Richtigkeit
in der Wiedergabe des Umrisses erheben, da sie denselben vollständig gleich darstellen, als AGASSIZ's, und es scheint daher die
Annahme begründet, dass die Postdentalplatte, welche AGASSIZ's
fig. 24 zu Grunde lag, irgendwie beschädigt war, und zwar war
jedenfalls das vordere Ende abgebrochen.

Betrachtet man nämlich die Abbildungen, welche NEWTON[2])
von verschiedenen cretaceischen Species gegeben hat, so sieht man,
dass die rechtwinkelig dreieckige Form mit mehr oder minder gerundeter Spitze für die Postdentalplatte von *Edaphodon* die Regel
ist. Man sieht ferner sowohl bei NEWTON z. B. tab. 1, fig. 4 oder

---

[1]) EGERTON. On the Nomenclature of the fossil Chimaeroid fishes. Quarterly
Journ. of Geol. Soc. 1847, Bd. 3, pag. 350. tab. 13, fig. 2.

[2]) The Chimaeroid fishes of the British Cretaceous rocks. Memoirs of the
Geological Survey of the U. Kingdom. Monograph N. IV. 1878.

tab. 6, fig. 2, als bei Dixon's und Egerton's Abbildungen, dass
die Spitze des vorderen Innenzahnes stets in ziemlicher Entfernung
von der Kieferspitze ist, dass also vor derselben ein beträchtliches
Stück Knochen liegt.

Bei Agassiz dagegen liegt die Spitze des vorderen Innenzahnes fast dicht am vorderen Ende des Kiefers; es entbehrt diese
Abbildung demnach eines sicheren generischen Merkmales; da aber
auf Grund der Zähne Agassiz's fig. 24 ganz unzweifelhaft zu
Edaphodon gehört, so lag derselben wohl nur ein grösseres Fragment einer Postdentalplatte zu Grunde, deren Umriss demnach im
Sinne von Dixon's und Egerton's Abbildungen zu ergänzen ist.
Ist somit die Ursache in der Differenz des Umrisses ergründet,
so bleibt nur noch die Form der einzelnen Zähne der beiden Abbildungen zu vergleichen, und hierin vermag ich keinen Unterschied zu erkennen, es sei denn, dass bei Dixon der vordere Innenzahn etwas spitzer zuläuft als bei Agassiz; bei letzterem ist jedoch
die Möglichkeit nicht ausgeschlossen, dass auch der vordere Innenzahn an seiner Spitze etwas verletzt ist.

Da aber unser samländisches Exemplar auch nur fragmentarisch ist, so ist es auf seine Verwandtschaft mit den beiden
anderen tertiären Species *E. leptognathus* Agass. und *E. eurygna-*
thus Dix. zu untersuchen, und festzustellen, ob ein solches Bruchstück genügt, die Art sicher bestimmen zu lassen.

E. leptognathus unterscheidet sich, wie ein Vergleich der
beiden nebeneinanderstehenden Figuren 18 und 24 bei Agassiz
lehrt, zunächst durch die grössere Schmalheit der Innenzähne, die
bei *E. Bucklandi* eine mehr in die Breite gedehnte Gestalt besitzen. Ausserdem aber, und dies scheint mir das wesentlichste
Unterscheidungsmerkmal zu sein, ist die Gestalt des vorderen Innenzahnes bei beiden Species eine durchaus verschiedene. Bei *E. Buck-*
landi besitzt er einen nahezu rechtwinkelig dreieckigen Umriss,
wobei der Hinterrand eine fast vollkommen gerade oder nur wenig
gebuchtete Linie bildet. Bei *E. leptognathus* ist jedoch nicht nur
der Hinterrand tief ausgeschnitten, sondern der Zahn verlängert
sich an seiner innern Ecke in eine schmale Spitze, die um den
vorderen Theil des hinteren Innenzahnes vollständig herumgreift.

Es genügt also der hintere Theil des vorderen Innenzahnes fast ausschliesslich, um *E. Bucklandi* von *E. leptognathus* selbst in kleinen Bruchstücken unterscheiden zu können.

E. Bucklandi und *E. leptognathus*, die beide in derselben Schicht vorkommen, zeigen, abgesehen von dem Unterschiede in der Form des vorderen Innenzahnes, dennoch eine so grosse Aehnlichkeit, dass ich die Frage in Erwägung zog, ob nicht beide zu vereinigen seien. Der Hinterrand der Zähne ist ja nur ein scheinbarer, bedingt durch das Hervorschieben der Zahnplatte aus dem Kieferknochen. Es könnte nun leicht möglich sein, dass die eigenartige Form des vorderen Innenzahnes von *E. leptognathus* nur eine individuelle Erscheinung ist, hervorgerufen vielleicht durch einen steileren Absturz des Kieferknochens. Betrachtet man auch Dixon's, Egerton's, Agassiz's und meine Abbildung von *E. Bucklandi* genauer, so sieht man, dass bei allen diesen eine zipfelartige Verlängerung der Innenecke, wenn auch nur sehr schwach, angedeutet ist; am schärfsten ist sie noch bei Agassiz's fig. 24 ausgesprochen. Sollte es sich durch spätere Untersuchung, z. B. dadurch, dass man allmähliche Uebergänge zwischen beiden Typen auffände, bestätigen, dass die Form des vorderen Innenzahnes bei *E. leptognathus* nur auf individueller Wachsthumserscheinung beruhe, so wäre diese Art allerdings einzuziehen. Da ich aber diese Frage nicht entscheiden kann, so muss ich die Selbständigkeit von Agassiz's *E. leptognathus* vorläufig noch für erwiesen annehmen und mich damit begnügen, auf die Analogieen mit *E. Bucklandi* hinzuweisen.

E. eurygnathus unterscheidet sich von beiden erstgenannten sofort dadurch, dass dem hinteren Innenzahne die für jene beiden so charakteristische plötzliche Verbreiterung rückwärts fehlt; derselbe zeigt bei Dixon eine mehr länglichovale Gestalt, ja er scheint sogar nach hinten zu an Breite abzunehmen. Demnach ist auch hier die Unterscheidung beider Arten leicht. Da also unser Fragment weder einen rückwärts in eine Spitze verlängerten Innenzahn besitzt, noch der hintere Innenzahn sich rückwärts verschmälert, vielmehr eine plötzliche Breitenzunahme zeigt, so scheint mir auch die specifische Stellung desselben hinlänglich begründet.

Elasmodus Hunteri Owen sp.

Taf. I, Fig. 2 — 2b, Fig. 3 — 3b: Taf. II. Fig. 6 - 6b.

1852. *Elasmodus Hunteri* Egerton, Memoirs of the Geolog. Survey of the United Kingdom. Decade VI, pag. 1, tab. 1. fig. 1 — 10.

Sofern die sämmtlichen, auf diese Form bezogenen Reste in der That zu einander gehören, hat unser samländisches Tertiär die sämmtlichen Theile eines Gebisses, nämlich drei rechte Dentalplatten, eine linke Prädental- und eine rechte Postdentalplatte geliefert: die beiden letzteren, sowie zwei Exemplare der ersteren sind ausgezeichnet erhalten, eines dagegen sehr stark abgerollt.

a) Dentalplatte (Taf. I, Fig. 3, 3a u. 3b).

Die Dentalplatte besitzt die Gestalt eines stumpfwinkeligen Dreiecks, dessen Basis durch den Hinterrand, die beiden Seiten durch den Vorder- resp. Symphysialrand gebildet werden. Der Hinterrand, der eine ziemlich gerade Linie bildet, misst 43mm Länge; der leicht gekrümmte Symphysialrand ist 36mm lang, doch dürfte er etwas länger gewesen sein, da man deutlich sieht, dass die Dentalplatten an der Innenseite vorn in eine Spitze ausliefen, die aber bei allen Exemplaren weggebrochen ist. Der Vorderrand bildet eine schräg nach hinten gerichtete, vielfach ausgeschnittene Linie und ist im Gegensatz zu den andern Rändern scharf und schneidend. Seine Gesammtlänge mag etwas mehr als 53mm betragen haben.

Die Dicke der Knochensubstanz ist nur gering; ihre grösste Stärke unter dem medianen Hauptzahn beträgt 8mm; sowohl nach aussen als nach innen von diesem ist sie beträchtlich schwächer, und zwischen Median- und Symphysenzahn besitzt sie nur etwa 4 — 5mm Stärke. Während die Knochensubstanz am Vorderrande ein dichtes und festes Gefüge zeigt, wird sie rückwärts allmählich etwas lockerer. Die Unterseite der Dentalplatte ist vollkommen flach, selbst etwas concav, die Oberseite ziemlich unregelmässig gewölbt.

Die Zähne sind ihrer Structur nach von zweierlei Art: solche die aus compacter und solche die aus lamellös geschichteter Zahn-

substanz bestehen. Von ersterer Art ist nur ein einziger, der
mediane oder Hauptzahn (a) vorhanden, dagegen gehören sämmtliche seitwärts von demselben gelegenen Zähne, deren Zahl 10
beträgt, zur zweiten Art.

Der Haupt- oder Medianzahn liegt etwa in der Mitte der
Dentalplatte, schräg von hinten und aussen nach vorn und innen
gerichtet. Er stellt sich im Grossen und Ganzen als eine etwa
12—13^{mm} breite Platte von geringer Dicke, mit parallelem Aussen-
und Innenrande dar, welche vom Hinter- bis zum Vorderrande
reicht. Der grössere, etwa 24^{mm} lange hintere Theil ragt mit
seiner gesammten flach gewölbten Kaufläche frei aus der Knochensubstanz hervor; der vordere ca. 12^{mm} lange Theil dreht seine Kaufläche dermaassen von aussen nach innen und unten, dass nicht
mehr diese, sondern sein Vorderrand nach oben gekehrt ist. Der
Zahn besteht wie bei *Edaphodon* aus festem Dentin von grauer
oder bräunlicher Farbe, das von zahlreichen Verticalkanälchen
durchsetzt wird, die auf der Oberfläche münden und dadurch die
chagrinartige Sculptur erzeugen.

Vom Medianzahn durch eine flache, breite Einsenkung der
Knochensubstanz geschieden liegt am Symphysialrande der eigenthümlich gebaute Symphysenzahn c, zwischen beiden die drei
inneren Seitenzähne b, zu welchen sich noch etwa sechs Seitenzähne, nach Aussen vom Medianzahn gelegen, gesellen. Alle diese
Zähne besitzen die gemeinsame Eigenthümlichkeit, dass sie aus
zahlreichen dünnen Lamellen von Dentin, die durch zwischen-
gelagerte Knochensubstanz geschieden werden, zusammengesetzt
sind. Am Deutlichsten zeigt die Unterseite des Symphysenzahnes
(Taf. I, Fig. 3 b) diese Structur; das noch erhaltene Stück desselben
besteht aus ca. 28 — 30 Einzellamellen von etwa 0,75^{mm} Dicke, aber
beträchtlicher Länge, etwa 14—15^{mm}, von welcher jedoch nur ein
sehr geringer Theil auf der Oberseite (c in Fig. 3) sichtbar ist. Die
Lamellen sind sehr eigenartig gekrümmt: die hinteren sind verzerrt
Z-förmig gebogen, der untere Ast übertrifft den oberen bedeutend
an Länge und wendet sich sehr schräg nach hinten; nach vorn zu
reducirt sich die Länge des oberen Astes immer mehr, so dass die
vorderen Lamellen nur einfach stumpfwinkelig geknickt sind.

Die zwischen Symphysen- und Medianzahn, sowie die ausserhalb des letzteren gelegenen Seitenzähne bauen sich aus weit kürzeren, aber breiteren Lamellen auf.

Auf der Oberseite ist vom Symphysen- wie von den Seitenzähnen nur wenig zu sehen: von ersterem nur die am Rand gelegenen oberen Theile der Einzellamellen, von letzteren nur die nach aussen vom Medianzahn gelegenen Zähnchen, welche meisselartig am Vorderrande vorspringen.

Bemerkenswerth erscheint die flache Aushöhlung des Kieferknochens am Vorderrande zwischen Median- und Symphysenzahn.

ß) Postdentalplatte (Taf. I, Fig. 2, 2a, 2b).

Die Postdentalplatte gleicht in auffallender Weise den Dentalplatten von *Edaphodon*; sie stellt sich als ein ca. 50^{mm} langer, schnabelförmig gekrümmter Knochen dar, dessen Kaufläche drei Zähne trägt, deren Zahl somit den Unterschied von genanntem Genus sofort beweist. Hinten besitzt die Postdentalplatte eine beträchtliche Dicke, etwa 26^{mm}, nach vorn nimmt dieselbe jedoch rasch ab und endigt in einer kurzen, meisselförmigen Schneide. Die flache Aussenseite ist ziemlich hoch (Fig. 2b u. 2a) und fällt fast senkrecht, oben etwas übergeneigt, nach unten. Mit der schmalen, nach oben und hinten laufenden und dabei schräg nach aussen abfallenden Unterseite (Fig. 2a) stösst jene in stumpf-gerundeter Kante zusammen. Der vordere Theil der Unterseite ist auf eine Länge von etwa 12^{mm} flach, der hintere aber durch eine breite und tiefe Längsfurche ausgehöhlt. Die Innen- oder Symphysenfläche (Fig. 2) besitzt geringere Höhe als die Aussenfläche, hinten fällt sie in ihrer Gesammthöhe senkrecht nach unten. gegen die Spitze hin neigt sich jedoch der obere Theil schräg nach innen und oben, unter Bildung einer wenig markirten Kante. Daher sind die Spitzen der beiden Postdentalplatten genau wie bei *Chimaera* durch einen rückwärts sich verengenden Spalt getrennt, und erst im hinteren Theil stossen die Postdentalplatten fest aneinander. Mit der Unterseite bildet die Innenseite eine schiefe Kante.

Der Aussenrand ist in der Mitte schwach concav, steigt aber auch vorn etwas stärker als nach hinten in die Höhe; der durch

das Zusammenstossen der Innen- und Unterseite gebildete Vorderrand ist kurz und scharf.

Die Oberseite (Fig. 2) trägt drei Zähne verschiedener Structur,
zwei davon, der mittlere oder Median- und der Symphysenzahn,
bestehen aus compacter Zahnmasse, der dritte, der Aussenzahn,
aus lamellös geschichteter Zahnsubstanz.

Letzterer (a) besitzt eine beträchtliche Länge, denn er reicht
längs des Aussenrandes von der Spitze der Dentalplatte bis nahe
zu deren hinterem Ende; jedoch ist er ungemein schmal und unterscheidet sich durch seine lamellös geschichtete Structur von den
beiden anderen Zähnen. Auf der Aussenseite, da, wo die Knochensubstanz etwas abgerieben ist, kann man besonders deutlich den
Aufbau aus einzelnen vertical übereinander gelagerten, etwa eine
Breite von 2^{mm} erreichenden Lamellen erkennen. Bemerkenswerth
ist die grosse Höhe des in der Knochensubstanz steckenden Zahnes,
während nur ein sehr geringer Theil frei herausragt.

Hart am Innenrand und nur vorn davon etwas abgerückt
liegt der Symphysenzahn (b) von noch beträchtlicherer Länge, ca.
41^{mm}, als erstgenannter, da er von der Spitze bis hart zum Hinterrande reicht. Seine Breite mit etwa 6^{mm} übertrifft die des Zahnes a
um das Dreifache. Seine entsprechend der Biegung leicht gekrümmten Ränder laufen ziemlich parallel. Die Kaufläche ist vorn
stark, hinten flacher gewölbt und zeigt die vorher beschriebene
chagrinartige Sculptur. Am Vorderende verschmilzt der Symphysenzahn vollständig mit dem Aussenzahn, und hier ist denn in
sehr interessanter Weise der Uebergang der compacten in die
lamellös geschichtete Zahnsubstanz zu verfolgen. Etwa 12^{mm} von
der Spitze entfernt, sendet der Symphysenzahn an seinem Innenrand kurze, übereinander liegende Lamellen aus, von welchen die
vordersten vier oder fünf frei am Aussenrand endigen, während
die hinteren, Lamelle für Lamelle, mit den in gleicher Höhe befindlichen Lamellen des Aussenzahnes ohne sichtbare Naht verschmelzen. Der Symphysenzahn besitzt ebenfalls eine sehr bedeutende Höhe, steckt aber auch zum grössten Theil in der
Knochenmasse, wie man hinten deutlich sieht. Mit allmählich ab-
nehmender Dicke durchläuft er in schräg nach Aussen gewendeter

Richtung die ganze Höhe der Dentalplatte, und sein unteres Ende verschmilzt anscheinend ebenfalls wieder mit dem Aussenzahn.

Zwischen Aussen- und Innenzahn liegt durch schmale Streifen von Knochenmasse getrennt der Medianzahn (c); seine 22^{mm} lange Kaufläche zeigt einen linsenförmigen Umriss, indem sie sowohl nach vorn als nach hinten spitz zuläuft. Am Hinterrande sieht man, dass der Medianzahn eine weit geringere Höhe als die beiden vorher erwähnten Zähne besitzt, da sein dort zwischen jenen eingekeilter Querschnitt eine Höhe von nur 10^{mm} hat.

γ) Prädentalplatte (Taf. II, Fig. 6, 6a, 6b).

Die Prädentalplatte stellt ein etwa 23^{mm} langes prismatisches Knochenstück von geringer Dicke dar, das wahrscheinlich am Vorderrande in einer kurzen Spitze endigte. Die Aussenseite ist ziemlich hoch, im unteren Theil bis auf eine Höhe von 11^{mm} flach, oben durch eine breite Längsfurche ausgehöhlt; mit der niedrigen, flachen Symphysenfläche stösst sie in scharfer Kante zusammen. Die Innenseite ist schwach concav, die eigentliche Kaufläche etwas stärker vertieft.

Am Aussenrand befand sich ein schmaler, lamellös geschichteter Zahn, der die ganze Länge desselben einnahm. Neben dem Innen-(Symphysialrand) bemerkt man die chagrinartige Oberfläche eines kleinen, flach gewölbten Zahnes aus fester Zahnmasse, an dessen Aussenseite sich wahrscheinlich noch einige Seitenzähnchen anschlossen.

Vorkommen: In England selten in den Sheppey-Thonen und Bracklesham-Sands, im Samlande selten in der Zone A$_1$.

Bemerkungen: Wenn auch einzelne Unterschiede zwischen unserer Form und EGERTON's Abbildungen bestehen, so beziehen dieselben sich doch auf kaum mehr als auf den Verlauf der Seitenränder der Zähne. Da diese jedoch als Folge grösserer oder geringerer Abnutzung der Zähne einen sehr wechselnden Verlauf haben, so möchte ich hierauf kein grosses Gewicht legen.

Den grössten Unterschied erblicke ich darin, dass bei EGERTON der Medianzahn der Postdentalplatte eine bedeutend grössere Kaufläche besitzt als bei unserem Exemplar; allein, denkt man sich bei letzteren den Zahn etwas mehr aus der Knochenmasse herausgewachsen und die über dem hinteren Theile desselben noch lagernde Knochenmasse abgestossen, so kommt die Länge des Medianzahnes beider Exemplare auf das gleiche Maass heraus. Das Vorkommen dieses seltenen Holocephalen ist in deutschen Tertiärablagerungen, soweit mir bekannt, bis jetzt noch nicht constatirt worden.

Plagiostomi.

Fam. Notidanidae Müller und Henle.

Die Zoologen unterscheiden seit langer Zeit in der Familie der Grauhaie nach der Zahl der Kiemenspalten zwei leicht kenntliche Genera: *Heptanchus* Raf. und *Hexanchus* Raf. Da dieses Unterscheidungsmerkmal für den Paläontologen nicht verwerthbar ist, so wurden die fossilen Notidanidenzähne schlechtweg mit dem generischen Namen *Notidanus* bezeichnet, die Frage ihrer Zugehörigkeit zu dem einen oder andern Genus musste aber eine offene bleiben, oder konnte vorläufig nicht näher in Erwägung gezogen werden.

Nun hat aber Gegenbaur [1]) nachgewiesen, dass in Bezug auf den Bau des Schädels und der Schultergürtelhälften *Hexanchus* wesentlich tiefer steht als *Heptanchus*, und neuerdings hat Hasse [2]) durch seine schönen Untersuchungen der Wirbelsäule bestätigen können, dass die Differenzirung derselben bei beiden Gattungen so weit verschieden ist, dass, während bei *Heptanchus* in der Schwanzregion bereits Verkalkungen in Form amphicoeler Doppelkegel auftreten, bei *Hexanchus* jede Andeutung solcher noch vollkommen fehlt.

Da sich mithin in der Organisation des Skelets beider Genera tiefer gehende Unterschiede nachweisen lassen, so wäre vielleicht

---

[1]) Das Kopfskelet der Selachier. Untersuchungen zur vergleichenden Anatomie der Wirbelthiere.

[2]) Natürliches System der Elasmobranchier. Besonderer Theil, pag. 36 u. 37.

zu erwarten, dass sich diese Differenz auch in der feineren Structur
der Zähne kundgiebt[1]); leider konnte ich mir nicht genügendes
Material zur Anfertigung der zur Entscheidung dieser Frage
nöthigen Dünnschliffe beschaffen. Es wäre eine sichere Entscheidung hierüber nicht nur für den praktischen Paläontologen,
sondern auch entwickelungsgeschichtlich von grosser Bedeutung,
denn dann wird es sich ergeben, ob eine Trennung der Notidaniden
bereits in früheren Perioden existirte oder nicht. Sollten sich nun
unter den fossilen Zähnen unsere heutigen Typen nachweisen
lassen, so wäre es ferner sehr interessant zu wissen, ob entsprechend der Ansicht von der niedrigeren Organisation von
Hexanchus dieser auch die geologisch ältere Form darstellt, und
wann etwa die jüngere Form *Heptanchus* zuerst sicher nachweis-
bar ist.

Vielleicht finde ich späterhin einmal Gelegenheit, diese Untersuchung an hinreichendem recenten und fossilen Material wieder
aufzunehmen, vorläufig aber müssen wir Mangels einer definitiven
Kenntniss über diesen Gegenstand die generische Bezeichnung
Notidanus als Nothbehelf beibehalten.

Notidanus primigenius Agassiz.

Taf. I, Fig. 4 und Fig. 5—5a.

1843. *Notidanus primigenius* Agassiz, Recherches sur les poissons fossiles. Bd. III,
pag. 218, tab. 27. fig. 4—8 und fig. 13—17.

Notidanus-Zähne sind unter unserer Fauna sehr spärlich vertreten, es haben mir im Ganzen nur sechs Stücke, darunter keines
von nur annähernder Vollständigkeit zur Untersuchung vorgelegen;

---

[1]) Einigermaassen eine Bestätigung scheint diese Ansicht dadurch zu erhalten,
dass Agassiz l. c. pag. 218 zugiebt, dass die Unterkieferzähne von *Heptanchus
cinereus* sehr wesentlich verschieden von denjenigen des *Hexanchus griseus* sind.
Allein da *Heptanchus indicus* wieder Zähne besitzen soll, die denjenigen von
Hexanchus gleichen, so glaubt Agassiz, die generische Trennung dieser Formen
nicht aufrecht erhalten zu können. Jedenfalls ist damit diese Frage nicht er-
ledigt: sie lässt eine genauere Untersuchung der Zähne der betreffenden Arten
nur um so wünschenswerther erscheinen. Soweit ich aus Abbildungen zu urtheilen
vermag, möchte ich mich mit aller Reserve dahin aussprechen, dass die ältesten
jurassischen *Notidanus*-Zähne wohl zu *Hexanchus* gehören.

darunter sind vier, die kaum mehr als die beiden ersten Spitzen
zeigen und somit ausser Betracht bleiben, und an den beiden andern
ist die Krone wohl ziemlich vollständig, dagegen fehlt die Wurzel.
Das eine Zähnchen (Fig. 4) ist etwa 18 mm lang und besitzt
sechs niedrige, stumpfe Spitzen, die von den vordersten, 5 mm
hohen, nach hinten ganz allmählich an Höhe abnehmen und in
gleichmässig schräger Richtung rückwärts gerichtet sind. Die
Aussenseite der Spitzen ist nur unmerklich flacher als die Innenseite, die Seitenränder sind scharf und schneidend, jedoch reichen
sie nicht ganz bis zur Basis der Einzelspitzen hinab. Die erste
Spitze trägt auf ihrer Vorderseite 3—4 undeutliche Secundär-
zacken, die von unten nach oben an Grösse zunehmen. Das Email
grenzt in gerader und auch unterhalb der vordersten Spitze nur
wenig gebogener Linie gegen die Wurzel ab. Einen etwas andern
Habitus zeigt das Zähnchen Fig. 5: die vier Zacken sind durch-
gängig höher und spitziger; der vorderste ist wie gewöhnlich der
grösste, doch ist er nicht so schräg nach hinten geneigt wie die
folgenden. Die untere Hälfte seines Vorderrandes ist mit fünf
stumpfen, nach oben an Grösse abnehmenden Secundärzähnchen
besetzt. Die Aussenseite der Spitzen ist, wenn auch gewölbt, so
doch beträchtlich flacher als die Innenseite. Vorder- und Hinterrand der einzelnen Zacken ist scharf und schneidend; bemerkens-
werther Weise besitzen die beiden letzten Hauptzacken an der
Basis des Vorderrandes noch ein kleines, kaum sichtbares Secundärzähnchen (Fig. 5 a, vergrössert).

Vorkommen: Die Art scheint vom älteren bis in das jüngste
Tertiär hinaufzureichen. Im Samlande ziemlich selten in der Zone A.

Bemerkungen: Für die specifische Unterscheidung der
Notidanus-Zähne ist zur Zeit noch keine sichere Grundlage ge-
wonnen, und sie wird eben noch so lange nicht mit wünschenswerther Sicherheit auszuführen sein, als nicht das Gebiss der
lebenden Arten im Detail mit allen Varietäten der Zähne beschrieben ist. Dass diejenigen Merkmale, nach welchen man bisher die einzelnen Arten zu unterscheiden pflegte, sich bei genauerer
Untersuchung als nicht stichhaltig erweisen werden, unterliegt für
mich nicht dem geringsten Zweifel. So führt AGASSIZ z. B. als

charakteristisches Merkmal des *Notidanus primigenius* an. dass seine Zähne die grössten unter den bekannten lebenden wie fossilen Arten seien. Dass aber die Grösse gerade bei Haifischzähnen vom allergeringsten Werth ist, steht wohl fest. Unsere Fig. 5 dürfte ihr bestes Analogon in AGASSIZ's fig. 13 finden: die secundären Zähnchen an der Vorderseite der beiden hinteren Zacken können insofern keinen specifischen Unterschied begründen, als ich dieselben auch bei zahlreichen Zähnen des *N. primigenius* aus dem Mainzer Tertiär beobachtet habe.

Spinax sp.

Da dieser von HASSE bestimmte Wirbel im Königsberger Provinzialmuseum aufbewahrt wird, so war es mir zu meinem grossen Bedauern nicht möglich, denselben untersuchen zu können. Das sicher constatirte Vorkommen des Genus *Spinax* im samländischen Tertiär ist von ungemein grossem Interesse, da dasselbe, abgesehen von einem nicht ganz einwurfsfreien Wirbelfragment aus der Molasse von Baltringen [1] sonst fossil noch nicht bekannt ist.

Vorkommen: Sehr selten in der Zone A_1.

Bemerkungen: Zähne habe ich unter meinem Material nicht finden können; bei der Kleinheit derselben ist das Fehlen in der Sammlung nicht besonders auffallend.

Myliobates toliapicus AGASSIZ.

Taf. II. Fig. 1 — 1a.

1836. *Myliobates toliapicus* AGASSIZ. l. c. pag. 321.

Neben zahlreichen einzelnen, fragmentarischen Medianplatten besitze ich ein ausgezeichnet erhaltenes grösseres Bruchstück der Oberkieferplatte von etwa 70ᵐᵐ Länge und nahezu gleicher Breite. Dasselbe besteht aus sechs vollständig und zwei nur theilweise erhaltenen Medianplatten nebst zwei Reihen der entsprechenden Seitenplättchen; die dritte, äusserste Reihe fehlt jedoch. Am vorderen Ende ist die Platte durch den Gebrauch sehr stark abge-

---

[1] HASSE. System der Elasmobranchier. pag. 81.

nutzt, so dass auf der ersten Medianplatte das Email fast vollständig zerstört ist; auf den drei nächstfolgenden sieht man als
Spuren des Gebrauchs feine, scharfe Längskritzen, die nach vorne
convergiren.

Die grossen Medianplatten messen ca. 50—52^{mm} Breite und
9^{mm} Länge, so dass also das Verhältniss von Länge zu Breite sich
wie 1:5,7 oder rund 1:6 stellt; Vorder- und Hinterrand sind,
abgesehen von leichten, secundären Biegungen, ziemlich gerade.
Die Aussenseiten sind stumpf zugeschärft. In der Mitte läuft eine
ziemlich tiefe, von hinten nach vorn an Stärke abnehmende Längsfurche; hierdurch erscheint, im Profil gesehen (Taf. II, Fig. 1a),
die Oberfläche der Gaumenplatte in der Mitte eingesenkt, während
die flach gewölbten Seitenhälften sowohl gegen Aussen als Innen
sanft abfallen. Die inneren Randplättchen sind in der Zahl von
acht vorhanden; die hinteren besitzen noch ziemlich regelmässig
sechsseitige Gestalt, während die vorderen mehr in die Länge gestreckt sind. Noch stärker in die Länge gezogen sind die Plättchen
der zweiten, bei diesem Stück äussersten Reihe, so dass sie stark
verzerrte Sechsecke darstellen. Das glatte und glänzende Email der
Kaufläche ist mit feinen, aber kurzen, ineinander greifenden Längsfurchen bedeckt, die eine sehr feinrunzelige Oberfläche erzeugen.
Bei dem abgebildeten Stück sind dieselben am deutlichsten auf
der dritten bis sechsten Medianplatte zu sehen, auf den beiden
letzten, sowie auf den Seitenplättchen, sind sie jedoch verwischt.
Die Kronensubstanz ist in der Mitte sehr dick, sie misst hier
etwa 15^{mm}, nach dem Seitenrande zu nimmt ihre Dicke dadurch, dass die Unterseite in der Querrichtung ziemlich stark gewölbt ist, schnell ab. Bei dem abgebildeten Exemplar lässt sich
am Hinterende (Fig. 1a) sehr schön die von AGASSIZ beschriebene
röhrige Structur erkennen. Die Wurzel fehlt grössten Theils; da
man jedoch an mehreren Stellen die Einzelkämme noch vollständig
erhalten sieht, so geht zweifelsohne daraus hervor, dass die Zahnkrone unverhältnissmässig dicker war als die Wurzel; ich schätze
bei meinem Exemplar das Verhältniss der Dicke von ersterer zu
letzterer auf etwa 15:3.

Vorkommen: Nicht selten, jedoch meist in einzelnen Platten in der Zone A_1, nach AGASSIZ, DIXON und Anderen im London-clay von Sheppey häufig. Neuerdings wird sie auch von GEINITZ aus den Phosphoriten von Helmstedt genannt.

Bemerkungen: Das vorliegende Exemplar stimmt am Besten mit dem von GEINITZ[1]) aus den Helmstedter Phosphatgruben be-schriebenen Oberkiefer überein. Hier wie dort zeigt die Zahn-krone eine unverhältnissmässige Dicke im Gegensatz zur Wurzel; bei beiden ist in Folge einer medianen Längsfurche die Kaufläche in der Mitte schwach vertieft und erscheint somit, im Querprofil gesehen, doppelt gewölbt, und schliesslich ist die Uebereinstimmung der verzerrten Seitenplättchen unverkennbar. Das Verhältniss von Länge zu Breite beträgt bei GEINITZ 1 : 5,44, bei meinem Exem-plar 1 : 5,7; mithin ist auch hierin die Uebereinstimmung ver-hältnissmässig gut.

Leider giebt AGASSIZ nur Abbildungen des Unterkiefers von *Myliobates toliapicus*, und mit diesen stimmt unser Exemplar keines-wegs überein. Abgesehen von der Form der Medianplatten und der regelmässigeren Gestalt der Seitenplättchen unterscheiden sich AGASSIZ's Exemplare auf den ersten Blick dadurch, dass, wie seine profilarische fig. 20 sehr gut zeigt, die Kaufläche vollkommen glatt ist, ganz besonders aber dadurch, dass, wenn auch die Zahnkrone dicker ist als die Wurzel, dies nicht in so unverhältnissmässigem Grade wie bei unserm oder GEINITZ's Exemplare stattfindet. Das Verhältniss beträgt bei AGASSIZ 3,5 : 6,5, bei unserm Exemplar 3 : 15, bei GEINITZ 3,5 : 15.

Soweit ich aber aus AGASSIZ's Beschreibung des Oberkiefers schliessen kann, ist das samländische sowie das Helmstedter Exem-plar dem *M. toliapicus* zuzuzählen. Wenn sich jedoch GEINITZ behufs Erweisung der Identität auf DIXON's tab. 10, fig. 3 u. 4 beruft und dabei sagt, »dass die Seitenplatten des Unterkiefers fast regelmässige Sechsecke bilden, während jene des Oberkiefers

---

[1]) Ueber neue Funde in den Phosphoritlagern von Helmstedt etc. Abhandl. der Gesellsch. Isis in Dresden, 1883, pag. 38, tab. 2, fig. 2 und 2a.

etwas lang gestreckt sind«, so kann dieser Schluss insofern nicht
zulässig erscheinen, als Dixon pag. 199 ausdrücklich bemerkt:
»The specimen figured tab. 10, fig. 3 is from the lower jaw and
fig. 4 is the under surface.«

Myliobates sp., cf. **toliapicus** Agassiz. (Flossenstachel.)

Taf. II, Fig. 2—2c.

·Neben der verhältnissmässig grossen Zahl von Zahnfragmenten
hat sich nur ein Bruchstück eines diesem Genus angehörigen
Flossenstachels von etwa 62^{mm} Länge gefunden. Am proximalen
Ende beträgt dessen Breite 9,5^{mm}, die Dicke 5^{mm}; am distalen 4^{mm}
resp. 2^{mm}. Die mit glänzendem Schmelz überzogene Vorderseite
ist flach gewölbt und durch zahlreiche, tiefe Längsfurchen, die zuweilen in einander verfliessen, grob gerunzelt. Etwa 10^{mm} vom
proximalen Ende entfernt beginnt eine besonders tiefe, mediane
Längsfurche, die bis zum Ende des Fragmentes zu verfolgen ist.
Daraus dürfte wohl hervorgehen, dass der proximale Theil des
Stachels einer Medianfurche entbehrte, ja es scheint mir sogar bei
vorliegendem Fragment, als ob sie hier durch einen Kiel ersetzt
wurde. Die Hinterseite des Stachels ist durchschnittlich etwas
stärker gewölbt und feiner längsgerunzelt als die Vorderseite und
ohne Schmelzüberzug, sondern rauh; parallel dem Seitenrande, und
dicht neben ihm laufen zwei ganz besonders tiefe Längsfurchen
anscheinend von der Basis bis zur Spitze des Stachels. Der
scharfe Rand ist mit einer Reihe kleiner, spitziger, etwas com-
primirter Zähnchen besetzt, die dicht gedrängt und in proximaler
Richtung geneigt auf einander folgen. Auf dem Rücken eines
jeden Zähnchens läuft von der Spitze bis zur Basis ein feiner,
scharfer Kiel.

Vorkommen: Sehr selten in der Zone A$_1$.

Bemerkungen: Es ist leicht möglich, dass die vorbeschriebene
Kauplatte und der Flossenstachel zusammengehören, ebenso gut
ist aber auch das Gegentheil wahrscheinlich, ja, wenn man vollkommen correct handeln wollte, so müsste man schreiben *Mylio-*

bates? sp., da das nahe verwandte Genus *Aëtobates* wohl ähnliche
Stacheln wie *Myliobates* besitzt, mithin die generische Zugehörigkeit des hier abgebildeten Stachels zu diesem Geschlechte nicht
ausgeschlossen ist.

Ich bin hier dem Vorgange von AGASSIZ gefolgt, der im
III. Bande auf taf. 45 eine ganze Reihe solcher Stacheln abgebildet und mit dem Namen *Myliobates* belegt hat. Vielleicht giebt
eine spätere Untersuchung darüber Aufschluss, ob es möglich ist,
die Stacheln der verschiedenen Genera, welche die Familie der
Myliobatidae bilden, auf mikroskopischem Wege gut zu unterscheiden. AGASSIZ hat die Flossenstacheln, welche er abbildet,
auf eine Reihe derjenigen Arten bezogen, von welchen er Kau-
platten abbildet und beschrieb, ob aber mit Recht, bezweifelt er
selbst. Der samländische Stachel stimmt mit keiner von AGASSIZ's
Abbildungen ganz genau, wohl aber vereinigt er die Charaktere
verschiedener derselben in sich.

Myliobates sp., cf. toliapicus AGASSIZ. (Wirbel.)

Taf. VIII, Fig 1 — 1a und Fig. 2 – 2c.

Nur zwei, sehr stark abgerollte und am Rand beschädigte
Wirbel liessen sich nach dem Durchschneiden auf *Myliobates*
beziehen. Beide Exemplare haben nahezu gleiche Grösse;
ihre Höhe beträgt etwa 10—11^{mm}, die Breite 11—12 und die
Länge etwa 5^{mm}. Soweit sich unter Berücksichtigung des Erhaltungszustandes sehen liess, zeigten die Wirbel in der Frontalansicht querovalen, nahezu kreisförmigen, in der Seitenansicht hoch
rechteckigen Umriss. Eine Orientirung der Wirbel ist ohne Kenntniss des Querschnittes nicht gut möglich, da die Seitenflächen sich
sehr indifferent verhalten; man sieht nur eine etwas eingesenkte,
unregelmässig grubige Fläche zwischen den beiden Doppelkegelhälften.

Die Wirbelhöhlung ist flach eingesenkt, die anscheinend ziemlich weite Durchbohrung für die Chorda scheint central zu liegen.
Der Doppelkegel ist dick, am Rande abgerundet, und die Aussenflächen sind grob concentrisch gestreift.

Der Querschnitt bietet ebenfalls sehr wenig charakteristisches; die Durchbohrung für die Chorda wird von dem ziemlich dicken Doppelkegel umgeben, der in Fig. 1 als dunkler Ring erscheint. Um diesen legt sich als etwas hellerer Ring von gleicher Breite die Innenlage der Aussenzone. Die Aussenlage ist grob concentrisch geschichtet und setzt sich aus helleren Bändern, welche mit dunkleren Streifen abwechseln, zusammen. Gegen den Rand hin folgen letztere dichter auf einander als im centralen Theil, wo sie weiter von einander stehen. Die dunkleren Streifen sind unregelmässig gewellt, auf der Dorsalseite beschreiben sie jedoch in der Mitte einen von zwei seitlichen Einsenkungen begrenzten schmalen Bogen nach vorn. Von der Peripherie her dringen unregelmässige kurze Spalten gegen das Centrum hin vor, ohne jedoch, wie es scheint, die regelmässige Schichtung zu alteriren.

Vorkommen: Selten in der Zone A_1.

Bemerkungen: Fossile Wirbel aus der Familie der *Myliobatidae* sicher und scharf zu unterscheiden, ist ungemein schwierig, sofern nicht reichliches recentes Vergleichsmaterial definitiv darüber entscheiden lässt, welchem Genus der betreffende Wirbel angehört, denn Abbildungen, welche die Bestimmungen erleichterten, existiren leider noch zu wenig. Ich stütze mich daher hinsichtlich der generischen Zugehörigkeit unserer Wirbel auf die Autorität HASSE's, der dieselben als *Myliobates*-Wirbel bestimmte.

Aëtobates Dixoni AGASSIZ sp.

Taf. II, Fig. 3—3b.

1843. *Myliobates Dixoni* AGASSIZ, Recherches sur les poissons fossiles Bd. III. pag. 319.

1850. *Myliobates Dixoni* DIXON, Geology of Sussex pag. 198, tab. 11. fig. 14 und 7 (non tab. 10, fig. 1 und 2: tab. 12, fig. 3).

Von dieser Art besitze ich nur eine einzelne Zahnplatte, vielleicht die vorderste, oder jedenfalls eine der vorderen des Oberkiefers; dieselbe ist stark bogenförmig gekrümmt und am Hinterrand, in der Sehne gemessen, ca. 90^{mm} breit; ihre Länge beträgt in der Mitte etwa 12^{mm}, so dass sich das Verhältniss von Länge

zur Breite etwa wie 1 : 8 stellt. Vorder- und Hinterrand der
Zahnkrone sind stark bogenförmig nach hinten gekrümmt und
laufen einander parallel bis nahe zu den Seiten, wo der Vorderrand, ohne eine scharfe Ecke zu bilden, mit dem Hinterrand zusammentrifft. Daher behält die Zahnkrone ihre Länge beinahe auf
die ganze Breite bei, und nur an den Seiten verschmälert sie sich
unbedeutend. Die Zahnkrone erreicht in der Mitte am Hinterrande gemessen nur die geringe Dicke von 4.5^{mm}, seitlich aber
sowohl wie nach vorn nimmt letztere noch bedeutend ab. Der
dreikantige Kiel an der Hinterseite der Zahnkrone, welcher in
eine entsprechende Furche der Vorderseite des nächstfolgenden
Zahnes eingreift, ist sowohl nach oben als nach unten scharf abgesetzt und reicht bis zu den Seiten; die Furche an der Vorderseite verschwindet jedoch in einiger Entfernung von denselben.
Die Kaufläche ist flach gewölbt, nach vorn abschüssig und in
Folge des Gebrauchs grob und unregelmässig längsgefurcht.

Die Wurzel besitzt die gleichbleibende Dicke von 7^{mm}: vorn
und hinten ist sie abgeschrägt, auf der Unterseite horizontal und
zeigt die bekannte kammartige Zusammensetzung, vorn jedoch undeutlicher als unten und hinten.

Vorkommen: Nicht selten in den Brackelskam-Sands, in
der Zone A$_1$ des Samlands dagegen sehr selten.

Bemerkungen: Es schien mir anfangs etwas unsicher, eine
einzelne Zahnplatte specifisch zu bestimmen, allein das betreffende
Exemplar entspricht namentlich in Bezug auf sein Verhältniss von
Länge zu Breite sowie auf seine starke Krümmung sehr gut der
ersten Platte von DIXON's fig. 14. DIXON und auch AGASSIZ
bemerken nun, dass das Verhältniss von Länge zu Breite bei dem
Typus von *Myliobates Dixoni* ^{1}/$_5$ betragen soll, allein bei der Con-
trolle dieser Angabe an DIXON's fig. 14 ergab sich der Quotient
der ersten Platte zu ^{1}/$_8$ (11 : 92), der zweiten Platte zu ^{1}/$_7$ (13 : 95),
der dritten Platte zu ^{1}/$_6$ (16 : 95), wobei jedoch zu berücksichtigen
ist, dass letztere an den Seiten verletzt und somit nicht auf ihre
ganze Breite erhalten ist; bei tab. 11, fig. 7, einer einzelnen Platte,
die ohne Zweifel auch zu dieser Art gehört, stellt sich der Quotient gar zu ^{1}/$_9$. Ganz anders aber ergiebt sich das Verhältniss,

wenn man die Messungen an DIXON's tab. 10, fig. 1 u. 2 oder
tab. 11, fig. 3 anstellt; hier resultirt in der That ein Quotient,
der zwischen $\frac{1}{4}$ und $\frac{1}{5}$ schwankt.

Aus diesen Zahlen und unter Berücksichtigung der weit stärkeren Krümmung der Zahnplatten von tab. 11, fig. 14 muss man
zur Vermuthung gelangen, dass letztere z. B. tab. 10, fig. 1
oder 2 zwei specifisch verschiedene Formen darstellen, und demgemäss zu trennen seien. Allein nicht nur dieses ist der Fall,
sondern auch DIXON's fig. 14 ist höchst wahrscheinlich gar kein
Myliobates, sondern zu *Aëtobates* zu stellen, denn die Ränder
der vollständig erhaltenen Platten sprechen nicht dafür, dass sich
neben ihnen noch Seitenplättchen befanden, sie sind einfach gerundet wie Zahnplatten von *Aëtobates*.

Bei tab. 10, fig. 1 u. 2 oder tab. 12, fig. 3 dagegen sind
die Seitenränder der Medianplatten ausgezeichnet stumpf zugeschärft und würden somit das Vorhandensein von Seitenplättchen
ohne Weiteres darthun, wenn dieselben nicht noch zum Ueber-
fluss bei den tab. 10, fig. 1 u. 2 vorhanden wären.

Da es somit erwiesen sein dürfte, dass DIXON's tab. 11, fig. 14
dem Genus *Aëtobates* angehört, eine Ansicht, die durch das damit
identificirte samländische Exemplar bestätigt wird, so ist nur die
generische Form zu ändern und dasselbe als *Aëtobates Dixoni* zu
bezeichnen.

Vielleicht ist auch mit unserer Art der *A. sulcatus* AGASSIZ
l. c. fig. 4 u. 5 ident, sicher kann ich dies jedoch nicht be-
haupten: nach fig. 5 scheint sich *A. sulcatus* von *A. Dixoni*
durch noch stärker gekrümmte Zahnplatten, die sich an den Seiten
förmlich zuspitzen, zu unterscheiden. Allein die Profilansicht
Fig. 4 stellt die Platten nicht nur nicht so stark nach rückwärts
gekrümmt, sondern auch viel weniger seitlich zugespitzt dar, als
dies nach fig. 5 zu vermuthen wäre. Unter diesen Umständen
kann auch der Quotient von Länge und Breite, der sich aus fig. 5
zu $\frac{1}{6}$ ergiebt, von nur geringem Werthe sein, der sonst wohl
gegen eine Vereinigung sprechen dürfte.

Von *A. irregularis* unterscheidet sich *A. Dixoni* sehr leicht;
einmal sind bei letzterem die Zahnplatten viel stärker gekrümmt,

als bei ersterem, dann bricht bei *A. irregularis* an den Seiten der
Vorderrand in einer scharfen Ecke nach hinten um, so dass
ein wenn auch nur kurzer gerader Seitenrand entsteht, während
dies bei *A. Dixoni* nicht stattfindet; ferner, und darin scheint
mir der wichtigste Unterschied zu liegen, ist bei *A. irregularis* die
Zahnkrone viel dicker als bei *A. Dixoni*. Am besten wird dies an
der Abbildung der Rückseite beider Arten klar, andererseits aber
auch, wenn man das Verhältniss der Dicke der Wurzel zu derjenigen der Zahnkrone vergleicht. Bei *A. Dixoni* verhält sich
erstere zu letzterer wie 4 : 7, bei *A. irregularis* dagegen wie 6 : 5.

Aëtobates irregularis Agassiz.

Taf. II, Fig. 4 — 4 b, Fig. 5 — 5 b.

. 1843. *Aëtobatis irregularis* Agassiz. Recherches sur les poissons fossiles Bd. III,
    tab. 47, fig. 3 — 5.
1850. *Aëtobates irregularis* Dixon, Geology of Sussex pag. 199, tab. 10, fig. 7:
    tab. 11, fig. 2 — 4 (non fig. 15!).

Neben mehreren Bruchstücken einzelner Platten, die sich in
unserer Sammlung befinden, konnte ich Dank der Freundlichkeit
des Herrn Klebs drei noch im Zusammenhang befindliche, allerdings nur zur Hälfte erhaltene Unterkieferplatten dieser Species
untersuchen. Nach dem Vorderrande der ersten Platte zu urtheilen
gehört das Fragment, da die Kaufläche derselben nicht nach vorn
abschüssig ist, den mittleren oder hinteren Partieen der Gaumenplatte an. Die erste der Platten ist auf eine Breite von etwa
41^{mm} erhalten, aber nur 7,5^{mm} lang; die zweite ist 37^{mm} breit und
8,5^{mm} lang, die dritte von gleicher Breite wie die vorhergehende,
aber 9^{mm} lang. Die beiden letzten Platten mögen gerade die Hälfte
der Gesammtbreite darstellen, die sich mithin auf etwa 74^{mm} be-
läuft; daraus ergiebt sich der Quotient zwischen Länge und Breite
zu $^1/_{10} — ^1/_8$, welch letztere Grösse sehr gut mit dem Resultate
der Messungen an Dixon's tab. 11, fig. 2 stimmt.

Die einzelnen Platten sind schwach bogenförmig gekrümmt;
die unregelmässig gewellten Vorder- und Hinterränder laufen ein-

ander parallel bis zu den Seiten, so dass eine jede auf ihre Gesammtbreite eine, sich fast vollkommen gleich bleibende Länge besitzt.
An der Seite biegt sich der Vorderrand in einer scharfen Ecke
nach hinten, so dass eine Art kurzen und geraden Seitenrandes
entsteht. Die Zahnkrone ist ziemlich dick und steigt von den
Seiten gegen die Mitte zu an, so dass also die Gaumenplatte im
Ganzen in querer Richtung leicht gewölbt ist; ihre durchschnittliche Dicke in der Mitte beträgt etwa 6^{mm}. Die Kaufläche ist
vollkommen horizontal und mit glänzend glattem, etwas rissigem
Email bedeckt. Der scharf abgegrenzte Kiel an der Hinterseite
zeigt vierkantigen Querschnitt und reicht ebenso wie die vordere
Furche bis an den Seitenrand.

Die Wurzel ist vorn und hinten abgeschrägt, auf der Unterseite horizontal; in der Mitte ist ihre Dicke am grössten; dieselbe
beträgt bei der dritten Platte etwa 4,5^{mm}: es verhält sich also die
Dicke der Zahnkrone zu derjenigen der Wurzel wie 6 : 4,5: nach
den Seiten nimmt jedoch die Stärke der Wurzel bis auf beinahe
2^{mm} ab.

Bemerkenswerth ist ferner das Fragment einer Unterkiefer-
platte (Fig. 5, 5a, 5b), das jedenfalls der vorderen Partie angehörte,
wenn nicht gar die vorderste Platte selbst darstellt. Die Form weicht
von den Oberkieferplatten insofern ab, als dieselbe in der Mitte
gerade ist und sich nur an den Seiten, aber ziemlich stark rückwärts krümmt. Die Länge der Platte beträgt ca. 9, ihre Breite
74^{mm}, also ergiebt sich das Verhältniss etwa 1 : 8. Da die Kaufläche nicht nur seitlich, sondern auch ziemlich stark nach vorn
geneigt ist, so nimmt die Dicke, welche in der Mitte des Hinterrandes 5^{mm} beträgt, nach vorn ziemlich schnell, nach den Seiten
etwas langsamer ab. Der Kiel an der Hinterseite ist nach oben
nur undeutlich abgesetzt, die Furche an der Vorderseite kaum
bemerkbar.

Die Wurzel, welche vorn etwas stärker abgeschrägt ist als
hinten, besitzt eine Dicke von 3,5^{mm}, welche sie, ohne abzunehmen,
von der Mitte bis zu den Seiten beibehält. Ihre kammartige
Structur zeigt sich bei diesem Exemplar ausgezeichnet schön; die

Oeffnungen der Hauptnervenkanäle[1]) liegen zahlreich an der Grenze
zwischen Wurzel und Zahnkrone, sowohl an der Vorder- als
Hinterseite; auch auf der Unterseite sieht man in den Furchen
zwischen den einzelnen Kämmen mehrere unregelmässig zerstreute
Nervenöffnungen.

Vorkommen: Häufig im Sheppey-Thone; seltener in der
Zone A_1 des Samlandes.

Aëtobates sp.

Taf. VIII, Fig. 3—3e, Fig. 4—4b, Fig. 5—5b.

Wie die *Myliobates*-Wirbel sind auch diese ziemlich schlecht
erhalten, weshalb die äussere Form mit Bestimmtheit nicht angegeben werden kann. Die Höhe der Wirbel beträgt 8—10^{mm},
die Breite ist anscheinend etwas geringer, 8—9^{mm}, und die Länge
betrug etwa 4^{mm}. In der Frontalansicht wird der Umriss wahrscheinlich hoch-oval, vielleicht etwas eckig gewesen sein, während
er in der Seitenansicht hoch-rechteckige Gestalt zeigte.

Da die Wirbel allseitig ein nahezu gleiches Bild gewähren,
so ist eine Orientirung ungemein schwer, und in einzelnen
Fällen ohne Durchschneidung überhaupt nicht ausführbar. Bei
dorsaler, ventraler und seitlicher Ansicht sieht man in der
Mitte jeder Seite eine schmale, flache Längsleiste, welche seitlich
von zwei wenig tiefen, spaltförmigen Lücken begrenzt ist; je eine
dorsale und laterale, resp. ventrale und laterale Spalte ist wiederum
durch eine, zwei bis drei Mal breitere Längsleiste getrennt. Man

---

[1]) Da allgemein bei den Elasmobranchiern ein jeder Zahn nur eine grössere
Oeffnung für den Eintritt des Hauptnervenstammes besitzt, so scheinen die zahlreichen grösseren Nervenkanäle bei den Zahnplatten der Myliobatiden dafür zu
sprechen, dass diese aus der Verschmelzung zahlreicher Einzelzähne hervor-
gegangen sind. Ja, da bei dem betreffenden Exemplar, wenn auch nicht regelmässig, auf je 2 Wurzelkämme ein Hauptnervenloch kommt, so scheint damit
die Entstehung aus doppeltkammigen, rechenähnlichen Zähnchen angedeutet. Da
unser Exemplar etwa 60 Wurzelkämme besessen haben mag, so wären also die
Zahnplatten aus der innigen Verschmelzung von dreissig Einzelzähnchen entstanden zu denken.

zählt also im Ganzen acht spaltförmige Lücken: zwei ventrale, zwei dorsale und je zwei laterale, welche vier schmale mediane von vier breiteren, zwischen ersteren liegenden Längsleisten trennen.

Dieses normale Bild wird durch Oberflächenverkalkungen etwas modificirt, wodurch in gewissen Fällen die Orientirung etwas erleichtert wird. Vielfach sind nämlich die ventralen Lücken durch Oberflächenverkalkung geschlossen, so dass die Ventralseite eine gleichmässige, zusammenhängende, wenn auch unebene Fläche zeigt (Fig. 3). Zuweilen können auch die unteren Laterallücken durch Oberflächenverkalkung verdeckt sein, so dass man äusserlich nur die dorsalen und oberen lateralen Lücken erkennt. Gewöhnlich sind auch die dorsalen Spalten am tiefsten, ebenso wie auch die dazwischen liegende Längsleiste stärker als die übrigen ausgebildet ist.

Die mässig tiefe Wirbelhöhlung wird von der Chorda central durchbohrt.

Der Doppelkegel ist dick, seine Ränder sind ziemlich abgerundet und die Aussenflächen grob und unregelmässig concentrisch gestreift.

Der Querschnitt zeigt in der Mitte die verkalkte Innenzone (Fig. 5b), umgeben von dem helleren Ring des Doppelkegels. Die Aussenzone ist undeutlich concentrisch geschichtet, häufig aber kann man Innen- und Aussenlage unterscheiden. Am Rande ist die letztere durch kurze spaltförmige Einschnitte sehr regelmässig zertheilt. Am constantesten sind zwei Einschnitte, welche dorsal und ventral je eine schmale mediane Lamelle abtheilen: gewöhnlich ist die dorsale etwas stärker entwickelt. In der Mitte der Seiten befinden sich entweder ebenfalls zwei Einschnitte, welche eine schmale Lamelle zwischen sich fassen, wie in Fig. 3e (vergrössert) und 4b (vergrössert), oder es tritt nur ein Einschnitt auf, und dann entsteht das Querschnittsbild Fig. 5b (vergrössert).

Vorkommen: Ziemlich häufig in der Zone A.

Bemerkungen: Nach Herrn HASSE gehören diese Wirbel dem Genus *Zygobates* an; allein mit Rücksicht darauf, dass die Wirbel der Genera *Zygobates, Aëtobates* und *Cephaloptera* sehr schwierig, vielleicht gar nicht zu unterscheiden sind, möchte ich, da im samländischen Tertiär Zähne des Genus *Aëtobates* gar nicht selten sind, die vorbeschriebenen Wirbel diesem Genus zuzählen.

Rhinobates Martensii sp. n.

Taf. VII, Fig. 1 — 1 b.

Die *Squatinorajidae* sind in unserer Fauna durch einen einzigen Wirbel, welcher dem Genus *Rhinobates* angehört, vertreten, während Zähne fehlen. Leider wurde es verabsäumt, die äussere Gestalt des Wirbels vor dem Durchschneiden zu fixiren, und somit kann ich hierüber nur wenig sagen.

Der 8,75^{mm} hohe und 8,5^{mm} breite Wirbel besitzt in der Frontalansicht nahezu kreisförmigen Umriss, der sich aber bei unserem Exemplar in Folge theilweiser Abrollung ziemlich unregelmässig gestaltet. Die Durchbohrung für die Chorda ist ziemlich weit und etwas excentrisch dorsalwärts gelegen. Eine Randfläche scheint kaum ausgebildet gewesen zu sein: bei seitlicher Betrachtung sieht man jedoch, dass der Rand ziemlich stark aufgeworfen ist. Dabei ist die Wirbelhöhlung ziemlich tief, zeigt aber nur wenige und undeutliche concentrische Streifen.

Auf dem Querschnitt erscheint der centrale Doppelkegel (d) als dünne Schicht rings um die Durchbohrung für die Chorda, welche sich durch ihre hellere Farbe scharf gegen die dunkleren Particen der Aussenzone abhebt.

Rings um denselben liegt eine ziemlich breite, sehr fein lamellös geschichtete Zone, die Innenlage (a_1) der Aussenzone.

Die periphere Lage (a) der Aussenzone ist noch bedeutend feiner geschichtet und in acht radiäre Strahlen zerlegt, die sich in je einem ventralen und dorsalen und je drei seitlichen Strahlen gruppiren. Der dorsale Strahl ist kurz aber breit, ohne sich gegen Aussen zu verdicken; im Gegensatz hierzu ist der ventrale Strahl lang und schmal, aber auch er bleibt stets gleichmässig breit.

Von den Seitenstrahlen sind die dorsalen wie die ventralen Schrägstrahlen sehr schmal, es zeigt sich aber auch hier wieder der Gegensatz, dass die dorsalen kürzer und plumper sind, als die

längeren und schlankeren ventralen; aber weder die einen noch
die andern nehmen nach aussen an Breite zu.

Die mittleren, eigentlichen Seitenstrahlen sind die breitesten
von allen und verdicken sich bedeutend gegen aussen hin, so dass
sie gegen die anderen stark überwiegen.

Durch diese verschiedene Breite der einzelnen Strahlen sind
im dorsalen Abschnitt die Zwischenräume schmal und wenig tief,
im ventralen dagegen ziemlich breit und tief.

Deutlich sieht man besonders am Ventralstrahl, dass dieser,
sowie die Seitenstrahlen mit, wenn auch nicht sehr ausgedehnten,
plattenförmigen Oberflächenverkalkungen verwachsen waren.

Vorkommen: Sehr selten in der Zone A des Samlandes;
sonst hat sich *Rhinobates* nach HASSE im Senon von Ciply und
Maestricht, sowie im belgischen Eocän und in der Kreide des
Libanon gefunden.

Bemerkungen: Das Bild des Querschnittes unseres Wirbels
lässt denselben als eine Mittelform zwischen den beiden lebenden
Arten *Rh. Horkelii* MÜLL. und *Rh. cemiculus* G. ST. HILL., die beide
von HASSE sorgfältig abgebildet und beschrieben sind, erscheinen.
Doch scheint die Verwandtschaft mit letzterem eine grössere; die
nächsten Beziehungen zeigt jedoch unsere Form mit einem Wirbel
aus dem belgischen Eocän (HASSE, tab. 15. fig. 46) der auch
von HASSE mit *Rh. cemiculus* in enge Verwandtschaft gebracht wird.

Zur besseren Erläuterung der folgenden Auseinandersetzung
wird es zweckdienlich sein, HASSE's Figuren zu reproduciren,
und zwar wähle ich von *Rh. Horkelii* die fig. 27, sowie fig. 35,
erstere (Texttafel Lief. I, Fig. 2) den Querschnitt der recenten Form
darstellend, letztere (Texttafel Lief. I, Fig. 3) den Querschnitt eines
Wirbels aus dem Eocän von Etterbeek, der nach HASSE auf den
Typus des *Rh. Horkelii* zu beziehen ist; von *Rh. cemiculus* fig. 41
das Querschnittsbild der recenten Form (dies. Tafel, Fig. 4) und
fig. 46 den Querschnitt eines Wirbels aus dem Eocän von Etterbeek (dies. Tafel, Fig. 5), der nach HASSE nach dem Typus des
Rh. cemiculus gebaut ist.

Man sieht hieraus sofort, dass *Rhinobates Horkelii* durch ungemein breite Strahlen mit relativ schmalen Zwischenräumen der
peripheren Lage (a_1), sowie durch eine breite Innenlage (a) der

Aussenzone charakterisirt ist. *Rh. cemiculus* zeichnet sich durchweg durch die Schlankheit und Dünne seiner Strahlen, welche folglich durch grössere und breitere Zwischenräume getrennt sind, aus; die Innenlage der Aussenzone (a) ist als relativ schmaler Ring ausgebildet.

Von den fossilen Wirbeln zeigt nun Fig. 3 genau den Habitus des lebenden *Rh. Horkelii*, Fig. 5 zeigt in der Schmalheit der dorsalen und ventralen Strahlen, mit demgemäss breiten Zwischenräumen, in der Entwickelung von Oberflächenverkalkungen am dorsalen, sowie an den beiden Seitenstrahlen Annäherung an *Rh. cemiculus*; mit *Rh. Horkelii* verbindet sie jedoch die ungemeine Entfaltung der beiden Seitenstrahlen, sowie die breite Innenlage (a), wie auch HASSE bereits erkannt und hervorgehoben hat.

Vergleichen wir nun hiermit das Bild unseres Wirbels, so sehen wir zunächst, dass die Schmalheit und Schlankheit der Dorsal- und Ventralstrahlen ihn dem *Rh. cemiculus* nahe rückt, die Breite der Seitenstrahlen aber, sowie diejenige der Innenlage der Aussenzone (a) auf Beziehungen zu *Rh. Horkelii* deutet.

Unter den fossilen Formen entspricht nun dieser Zwischenstellung am besten der Querschnitt des von HASSE aus dem Eocän von Etterbeck abgebildeten Wirbels, während die äussere Form beider zu differiren scheint. Aber auch im Querschnitt ist die Uebereinstimmung keine absolute; die dorsalen Strahlen erscheinen bei unserer Form im Vergleich zu den entsprechenden Strahlen des belgischen Wirbels plump, während wiederum die ventralen viel schlanker ausgebildet sind. Der Gegensatz also, der sich bei unserer Form in der Dicke der Ventral- resp. Dorsalstrahlen kundgiebt, ist bei dem belgischen Wirbel kaum vorhanden. Ausserdem bleiben jedoch bei unserem Exemplar die Strahlen bis zu ihrem Ende von gleichmässiger Dicke, während sie sich bei dem belgischen gegen das Ende hin, wenn auch nur unbedeutend verdicken.

Ein weiterer Unterschied liegt in der starken Entwickelung der Oberflächenverkalkung bei dem belgischen Exemplar; dadurch erscheint dasselbe oberflächlich nur vierkammerig (cf. HASSE, tab. 15, fig. 43, 44 und 45), während unser Wirbel bei nur geringer Ausbildung der Oberflächenverkalkung, in der Seiten-, resp.

Ventral-, resp. Dorsalansicht die vier Zwischenräume jederseits, also ringsum acht Kammern nebst den entsprechenden Strahlen deutlich erkennen lässt.

Auch die sichere Constatirung dieses Genus verdanken wir den schönen Untersuchungen Hasse's. Es wird nun Aufgabe der Paläontologen sein, den Nachweis hierher gehöriger Zähne zu liefern [1]).

Urolophus (?) bicuneatus sp. n.

Taf. VII, Fig. 8—8b; Taf. VIII, Fig. 11.

Der in seiner äusseren Form sehr sonderbar gestaltete Wirbel besitzt eine Höhe von 27^{mm}; seine Breite ist jedoch verschieden, je nachdem man dieselbe auf der Vorder- oder Hinterseite ermittelt: die kleinere Breite beträgt 25^{mm}, die grössere 30,5^{mm}. Ebenso ist die Länge an der Dorsal- resp. Ventralseite verschieden: die dorsale Länge beträgt 13,5^{mm}, und da sich der Wirbel in ventraler Richtung ziemlich rasch verkürzt, so beträgt die ventrale Länge nur 7^{mm}.

Es ist daher die Frontalansicht des Wirbels, je nachdem man ihn von vorn oder von hinten betrachtet, durchaus verschieden. Auf der einen Seite zeigt er die Form eines in dorso-ventraler Richtung leicht comprimirten Querovals, auf der andern Seite kreisförmigen in ventraler Richtung leicht zugespitzten Umriss. In der Seitenansicht ist der Umriss keilförmig.

Auf der Dorsalseite sieht man in der Mitte einen etwa 7,5^{mm} langen und 3^{mm} breiten Spalt von elliptischer Form, der durch zwei dünne Lamellen von zwei dicht neben ihm befindlichen Oeffnungen getrennt ist. Durch secundäre Kalkablagerungen ist jedoch die regelmässige Gestalt dieser Lücken sehr modificirt und daher in der Abbildung nicht recht deutlich.

Sowohl von der Ventralseite als in der Seitenansicht sieht man nur eine zusammenhängende, von keinen Lücken unterbrochene, aber vielfach grubige, rauhe und von kleinen Löchern

---

[1]) Leider ist mir über den interessanten *Rhinobatus maronita*, welchen Fraas (Aus dem Orient II, pag. 92) aus den Schiefern des Hackel nennt, Näheres nicht bekannt.

durchsetzte Fläche. Daraus dürfte wohl hervorgehen, dass die Apophysen nicht mit dem Wirbelkörper verwachsen waren.

Die Wirbelhöhlung ist beiderseits ziemlich tief eingesenkt, jedoch ist auf der querovalen Seite die Aussenfläche des Doppelkegels in seitlicher Richtung, auf der andern Seite in dorso-ventraler Richtung gebogen. Die Durchbohrung für die Chorda liegt genau in der Mitte. Der centrale Doppelkegel ist ziemlich dicht an den Rändern etwas abgebogen und gerundet; die eine Aussenfläche ist sehr fein und regelmässig concentrisch gestreift, auf der andern sind die Wachsthumsringe gröber und unregelmässiger.

Im Querschnitt sieht man die verkalkte Innenzone in Form eines kleinen etwas excentrisch nach der Dorsalseite gelegenen schwarzen Kreises, den ein etwas hellerer Ring, der durchschnittene centrale Doppelkegel, umgiebt.

Die Aussenzone scheidet sich in die ziemlich scharf gegeneinander abgegrenzte Innen- und Aussenanlage; erstere, mit einem Durchmesser von etwa 8ᵐᵐ, welche sich nun an den Doppelkegel anlegt, stellt sich als dunkle, dichte Masse dar, die nur dorsal- und ventralwärts zwei hellere Partieen zeigt. Die Aussenlage ist etwas heller, undeutlich concentrisch geschichtet und wird von zwei keilförmigen, diametral gegenüberliegenden Partieen hellerer Substanz, welche von der Peripherie bis nahe zum Centrum reichen, auf der Dorsal- und Ventralseite durchsetzt, von welchen die dorsale, nicht völlig ausgefüllte Partie etwas breiter ist, als die ventrale. Ursprünglich mögen sich an dieser Stelle mit Knorpel erfüllte Lücken befunden haben, welche späterhin durch secundäre Verkalkung ausgefüllt wurden; für diese Ansicht spricht wenigstens die nur theilweise ausgefüllte dorsale Partie.

Bei geeignet auffallendem Lichte, daher in der Abbildung ohne Uebertreibung schwer anzugeben, sieht man nun noch eine Differenzirung der Aussenlage in der Art, dass in den beiden seitlichen Theilen, welche durch die hellen medianen Partieen geschieden sind, dicht neben letzteren und zu beiden Seiten derselben dunklere keilförmige Partieen gegen einen mittleren, etwas helleren Theil abgesetzt sind, ohne dass jedoch eine scharfe Grenze zwischen beiden zu ziehen wäre.

Vorkommen: Sehr selten in der Zone A.

Bemerkungen: Was zunächst die äussere Form des Wirbels angeht, so glaube ich nicht, dass dieselbe auf Abrollung zurückzuführen, sondern als ursprünglich anzusehen ist; denn nicht nur die Ränder des Doppelkegels, sondern auch die Seitenflächen sind vollkommen intact.

Herr HASSE hatte diesen Wirbel als *Myliobates*-Wirbel bestimmt, jedoch ergab sich nach der Durchschneidung ein Querschnittsbild, das nach meinem Dafürhalten eine Vereinigung mit *Myliobates* unzulässig erscheinen liess. Das Querschnittsbild war ein so fremdartiges, dass ich unter allen von HASSE abgebildeten recenten Wirbeln kein ähnliches Object, dessen Hauptcharakter in dem Hervortreten der helleren ventralen resp. dorsalen keilförmigen Partie besteht, auffinden konnte.

Die einzige Analogie gewährt ein *Urolophus*-Wirbel aus dem Eocän von Etterbeck, tab. 19, fig. 14, der ein ähnliches Querschnittsbild zeigt; des besseren Vergleiches halber reproducire ich die Figur (Vergl. Texttafel Lief. I, Fig. 6):

Man sieht bei demselben je eine dorsale und ventrale Partie sich durch ihre hellere Färbung gegen seitlich daneben liegende dunklere Theile abheben, welche wiederum durch eine hellere Zone geschieden sind. Bei dem belgischen Wirbel sind aber die Grenzen ungleich schärfer, als bei dem unsrigen, der eigentlich nur die medianen gegen die seitlichen Partieen scharf abgesetzt zeigt.

Diese Aehnlichkeit hat mich bewogen, unsern Wirbel fraglich bei *Urolophus* unterzubringen.

Astrape (?) media sp. n.

Taf. VIII, Fig. 6 — 9a.

1884. *Torpedo* sp. HASSE. Einige seltene palaeontologische Funde. Palaeontographica Bd. XXI (3. Folge Bd. 7), pag. 5, tab. 1, fig. 6 und 7.

Der Umriss der Rumpfwirbel (nur solche hatte ich Gelegenheit zu untersuchen) scheint sehr zu variiren; man kann nur sagen, dass er im Allgemeinen polygonal gerundet ist; stets aber sind die Wirbel breiter als hoch, wenn auch die Differenz zuweilen nur gering ist.

Der Fig. 6 abgebildete Wirbel zeigt in der Frontalansicht
einen gerundet achtseitigen Umriss in Folge der geraden Ränder
des Doppelkegels: seine Breite beträgt 13, seine Höhe 10^{mm}.
Anders ist die Gestalt des Wirbels Fig. 7; hier nimmt in
Folge einer ventralen Zuspitzung, sowie des deutlich eckig gebrochenen Ventral- resp. Dorsalrandes der Wirbel eine breit-
herzförmige Gestalt an; seine Breite beträgt 12, seine Höhe 10^{mm}.
Gerade die umgekehrte Form besitzt der Wirbel Fig. 8; hier
erfolgt die Verschmälerung nicht in ventraler, sondern in dorsaler
Richtung, daher bei gleicher Orientirung der Wirbel Fig. 6 u. 8
der letztere eine umgekehrt breit herzförmige Gestalt zeigt. In der
Seitenansicht zeigt der am besten erhaltene Wirbel Fig. 6 eine
rechteckige Gestalt; seine Länge ist relativ bedeutend, nämlich 7,5^{mm}.
Die Wirbelhöhlung ist ziemlich tief eingesenkt und wird genau
im Mittelpunkt von der Chorda durchbohrt.

Der centrale Doppelkegel ist ziemlich dünn, an den Rändern
nicht aufgeworfen, wohl aber etwas abgeschrägt. Seine Aussenflächen sind, entsprechend der starken Vertiefung, ziemlich geneigt
und zeigen eine regelmässige, concentrische Streifung.

Die Oberflächenverkalkung umzieht als glatte, ziemlich feste
Schicht die Aussenzone und war einerseits mit den Apophysen,
andererseits mit den beiden Hälften des Doppelkegels innig verwachsen. Die Lücken, welche die Haftstellen der Neurapophysen
anzeigen, sind ziemlich gross und liegen an den Seiten, gerade über
dem Seitenstrahl der Aussenzone, auf der Dorsalseite einander
etwas näher und durch einen geringer breiten Zwischenraum geschieden, als auf der Ventralseite. Da die Oberflächenverkalkung
weiter keine Lücken zeigt, so vermuthe ich, dass die Hämapophysen
nicht mit ihr verwachsen waren.

Bemerkenswerth ist eine ziemlich breite und flache, durch
scharfe Kanten seitlich begrenzte Längsrinne (Taf. VIII, Fig. 6b
und 6), welche auf der Ventralseite in die Oberflächenverkalkung
eingesenkt ist, da sie ein sehr gutes Hülfsmittel zur Orientirung
eines nicht durchschnittenen Wirbels abgiebt.

Im Querschnitt erscheint der centrale Doppelkegel (d) (Fig. 8b
und 9a) als ziemlich schmaler, dunkler Ring, welcher die Durchbohrung für die Chorda umgiebt; diese ist zuweilen durch die ver-

kalkte Innenzone völlig ausgefüllt. Die Innenlage der Aussenzone
erscheint als ein etwas breiterer Ring von hellerer Farbe; die verkalkte Aussenlage der Aussenzone zerfällt in vier keilförmige Radialstrahlen: einen dorsalen, einen ventralen und je einen Seitenstrahl,
welche durch schmälere, bei Lebzeiten des Thieres mit Knorpel
ausgefüllte Zwischenräume, Interradiallücken, getrennt sind. Der
allgemeine Charakter der Strahlen ist der, dass der dorsale Strahl
stets am schmalsten und kürzesten, die beiden Seitenstrahlen etwas
breiter sind und der Ventralstrahl am breitesten ist; doch variiren
bei den einzelnen Wirbeln die Grössenverhältnisse der einzelnen
Strahlen; dennoch möchte ich hierin nur einen durch die Lage der
Wirbel bedingten Unterschied sehen.

Am unveränderlichsten zeigt sich der dorsale Strahl: seine
Seitenflächen bilden stets einen sehr spitzen Winkel; auch die
Seitenstrahlen scheinen bei allen Exemplaren eine constante Breite
zu besitzen; dagegen ist bei zwei Wirbeln der rechte Seitenstrahl
am Aussenrande gegabelt, bei dem Wirbel Fig. 7 deutlicher als
bei dem andern Fig. 9. Der Ventralstrahl zeigt eine solche Breite
bei dem Wirbel Fig. 7, dass seine Seitenflächen nahezu einen
Winkel von 180⁰ bilden; bei dem Wirbel Fig. 8 ist er beträchtlich schmäler, und seine Seitenflächen bilden noch einen spitzen
Winkel mit einander. Dem entsprechend sind die Interradiallücken
von verschiedener Breite, aber stets sind die ventralen schmäler
als die dorsalen.

Sowohl der Ventral- als der Dorsalstrahl sind an den Seiten
innig mit den Oberflächenverkalkungen verwachsen; diese sind aber
durchweg bei ersterem etwas länger, so dass die ventralen Interradiallücken nach aussen hin fast vollständig abgeschlossen sind
und nur ein schmaler Spalt zwischen den Seitenstrahlen offen
bleibt. In der Seitenansicht Fig. 6c sieht man daher da, wo durch
die Zerstörung der Apophysen eine Lücke in der Oberflächenverkalkung entstanden ist, nur den Seitenstrahl und zwei schmale
Spalten als Andeutungen der Interradiallücken. Bei Fig. 8 ist
gleichzeitig die Oberflächenverkalkung so stark verdickt, dass
sie das Lumen der ventralen Interradiallücken fast völlig aus-
füllt.

Der Aufbau der Aussenlage der Aussenzone aus concentrischen Schichten zeigt sich besonders schön dadurch, dass hellere
und dunklere Streifen mit einander abwechseln. Bei dem dorsalen
und den beiden Seitenstrahlen bilden die Querschnitte der Schichten
einfache, etwas wellige Kreislinien; bei dem Ventralstrahl dagegen
biegen sich die einzelnen Lamellen in der Mitte gegen das Wirbel-
centrum hin ein, so dass sich ihr Querschnitt als eine doppelt-
S-förmig gebogene Linie darstellt. Es ist wohl ganz unzweifelhaft, dass durch diese Einbiegung die mediane Rinne der Ventralseite erzeugt wird, wie man übrigens auch an den Abbildungen
deutlich sieht.

Vorkommen: Nicht selten in der Zone A_1.

Bemerkungen: Auf Grund des Aufbaues der Aussenzone
scheint allerdings die Identität unserer Wirbel mit solchen des
Genus *Astrape* noch sehr in Frage gestellt, und ich war ursprünglich geneigt, auf dieselben ein neues Genus zu begründen. Allein
ich habe nach eingehender Besprechung mit Herrn HASSE den
generischen Namen *Astrape* beibehalten, einmal weil im Aufbau
der Aussenzone unsere Wirbel diesem Genus am nächsten stehen,
sodann weil nach Herrn HASSE die elektrischen Rochen noch sehr
ungenügend auf den Bau ihrer Wirbelsäule hin untersucht sind,
mithin die Wahrscheinlichkeit, dass unsere Wirbel mit der einen
oder andern recenten Form identisch sein könnten, nicht ausgeschlossen ist.

Eines aber steht ganz fest, mögen nun unsere Wirbel einem
neuen Genus angehören oder nicht, sie stellen, wie der Vergleich mit den recenten Formen zeigt, eine Mittelform
zwischen *Astrape* und *Torpedo* dar.

Zur besseren Erläuterung des Nachfolgenden gebe ich hier
(Texttafel Lief. I) aus HASSE's Elasmobranchiern wieder: die Durch-
schnitte eines Schwanzwirbels von *Astrape dipterygia* (HASSE, tab. 23,
fig. 3) — Fig. 7 —, denjenigen eines fossilen *Astrape*-Wirbels aus
dem Senon (HASSE, tab. 23, fig. 5) — Fig. 8 —, den eines Rumpfwirbels von *Torpedo marmorata* (HASSE, tab. 23, fig. 11) — Fig. 9 —,
und denjenigen zwei fossiler *Torpedo*-Wirbel aus dem Crag (HASSE,
tab. 23, fig. 14 und fig. 18) — Fig. 10 u. 11 —.

Man sieht aus obigen Figuren, dass der Unterschied von *Astrape* und *Torpedo* hauptsächlich darin beruht, dass bei ersterer die keilförmigen Strahlen noch keine Spur einer Gabelung zeigen, während bei letzterer sämmtliche Strahlen gegabelt sind, wobei die Theilung beim ventralen und in Fig. 9 auch dorsalen Strahl so weit vor sich gegangen ist, dass diese aus zwei einzelnen Aesten bestehen, die nur noch nahe dem Centrum zusammenhängen.

Von diesem Extrem entfernen sich die Wirbel aus dem Crag etwas: wohl sind noch die Seitenstrahlen sowie der ventrale Strahl getheilt, wobei zu beachten ist, dass eine Spaltung des letzteren nur etwa bis zur Mitte reicht; der dorsale Strahl dagegen verräth noch nicht die geringste Spur einer Gabelung.

Betrachtet man nun den Querschnitt der Wirbel von *Astrape* (?) *media*, so zeigt der Dorsalstrahl ebenfalls nicht die geringste Spur einer Theilung, dagegen sind zweimal und auffallender Weise gerade wie bei dem Wirbel Fig. 10 der Texttafel die rechten Seitenstrahlen gegabelt. Der Ventralstrahl scheint ungetheilt, aber die mediane Einbiegung der concentrischen Schichten der Aussenzone scheint eine solche Theilung gewissermaassen vorzubereiten, und wir sehen bei Fig. 6 u. 6d (Taf. VIII) den Ventralstrahl durch die starke Buchtung seines Randes schwach zweitheilig.

Somit ist das Querschnittsbild von *Astrape* (?) *media* am nächsten mit Fig. 11 der Texttafel, dem *Torpedo* aus dem Crag, verwandt, eine Beziehung, die um so enger erscheint, wenn man die gleichartige Ausbildung der Oberflächenverkalkung im dorsalen und ventralen Strahl beider Formen in Betracht zieht.

Vergleicht man aber die Wirbel in Bezug auf Breite der Strahlen und der Interradiallücken mit einander, so sieht man, dass bei *Astrape dipterygia* der Dorsalstrahl beträchtlich schmäler ist als die anderen, ebenso wie die dorsalen Interradiallücken breiter sind als die ventralen, dass dagegen die Differenz in der Breite der Seitenstrahlen und des Ventralstrahles nur eine sehr geringe ist. Ziemlich ähnlich ist das Verhältniss der Strahlenbreite bei dem senonen Wirbel Fig. 8 der Texttafel, nur dass hier die seitlichen Strahlen noch an Breite zu überwiegen scheinen. Bei *Torpedo* ist jedoch kaum mehr ein Unterschied in der Breite der Strahlen

vorhanden, wenn auch immerhin nicht zu verkennen ist, dass der
Ventralstrahl etwas breiter ist als der dorsale; dagegen sind die
Interradiallücken sehr breit.

Unsere Wirbel zeigen nun stets einen ganz ausgeprägten
Gegensatz in der Breite der Dorsal- resp. Ventralstrahlen, wenn
aber auch wie Taf. VIII bei Fig. 7 und 9 die letzteren die Seitenstrahlen an Breite bedeutend übertreffen, so ist doch bei Fig. 3,
analog wie bei der recenten Form (Texttafel, Fig. 7), die Differenz
in der Breite beider eine nur geringe, weshalb also auf diesen Unterschied wohl nur wenig Werth zu legen ist. Schliesslich verhalten
sich die Interradiallücken wie bei *A. dipterygia*, d. h. die dorsalen
sind breiter als die ventralen.

Es stehen also die Wirbel von *Astrape* (?) *media* in Bezug
auf Theilung der Strahlen den Wirbeln von *Torpedo* sp. aus dem
Crag am nächsten, in Bezug aber auf das Verhältniss der Breite
der Strahlen und der Interradiallücken untereinander waltet die
Differenz, welche *Astrape* zeigt, bei unserer Form noch in viel aus-
geprägterem Maasse vor.

Die Wirbel von *Astrape* (?) *media* repräsentiren somit einen
Typus, der genau die Mitte zwischen *Astrape* und *Torpedo* hält,
so dass man sie auch ebenso gut mit letzterem generischen Namen
belegen könnte. Jedenfalls dürften dieselben einen Beweis mehr
für die enge Verwandtschaft beider Gattungen und die wahrschein-
liche Entwickelung von *Torpedo* aus *Astrape* darstellen, wie HASSE
annimmt. Die Abzweigung von *Torpedo* kann aber frühestens im
Mittel-Oligocän stattgefunden haben, so dass wir nach unseren
jetzigen Erfahrungen nicht hoffen dürfen, echte *Torpedines* in
älteren denn mitteltertiären Schichten anzutreffen.

Raja borussica sp. n.

Taf. IX. Fig. 1 — 1 h, Fig. 2 — 2 d, Fig. 3 — 3 b, Fig. 4 — 4 g, Fig. 5 — 5 e.

Trotz ihrer Kleinheit sind Rochenwirbel ziemlich häufig, meist
aber nicht sonderlich gut erhalten; Rochenzähne habe ich aber bis
jetzt nicht auffinden können.

Die Höhe des am vollständigsten erhaltenen Wirbels beträgt 8^{mm}, seine Breite 7,5^{mm} und seine Länge etwa ebensoviel, nämlich 7^{mm}. Das Verhältniss von Breite zu Länge stellt sich also nahezu wie 1 : 1, und es ist diese bedeutende Länge im Verhältniss zur Breite resp. Höhe eine hervorragende Eigenthümlichkeit der Rochenwirbel.

Allerdings scheint es, als ob bei den übrigen Wirbeln die Länge nicht so bedeutend sei, wie bei Fig. 1; leider aber lässt sich der unvollkommenen Erhaltung wegen das Verhältniss von Breite zu Länge kaum annäherungsweise ermitteln, sicher ist jedenfalls, dass die übrigen Wirbel etwas kürzer waren als Fig. 1.

In der Frontalansicht zeigt Fig. 1 einen schwach hochovalen Umriss mit fast unmerklicher ventraler Zuspitzung, in der Seitenansicht quadratische Form. Eine Orientirung ist ziemlich schwer, da Dorsal- und Ventralseite kaum von einander abweichen. Auf der Dorsalseite sieht man in der Mitte zwei dicht neben einander liegende, nur durch einen schmalen Zwischenraum getrennte, etwa $1\frac{1}{2}$^{mm} starke Längslamellen; bei allen übrigen Wirbeln sieht man an der gleichen Stelle nur eine Längslamelle, bei Fig. 3 ist jedoch deutlich erkennbar, dass zwei Lamellen durch Oberflächenverkalkung zu einer einzigen verschmolzen sind. Seitlich davon befinden sich zwei grosse, halbkreisförmige Lücken, die bei Fig. 1 in der Mitte etwa 3^{mm} breit, leider aber mit Gestein ausgefüllt sind. Im Grunde dieser Lücken erkennt man bei Fig. 2, 3 u. 5 je eine kurze, kaum bemerkbare Längslamelle, welche aber bei Fig. 4 eine bedeutende Länge erlangt und bis zum Rand des Doppelkegels reicht.

Die Ventralseite zeigt bei allen Wirbeln in der Mitte nur eine schmale Längslamelle, welche zwei seitlich gelegene grosse Lücken scheidet; im Grunde derselben sieht man wiederum je eine Lamelle, bei Fig. 2b und deren Vergrösserung 2d auf der einen Seite sogar deren zwei, welche bei den einzelnen Wirbeln wiederum durch verschiedene Länge ausgezeichnet sind; bei Fig. 5 sind sie überhaupt nur angedeutet, bei Fig. 1 u. 2 erreichen sie nicht die Peripherie des Doppelkegels, während sie bei Fig. 4 bis zu derselben heranreichen.

Bei seitlicher Betrachtung sieht man in der Mitte der Höhe
eine ventral- und dorsalwärts halbkreisförmig ausgeschnittene Lamelle, welche sich vor den übrigen stets durch bedeutend grössere
Breite auszeichnet: bei Fig. 1 misst sie an der schmalsten Stelle
in der Mitte 2,5^{mm}.
Die Wirbelhöhlung ist sehr tief, spitz kegelförmig eingesenkt,
die Durchbohrung für die Chorda liegt genau central.
Der dünne centrale Doppelkegel besitzt leicht abgerundete
oder ziemlich scharfe Ränder und seine Aussenflächen zeigen einige
grobe concentrische Schichtungsringe.
Das Querschnittsbild der einzelnen Wirbel ist ungemein verschieden, Verschiedenheiten, die sich hauptsächlich in der Gestaltung der Aussenzone aussprechen. Die zuweilen verkalkte, und
dann als dünner schwarzer Kreis (Taf. IX, Fig. 3c u. 4g) er-
scheinende Innenzone wird von dem Doppelkegel, der sich ebenfalls als dünner, aber heller Ring darstellt, umgeben.
Bei Fig. 1 in h zeigt die Aussenzone eine centrale helle Partie
in Form eines hochkantig gestellten Rechteckes, dessen Seiten leicht
eingedrückt und dessen Ecken abgerundet sind. Diese letzteren
entsprechen den Längslamellen, welche bei ventraler Ansicht, Fig. 1f,
in den Lücken sichtbar sind. Eine dunkle Schicht, welche innig
mit der centralen Partie verschmolzen ist, liegt zwischen dieser
und vier peripheren von einander isolirten Partieen, die sich wieder
durch eine hellere Farbe auszeichnen, und daher scharf gegen
die schwarze Schicht absetzen, mit welcher sie gleichwohl innig
verschmolzen sind. Die peripheren Partieen scheiden sich in
zwei laterale und je eine ventrale resp. dorsale, diese letztere gegabelt. Ob und wie diese peripheren Theile mit der centralen
Partie in Verbindung standen, lässt sich nicht ermitteln. Vielleicht
waren es einfache Oberflächenverkalkungen, vielleicht auch standen
sie entlang der Innenflächen der Doppelkegelhälften mit der centralen Partie in Connex und waren in der Mitte durchbrochen.
Fig. 5 stellt sich völlig davon abweichend dar; hier entwickeln
sich (Fig. 5a u. b) in der Aussenzone vier Radialstrahlen, je ein
dorsaler, ventraler und zwei laterale, die in Abständen von 90° von
einander stehen. Im centralen Theil verdicken sie sich bedeutend

gegen die Peripherie hin, wo sich die Lateralstrahlen mehrfach, aber unregelmässig spalten. Zwischen diesen befinden sich vier kurze Fortsätze, die etwa den Ecken eines Rechteckes entsprechen. Das am meisten differirende Bild zeigt Fig. 4: hier entwickelt die Aussenzone acht bis zur Peripherie reichende Strahlen (Fig. 4 d u. g), von welchen vier, nämlich der dorsale, ventrale und die beiden lateralen ein rechtwinkliges Kreuz bilden, während die vier andern die Zwischenräume halbiren. Alle sind von nahezu gleicher Stärke und verdicken sich gegen den Rand hin nur wenig.

Vorkommen: Nicht sehr selten in der Zone A_1.

Bemerkungen: Die einzelnen Wirbel differiren in ihrem Querschnittsbild und daher auch in ihrem äusseren Ansehen sehr beträchtlich. Diese Differenzen sind, wie bereits bemerkt, auf die verschiedenartige Gestaltung der Aussenzone zurückzuführen. Ich bin nun nicht ganz sicher, ob ich hierin specifische Unterschiede oder Abweichungen in der Lage des Wirbels in der Wirbelsäule, je nachdem die Wirbel mehr nach dem Kopf oder dem Schwanz hin liegen, erblicken soll. Ja es will mir sogar scheinen, als ob der Wirbel Fig. 4 mehr Aehnlichkeit mit *Rhinobates* oder *Trygonorhina*[1]) als mit *Raja* besitze. Ich habe nun, einerseits gestützt auf die Autorität von Hasse, der diese sämmtlichen Wirbel als *Raja*-Wirbel bestimmte, andererseits darum, weil das Querschnittsbild der einzelnen Wirbel, möge es noch so verschieden sein, nicht ohne zu grossen Zwang sich auf einen gemeinsamen Grundtypus zurückführen lässt, die Wirbel unter einem gemeinsamen Namen bezeichnet. Wenn man vom Wirbel Fig. 1 als dem einfachsten Bilde ausgeht, so sind bei Fig. 5 die vier peripheren Partieen bereits mit dem centralen Theil verschmolzen, während sich, wenn auch nur schwache, Andeutungen der schrägen Strahlen geltend machen; bei Fig. 2 sind diese bereits viel stärker ausgebildet (leider wurde verabsäumt, einen Querschnitt anzufertigen) und bei Fig. 4 reichen sie endlich bis zum Rande.

Wollte ich die Wirbel auseinander halten, so müsste ich jeden Wirbel mit einem besonderen Namen belegen; aber hierzu wäre

---

[1]) Vergl. Hasse, System der Elasmobranchier tab. 15.

zu bemerken, dass bis jetzt die Wirbelsäule der recenten *Raja*-Arten noch viel zu wenig bekannt ist (Hasse giebt im Ganzen nur vier Querschnittsbilder, darunter nur zwei von recenten Formen), als dass sich hierüber etwas Bestimmtes entscheiden liesse. Um aber allen etwa später sich erhebenden Unklarheiten vorzubeugen, so möchte ich diesen Fall im Auge halten und dann die oben neu eingeführte specifische Benennung *Raja borussica* nur für den Wirbel Fig. 1 a—h angewendet wissen.

Squatina Beyrichi sp. n.

Taf. VII. Fig. 2—7 a.

Nach der Zahl der vorhandenen Wirbel zu schliessen, muss *Squatina Beyrichi* einer der häufigsten [1]) Fische des damaligen Meeres gewesen sein, denn etwa 50 pCt. aller Wirbel entfallen auf diese Art. Merkwürdiger Weise ist im Gegensatz zu diesem grossen Wirbelreichthum auch nicht ein einziger Zahn gefunden worden, obgleich *Squatina*-Zähne gerade nicht so zerbrechlich oder klein sind, dass ihre Conservirung als unmöglich angesehen werden müsste. Ich habe alles mir zu Gebote stehende Material (es sind ein paar hundert Zähne) gerade mit Rücksicht auf *Squatina*-Zähne aufmerksam durchforscht, ohne eine Spur oder Fragment eines solchen zu finden; es würden mir die ausserordentlich charakteristischen und leicht kenntlichen Zähne keinenfalls entgangen sein, wenn sie vorhanden gewesen wären.

Die Wirbel dieser Art, wie überhaupt des Genus *Squatina* im Allgemeinen, lassen sich von allen anderen mit ihnen zusammen vorkommenden Wirbeln auf den ersten Blick an der bedeutenden Entwickelung des Wirbelkörpers in die Breite bei nur geringer Höhe unterscheiden. Es ist dies eine Eigenthümlichkeit, die, wie

---

[1]) Da nach Hasse (System der Elasmobranchier pag. 133) *Squatina* eine ungemein geringe Wirbelzahl, nämlich 41, besitzt — es wird diese geringe Zahl der 180 Wirbel besitzenden *S. acanthoderma* gegenüber betont — so würde sich der Wirbelreichthum dann nur durch eine grosse Individuenzahl erklären. Nach einer nicht genannten Quelle wird von Heincke (Bronn, Classen und Ordnungen Bd. VI, Abth. 1, pag. 60) die Zahl der Wirbel von *Squatina* mit 117 angegeben, was allerdings in starkem Widerspruch zu Hasse's Angabe steht.

HASSE mit Recht betont, das hervorragendste Charakteristicum in der äusseren Form der Wirbel darstellt, und in diesem Grade bei keinem andern Elasmobranchier wiederkehrt. Einige Zahlen mögen diese Angabe näher erläutern, es beträgt bei:

	die Höhe	die Breite
Fig. 2	20^{mm}	28^{mm}
» 3 .	10 »	27 »
» 4 .	17 »	24 »
» 5 .	15 »	25 »
» 6 . .	12 »	18 »

Die Höhe des Wirbels beträgt mithin $^2/_3 - ^3/_4$ seiner Breite [1]). Die Rumpfwirbel zeigen somit in der Frontalansicht einen querelliptischen Umriss, der aber selten ganz gleichmässig ausgebildet ist, sondern mancherlei Abänderungen unterworfen ist; so z. B. dadurch, dass, wenn sich die Ansatzstellen der Apophysen bemerklich machen, der Wirbelrand an den betreffenden Stellen etwas eingedrückt erscheint, wodurch dann eine gerundet vierseitige Form (Fig. 2) erzeugt wird. Die Ventralseite ist bei der Mehrzahl der Wirbel gerade, oder vielleicht in der Mitte ganz schwach vertieft; die Seiten sind in flachem Bogen gekrümmt und die Dorsalseite ebenfalls wieder horizontal oder auch in der Mitte stark eingebuchtet. Dadurch erscheinen dann die Wirbel gleichsam in dorso-ventraler Richtung etwas comprimirt. Prägt sich die mediane Einbuchtung der Dorsal- resp. Ventralseite stark aus, so nimmt der Wirbel eine Gestalt an, die HASSE bisquitförmig nennt.

Die Schwanzwirbel unterscheiden sich von den Rumpfwirbeln dadurch, dass die Dorsal- und Ventralseite flach gekrümmt sind, daher erscheinen die Wirbel weniger comprimirt und ihr Umriss stellt ein regelmässigeres Oval dar.

In der Seitenansicht erscheinen dadurch, dass die Seitenflächen weder eingesenkt noch emporgewölbt, sondern vollkommen flach sind, die Wirbel rechteckig, wobei die Länge derselben etwa ihrer halben Höhe gleichkommt, öfter auch, namentlich bei den Schwanzwirbeln, etwas mehr beträgt.

[1]) Bei einem Rumpfwirbel der recenten *S. vulgaris* ist das Missverhältniss noch auffälliger: es betrug hier die Breite 24, die Höhe 15^{mm}, wonach sich also die letztere zu nur $^5/_8$ der ersteren ergiebt.

Die Wirbelhöhlung ist bei den Rumpfwirbeln ziemlich flach, bei den Schwanzwirbeln jedoch meist etwas stärker vertieft. Bei den Rumpfwirbeln beginnt sie aber nicht am Rande des Doppelkegels, sondern in einiger Entfernung von demselben; hierdurch entsteht rings um die Wirbelhöhlung ein schmaler, flacher Saum, welcher den zarteren Theilen des Intervertebralgewebes zur Anheftung diente. Bei den Schwanzwirbeln scheint jedoch dieser Randsaum nur wenig oder gar nicht zur Ausbildung gelangt zu sein, und auch bei den Rumpfwirbeln variirt die Schärfe seiner Ausbildung insofern, als er nicht immer durch eine markirte Kante gegen die Wirbelhöhlung abgegrenzt ist; sehr scharf ist er z. B. bei Fig. 2 ausgebildet, weniger deutlich zeigen ihn die anderen Wirbel; auch scheint es, als ob der Saum am ventralen und dem Seitenrand etwas breiter ist als am dorsalen.

Die Durchbohrung für die Chorda liegt genau in der Mitte der Wirbelhöhlung. Der centrale Doppelkegel ist dick, und seine Dicke nimmt selbst gegen das Centrum hin nur sehr wenig ab: sein Rand ist jedoch nicht aufgeworfen und bei seitlicher Betrachtung wenig oder gar nicht sichtbar, da er von der Oberflächenverkalkung beinahe völlig überwuchert ist. Die Aussenflächen sind, entsprechend der flachen Wirbelhöhlung, ziemlich stark ansteigend, glatt, aber nicht concentrisch gestreift.

Die Oberflächenverkalkung ist ungemein stark entwickelt; sie bildet zwischen den beiden Hälften des Doppelkegels eine rauhe, runzelige, von zahlreichen Gefässen durchbohrte Schicht, welche jedoch gerne abbröckelt und dann die concentrischen Lamellen der Aussenzone sehen lässt. Die wenigstens an der Basis verkalkt gewesenen Apophysen sind so innig mit ihr verschmolzen, dass dieselben sich nicht vom Wirbelkörper isoliren lassen, ohne in der Oberflächenverkalkung Lücken zu hinterlassen. Diese Lücken, von unregelmässig länglichem Umriss, besitzen stets mehr oder minder aufgeworfene Ränder und sind für die Orientirung, wenigstens der Rumpfwirbel, sehr wichtig.

Die Lücken oder Ansatzstellen der Neurapophysen (nn) liegen auf der Dorsalseite, ziemlich nahe in der Mitte, durch nur wenig breite Brücken der Oberflächenverkalkung getrennt, Fig. 3a: die Haftstellen für die Hämapophysen (hh) sind von der Ventralseite,

wo sie sich bei den Schwanzwirbeln befinden, bei den Rumpfwirbeln in dorsaler Richtung auf die Seitenflächen hinauf gerückt und
daher, da beide nahezu diametral gegenüber liegen, durch einen
beinahe die Hälfte des Umfanges betragenden Theil der Oberflächenverkalkung getrennt.

Der Querschnitt zeigt in Fig. 5 a etc. den charakteristischen
inneren Aufbau der *Squatina*-Wirbel. Rings um die verkalkte Innenzone (i) stellt sich der centrale Doppelkegel (d) als breiter, dunkler
Streifen von dichter Structur dar. Um diesen lagern sich die dünnen, concentrischen Lamellen der Aussenzone (a), im Centrum etwas
dichter als an der Peripherie. Ich zähle bei meinem Exemplar
mindestens 40 solcher Lamellen; es mögen aber wohl zwischen
40 und 50 gewesen sein, genau lässt sich das nicht mehr angeben.
Dieselben werden von radialen Strahlen durchkreuzt, welche von
der Peripherie gegen das Centrum hin vordringen und nach Hasse
die verkalkten Wandungen von Gefässstämmen darstellen.

Vorkommen: Sehr häufig in der Zone A_1.

Bemerkungen: Es war mir von grossem Werthe, die
Wirbel der recenten *Squatina vulgaris* mit unserer Art vergleichen und somit die Unterschiede feststellen zu können, welche
die specifische Selbständigkeit der letzteren zu begründen scheinen.
Leider konnte ich, da mir nur Rumpfwirbel zu Gebote standen,
den Vergleich blos auf diese, nicht aber auch auf die Schwanzwirbel beziehen. Zur besseren Erläuterung des nachfolgenden gebe
ich die Abbildung des sechsten Rumpfwirbels von *Squatina vulgaris*,
der sich in meiner Sammlung befindet (Texttafel Lief. I, Fig. 12).

Der Hauptunterschied liegt in der verschiedenen Form der
Rumpfwirbel beider Arten: bei *S. vulgaris* stellt der Umriss ein
schönes, schmales Oval, bei *S. Beyrichi* eine breitere, gewissermaassen plumpere Ellipse dar. Während bei letzterer der Wirbel
in Folge des flachen Dorsal- resp. Ventralrandes in dorso-ventraler
Richtung comprimirt erscheint und die Seiten in flachem Bogen gekrümmt sind, ist bei *S. vulgaris* die Ventralseite, namentlich aber die
Dorsalseite, stark gekrümmt, wogegen die rechte und linke Seite
einen sehr spitzen Bogen beschreiben. Die Rumpfwirbel der recenten
Form gleichen somit mehr den Schwanzwirbeln der *S. Beyrichi*, doch
sind diese immer noch relativ höher als jene, wie ein Vergleich

der Fig. 12 der Texttafel mit Taf. VII, Fig. 3 lehrt; abgesehen
davon unterscheiden sie sich auch durch die Lage der Apophysen.
Ausserdem muss bei unserer Art die Zahl der concentrischen Lamellen der Aussenzone mindestens doppelt so gross gewesen sein,
wie bei *S. vulgaris*, da HASSE deren Zahl bei letzterer zu etwa
zwanzig angiebt, während bei *S. Beyrichi* (Taf. VII, Fig. 5) mehr
als vierzig vorhanden waren.

Unter den fossilen Formen, welche durch HASSE beschrieben
sind, zeigt dessen tab. 18, fig. 22 von *Squatina* sp. aus der
oberen Kreide eine gewisse Uebereinstimmung mit unserer Art,
da sowohl der Dorsal- als der Ventralrand des Doppelkegels beinahe gerade laufen, und die Seitenränder in flachem Bogen gekrümmt; allein der Kreidewirbel ist in dorso-ventraler Richtung
noch viel mehr comprimirt als *Squatina Beyrichi*, daher seine Form
niedrig vierseitig erscheint; ferner liegt bei ihm die Durchbohrung
für die Chorda excentrisch, etwas nach der Dorsalseite gerückt,
und schliesslich ist die Breite des Randsaumes insofern abweichend,
als dieser bei dem Kreidewirbel seitlich sehr breit, dorsal und
ventral aber schmal ist. *S. Beyrichi* besitzt einen durchweg
schmalen Randsaum.

Ueber das Verhältniss von *S. Beyrichi* zu dem an Alter nächst-
stehenden Wirbel aus dem Oligocän von Ofterweddingen vermag
ich nichts zu sagen, da HASSE von demselben nur ein Querschnittsbild mittheilt.

Selache glanconitica sp. n.

1881. *Selache* sp. HASSE, Einige seltene palaeontologische Funde; Palaeontographica Bd. XXXI, pag. 10, tab. 2, fig. 10.

Von diesem Wirbel, der in der Sammlung des Provinzial-
museums aufbewahrt wird, giebt HASSE nur eine Abbildung, die
bedauerlicher Weise nicht durch eine Beschreibung näher erläutert
wird. Da es mir nicht vergönnt war, diesen interessanten Wirbel
aus eigener Anschauung studiren und somit HASSE's Abbildung
ergänzen zu können, so muss ich mich auf den literarischen Hin-
weis beschränken; um aber Verwirrungen vorzubeugen, lege ich der
Form obigen Namen bei.

Vorkommen: Sehr selten in der Zone A_1.

Bemerkungen: Bei der Kleinheit der *Selache*-Zähnchen kann es nicht befremden, dass solche nicht nachgewiesen werden konnten.

Oxyrhina xiphodon AGASSIZ.

Taf. III, Fig. 1 — 10a.

1843. *Oxyrhina xiphodon* AGASSIZ, Recherches sur les poissons fossiles Bd. III, pag. 278.

Ein grosses Gebiss der recenten *Oxyrhina glauca*, welches ich der Freundlichkeit des Herrn HILGENDORF in Berlin verdanke, war mir bei der Untersuchung des fossilen Materials von ausserordentlichem Nutzen. Es setzte mich in den Stand, Mittel- und Seitenzähne[1]) sowohl des Ober- als des Unterkiefers genau unterscheiden und hierdurch ein annähernd vollständiges Gebiss dieser Art reconstruiren zu können. Die Mittelzähne des Ober- resp. Unterkiefers sind leicht auseinander zu halten, schwieriger wird es bei den Seitenzähnen, und man erkennt hier den Werth eines recenten Gebisses, das jederzeit zum Vergleich herangezogen werden kann, ganz besonders.

Von *Oxyrhina xiphodon* finden sich entsprechend dem Verhältniss der Zähne bei der recenten Art die Seitenzähne natürlich häufiger, als die Mittelzähne.

a) Mittelzähne.

Die Mittelzähne charakterisiren sich durch eine schlanke, an der Basis schmale Krone und eine dementsprechend schmalere Wurzel.

---

[1]) Ich muss hier der Bemerkung PROBST's (Würtembergische naturw. Jahreshefte 1878, pag. 129), dass zwischen den Seitenzähnen des Ober- resp. Unterkiefers kein Unterschied sei, widersprechen. Das Gebiss der *Oxyrhina glauca* zeigt sehr deutlich, dass wenn auch die Seitenzähne beider Kiefer sehr ähnlich sind, die Form derselben in nachbeschriebener Weise verschieden ist. Man wird vielleicht bei einem einzelnen Zahn, der den hinteren Partieen der Kiefer angehört, im Zweifel sein können, verfügt man aber über grösseres Material, so wird man leicht die Typen ausscheiden können.

1. Unterkiefer.

Die Mittelzähne des Unterkiefers sind leicht kenntlich an der schmalen langästigen Wurzel, deren Aeste
in seitlicher Richtung comprimirt sind und einen spitzen
Winkel mit einander bilden, und der schlanken nach
Innen gebogenen Krone. Der am besten erhaltene Zahn (Fig. 1)
besitzt eine Gesammthöhe von 35^{mm}, davon kommen auf die Krone,
deren Spitze jedoch etwas verletzt ist, 20^{mm}, also etwa $^3/_5$ der Gesammthöhe. Wurzel und Krone sind nicht scharf gegeneinander
abgesetzt, sondern erstere geht allmählich in letztere über. Die
Wurzel besitzt etwa 20^{mm} Breite und eine grösste Höhe von 15^{mm},
die in der Mitte bis auf 10^{mm} abnimmt. Die grösste Dicke, 10^{mm},
liegt in der Mitte etwas oberhalb der Eintrittsöffnung für den
Hauptnerv; nach den Seiten ermässigt sich die Dicke jedoch ungemein rasch. Die ziemlich hohe Externfläche ist in der Mitte
tief concav, seitlich dagegen flach, selbst etwas gewölbt. Die
schräge Neuralfläche ist eigentlich nur in der Mitte ausgebildet, wo
sie übrigens leicht vertieft ist; seitlich verschmälert sie sich so
stark, dass Ligament- und Externfläche fast zusammenstossen.
Demgemäss ist auch die Ligamentkante nur in der Mitte etwas
deutlicher, während sie seitlich verschwindet. Der grösste Theil
der Internseite wird von der hohen Ligamentfläche eingenommen,
die in der Mitte gewölbt, seitlich dagegen flach und ziemlich schräg
gegen die Spitze geneigt ist. Der Neuralrand ist an den Seiten
kantig gerundet, in der Mitte abgeflacht und tief parabolisch gebuchtet, daher die Wurzel lang zweiästig; die beiden Aeste sind
flach comprimirt, am Vorder- und Hinterrand abgerundet.

Da die Stelle, wo der Hauptnerv in die Wurzel eintritt, etwas
verletzt ist, so ist die eigentliche Oeffnung nicht scharf zu beobachten; man sieht jedoch, dass sie in der Mitte hart an der
Ligamentkante liegt. Der Eindruck der Befestigungsmembran ist
im Ganzen ziemlich undeutlich und nur auf der Innenseite
besser zu verfolgen. Er stellt sich hier als ein in der Mitte
schmales, gegen die Seiten breiter werdendes Band dar, das auf
der Externseite in der Mitte stark eingeschnürt ist.

4*

Die Krone besitzt an der Basis nur 10ᵐᵐ Breite; in Rücksicht
auf die doppelt so grosse Höhe gleicht ihr Umriss einem schmalen
gleichseitigen Dreieck; sie ist ziemlich stark nach Innen geneigt,
die oberste Spitze jedoch wieder schwach nach Aussen gebogen.
Die Externseite ist flach, die Internseite hoch gewölbt und nach
den Seiten steil, beinahe senkrecht abfallend; der Querschnitt wird
hierdurch halbkreisförmig. Vorder- und Hinterrand sind gerade,
gleich lang und ihrer ganzen Länge nach mit einem glatten schnei-
denden Kiele besetzt. Die Dicke der Krone beträgt an der Basis
8ᵐᵐ und nimmt anfangs ziemlich rasch, später allmählich ab. Die
Emailgrenze läuft auf der Innenseite hoch bogenförmig, auf der
Aussenseite in flach doppelt-S-förmig gekrümmter Linie.

2. Oberkiefer.

Die Mittelzähne des Oberkiefers sind leicht kenntlich an der etwas breiteren, weniger tief gegabelten
Wurzel und der vollkommen verticalen Krone.

Der am besten erhaltene Zahn (Fig. 2) besitzt eine Gesammthöhe von etwa 37ᵐᵐ; davon kommen auf die Krone allein etwa
28ᵐᵐ, die demnach etwa ³⁄₄ der Gesammthöhe einnimmt. Es
stimmt diese Angabe übrigens recht gut mit Messungen an dem
recenten Exemplar, und es kann als weiteres Kennzeichen der
Mittelzähne des Oberkiefers die verhältnissmässig höhere Krone
aber niedrigere Wurzel gegenüber den Mittelzähnen des Unterkiefers gelten.

Die Wurzel besitzt eine Breite von 26ᵐᵐ und eine Höhe von
9ᵐᵐ; ihre grösste Dicke in der Mitte beträgt etwa ebenso viel,
nimmt jedoch gegen die Seiten, wenn auch nicht sehr rasch, ab.
Die Externfläche ist nicht sehr hoch, in der Mitte nur wenig
eingesenkt, seitlich flach, ja selbst etwas gewölbt. Die Neuralfläche ist ebenfalls nicht sehr hoch, wenig schräg gerichtet und
vollkommen flach. Die Ligamentkante ist in der Mitte scharf
markirt, gegen die Seiten etwas verwischt. Die Ligamentfläche
ist hoch, aber wenig gegen die Spitze geneigt, in der Mitte gewölbt, seitlich abgeflacht. Der Neuralrand ist flach hyperbolisch
gebuchtet, daher die Wurzeläste nur wenig hervortreten und
kurz sind.

Die Eintrittsstelle für den Hauptnerv liegt in der Mitte der Neuralfläche hart an der Ligamentkante. Der Eindruck der Befestigungsmembran ist auf der Internseite undeutlich ausgeprägt; er wird jedoch in der Mitte nur sehr schmal bandförmig gewesen sein und hat sich gegen die Seiten schwach verbreitert. Auf der Externseite ist er schärfer und stellt ein ziemlich breites, in der Mitte stark eingeschnürtes Band dar, dessen Unterrand durch eine tiefe Furche bezeichnet wird, während der Oberrand weniger scharf markirt wird.

Die Krone ist an der Basis 17ᵐᵐ breit, besitzt die Form eines schlanken gleichschenkeligen Dreiecks und ist vollkommen gerade gerichtet, nur die äusserste Spitze ist unmerklich nach Aussen gebogen. Die Externseite ist eben, die Internseite stark gewölbt, nach den Seiten steil abfallend, aber in der Mitte etwas abgeflacht. Vorder- und Hinterrand sind gerade, gleich lang und von der Spitze bis zur Basis mit scharfem glatten Kiele versehen. Die Dicke der Krone an der Basis beträgt bei Fig. 2 8ᵐᵐ und nimmt gegen die Spitze hin sehr allmählich ab.

Die Emailgrenze ist auf der Internseite flach nach oben gekrümmt, auf der Externseite nahezu horizontal.

β) Seitenzähne.

Die Seitenzähne sind charakterisirt durch eine an der Basis sehr breite, aber dünne Krone und dem entsprechend breite, nur schwach gegabelte Wurzel, sind aber an der Form der Krone leicht zu unterscheiden, sofern man über grösseres Material gebieten kann.

1. Unterkiefer.

Bei den Seitenzähnen des Unterkiefers ist nur die oberste Spitze leicht nach rückwärts gezogen.

Die vorderen Seitenzähne des Unterkiefers besitzen eine Gesammthöhe von 28—30ᵐᵐ, bei den hinteren Seitenzähnen sinkt die Höhe bis zu 11,5ᵐᵐ herunter, davon kommen etwa ³⁄₁ auf die Höhe der Krone. Wurzel und Krone sind nicht scharf gegeneinander abgesetzt, sondern gehen allmählich in einander über.

Die Wurzel besitzt bei den vorderen Zähnen eine Breite von 22—25ᵐᵐ und eine Höhe von etwa 7ᵐᵐ. Ihre grösste Dicke, 7ᵐᵐ, nimmt von der Mitte gegen die Seiten hin langsam ab. Die Externfläche ist ziemlich hoch und fast vollkommen eben, da sie in der Mitte kaum eingesenkt ist. Die ebenfalls sehr hohe Neuralfläche ist sehr schräg nach oben gerichtet und ebenfalls vollständig eben. Die Ligamentkante ist sehr undeutlich ausgeprägt, läuft jedoch dem Neuralrande beinahe parallel. Die Ligamentfläche ist ungewöhnlich schmal, nur bei Fig. 4 etwas breiter und nicht sehr schräg gegen die Krone geneigt. Der ziemlich scharfkantige Neuralrand ist stumpfwinkelig gebrochen, und da Vorder- und Hinterrand ebenfalls ziemlich scharfkantig sind, so ist die Wurzel ausgezeichnet meisselförmig gestaltet. Bei der schwachen Einbiegung des Neuralrandes sind eigentliche Wurzeläste kaum vorhanden.

Die Oeffnung für den Hauptnerv liegt auf etwa halber Höhe in der Mitte der Neuralfläche, bei einem Exemplar sehr deutlich auf einem kurzen, flachen Verticalkiele, der sich in breiter, seichter Einsenkung erhebt (Fig. 4)[1].

Der Eindruck der Befestigungsmembran ist bei keinem meiner Exemplare deutlich; auf der Internseite muss er sehr schmal bandförmig gewesen sein mit geringer Verbreiterung gegen die Seiten, auf der Externseite stellt er ein vorn und hinten ziemlich breites Band dar, das in der Mitte fast bis zur Unkenntlichkeit eingeschnürt ist. Der Unterrand ist nach unten convex, der Oberrand lang doppelt-S-förmig gebogen. Bei einem Exemplar (Fig. 5) ist derselbe noch mit einer dünnen, braunen, matten Haut überzogen.

Die Breite der Krone schwankt bei den vorderen Seitenzähnen von 21—24ᵐᵐ, nimmt aber nach hinten bis zu 10,5ᵐᵐ ab. Die

---

[1] Dass diese Lage des Nervenloches nicht etwa zufällig, sondern charakteristisch für das Genus *Oxyrhina* ist, scheint aus meinem recenten Vergleichsmaterial hervorzugehen, bei welchem dieselbe an allen Zähnen am oberen Ende eines zuweilen sehr deutlich markirten Verticalkieles liegt, der sich aus leichter Einsenkung erhebt. Andeutungen des Kieles und der Einsenkung sind übrigens bei fast allen meinen fossilen Zähnen vorhanden.

vertical gerichtete Krone, deren Spitze häufig nach aussen
gekrümmt ist, gleicht einem breiten, nahezu gleichschenkeligen
Dreieck, dessen Spitze jedoch aus der Mitte schwach nach hinten
gezogen ist. Die Externseite ist eben, zuweilen in der Mitte leicht
gekielt; die Internseite ist stärker gewölbt, aber seitlich nicht sehr
steil abfallend und in der Mitte, vielfach sogar ziemlich bedeutend,
abgeflacht. Vorder- und Hinterrand sind in ihrer Länge nur um
weniges verschieden, doch ist ersterer länger als letzterer, dabei
etwas schräg nach hinten gerichtet, gerade oder leicht convex;
letzterer ist gegen die Basis convex und im oberen Theile beinahe
vertical laufend. Beide sind von der Spitze bis zur Basis mit
dünnem scharfen Kiele besetzt. Eigentliche Nebenspitzen fehlen,
doch ist die Krone an der Basis vorn und hinten in kleine schmale
Zipfel ausgezogen, deren hinterer nach innen, der vordere nach
aussen gedreht ist.

Das Email ist sowohl auf der Intern- als Externseite in flach-
winkelig gebrochener Linie ausgeschnitten.

2. Oberkiefer.

Die Seitenzähne des Oberkiefers sind leicht daran
kenntlich, dass die ganze Krone sehr schief nach rückwärts gerichtet ist.

Bei der Beschreibung kann ich mich kürzer fassen, da sie in
den Hauptmerkmalen mit den vorigen übereinstimmen, und nur die
Form eine abweichende ist. Ihre Gesammthöhe schwankt zwischen
25—30^{mm}, wovon etwa $^3/_4$ auf die Krone kommen.

Die Wurzel ist womöglich noch mehr in die Breite gezogen,
aber anscheinend ungleich-ästig, indem wenigstens bei Fig. 9 der
hintere Ast etwas länger ist als der vordere; dabei ist der Vorderrand sehr schräg nach hinten gerichtet, der Hinterrand beinahe
senkrecht. Es war ferner die Ligamentfläche durchweg etwas breiter
als bei den vorigen.

Die senkrecht gerichtete Krone besitzt den Umriss eines
schiefwinkeligen Dreiecks, dessen Spitze aus der Mitte so weit
nach hinten gerückt ist, dass sie beinahe über dem Hinterrand
der Wurzel steht. Dadurch ist der lang-S-förmige, sehr schräg
nach hinten gerichtete Vorderrand viel länger als der senkrecht

gerichtete Hinterrand, der an der Basis concav oder stumpfwinkelig
geknickt ist.

Vorkommen: Häufig in der Zone A_1, sonst allgemein verbreitet im unteren, vielleicht auch mittleren Tertiär.

Bemerkungen: Obwohl ich hier Zahnformen unter einer
specifischen Bezeichnung *Oxyrhina xiphodon* vereinigt habe, die in
ihrer Gestalt beträchtlich von einander abweichen, so hege ich
doch über deren Zusammengehörigkeit nicht den geringsten Zweifel,
nachdem ich die hier beschriebenen Typen am Gebiss der recenten
Oxyrhina glauca vereinigt wieder gefunden habe.

Die Mittelzähne des Oberkiefers dürften etwa AGASSIZ's *Oxyrhina hastalis*, diejenigen des Unterkiefers seiner *Oxyrhina Desori*
entsprechen; für die Seitenzähne erachte ich die Identität mit
Oxyrhina xiphodon als vollständig, da AGASSIZ als bezeichnendstes
Merkmal dieser Art die Abflachung der Internseite der Krone
angiebt; daher habe ich diesen Namen als specifische Bezeichnung
gewählt.

Ich kann es hier nicht als meine Aufgabe betrachten, zu untersuchen, welche und ob die von AGASSIZ unter den verschiedensten
Namen beschriebenen Arten zusammengehören. Einerseits sind
seine Abbildungen für diesen Zweck zu wenig präcis, und dann
müsste man für jeden Zahn genau das Niveau und den Fundort
kennen, um die zusammengehörigen methodisch untersuchen zu
können, wenn eine solche Discussion einigen Erfolg haben sollte.

Herr PROBST [1]) hält dafür, dass die Arten *O. Desori* AGASS.,
O. xiphodon AGASS. und *O. hastilis* AGASS. thatsächlich verschieden
seien und beschreibt diesen Arten angehörige Zahnreihen. Allein
ich kann in diesem Falle den Ansichten des trefflichen Forschers
nicht vollständig beipflichten, da Herr PROBST Ober- und Unterkieferzähne nicht scharf geschieden hat. Ich möchte annehmen,
als ob seine fig. 17, 18 u. 19 (*O. xiphodon* PROBST) Seitenzähne
des Oberkiefers, fig. 3, 4 u. 5 (*O. hastilis* PROBST) Seitenzähne
des Unterkiefers, fig. 1 u. 2 (*O. hastilis* PROBST) Mittelzähne des

---

[1]) Württembergische naturw. Jahreshefte, Jahrgang 1879, pag. 129 ff., tab. 2,
fig. 1—19.

Oberkiefers und fig. 7 u. 8 (*O. Desori* PROBST) solche des Unterkiefers einer und derselben Art darstellten. Welcher Name für
diese Art zu wählen und ob dieselbe mit unserer *O. xiphodon* ident
sei, wäre allerdings noch näher zu untersuchen, da die Zähne der
Oxyrhina-Arten, wie der Vergleich der *O. xiphodon* mit der recenten
O. glauca dargethan hat, in so geringfügigen Merkmalen differiren,
dass nur der directe Vergleich der Originale, wenn nicht ganz
erschöpfende Beschreibungen und Abbildungen vorliegen, eine
Unterscheidung ermöglicht.

Der beste Unterschied der *O. xiphodon* gegen die *O. glauca*
besteht in der durchweg bedeutenderen Grösse der ersteren, sowie
in der niedrigeren, aber stärker vertieften Externfläche der Wurzel
letzterer.

Oxyrhina sp.

Taf. X. Fig. 5—5d.

Ausser einem prächtig erhaltenen Rumpfwirbel besitze ich
noch einige kleinere, weniger gut erhaltene Wirbel, die nach HASSE
der hinteren Partie des Schwanzes angehören.

Der Rumpfwirbel besitzt eine Höhe von 29^{mm} und Breite
32.5^{mm}, aber eine relativ bedeutende Länge, nämlich 14,5^{mm}, also
gerade die Hälfte seiner Höhe. In ventraler Richtung ist der
Wirbel schwach zugespitzt und in der Mitte der Dorsalseite leicht
eingesenkt, daher zeigt er in der Frontalansicht herzförmigen, in
der Seitenansicht hoch rechteckigen Umriss. Eine Orientirung
des Wirbels ist sehr leicht, da Ventral- resp. Dorsalseite verschieden aussehen.

Die Lücken für die Knorpelzapfen der Neurapophysen sind
11^{mm} lang und haben eine grösste mittlere Breite von etwa 11^{mm},
die jedoch in Folge der mehr oder minder stark bogenförmig gekrümmten Aussenflächen nach vorn und hinten abnimmt. Der
Querschnitt der Lücken gleicht in Folge der etwas gebogenen
Aussenflächen einer vorn und hinten gerade abgeschnittenen Ellipse,
doch ist das Lumen sehr stark durch secundäre parietale Knochenablagerungen verengt. Ihre Ränder sind stark verdickt und etwas
aufgeworfen. Die beiden Lücken stehen etwa 17^{mm} auseinander,
und es finden sich zwischen ihnen, wie der Querschnitt zeigt, etwa

4 theilweise vergabelte Lamellen, die jedoch so durch oberflächliche Verkalkung verschmolzen sind, dass eine stark poröse Knochenhaut entsteht, welche die Lamellen äusserlich verhüllt. In der
Mitte ist diese Knochenhaut leicht vertieft, seitlich etwas gewölbt.

Bei ventraler Ansicht sieht man ziemlich dicht neben einander
und nahe der Mittellinie die Lücken für die Knorpelzapfen der
Hämapophysen: dieselben sind etwa 11^{mm} lang und 7^{mm} breit und
besitzen somit einen lang rechteckigen Querschnitt, der jedoch
durch parietale Verkalkung etwas modificirt sein kann. Die Ränder
sind wenig verdickt und nur schwach aufgeworfen. Auffallender
Weise ist die eine der Knorpelzapfenlücken durch Oberflächenverkalkung gänzlich geschlossen.

Die beiden Lücken (Fig. 5b) werden durch einen etwa 7^{mm}
breiten Zwischenraum geschieden, in welchem sich zwei Längslamellen finden, die eine mittlere, etwa 3^{mm} breite Kammer von zwei
seitlichen, schmäleren, etwa 1,5^{mm} breiten, spaltförmigen Kammern
trennen.

In der Seitenansicht sieht man auf der einen Seite (Fig. 5c)
etwa 10 ziemlich dünne, an beiden Enden jedoch verbreiterte und
zerschlitzte Längslamellen, welche durch etwas breitere spaltförmige
Zwischenräume getrennt werden. Auf der andern Seite (Fig. 5d)
sind diese Lamellen vollständig durch eine poröse Knochenhaut, das
Product der Oberflächenverkalkung, überkleidet und so dem äusseren
Anblick entzogen.

Die Wirbelhöhlung ist tief eingesenkt und die Durchbohrung
für die Chorda liegt genau in der Mitte.

Der centrale Doppelkegel ist ziemlich dick und seine Ränder
sind abgerundet, aber nur wenig aufgeworfen. Die Aussenflächen
zeigen in der centralen Partie einige wenige, grobe, concentrische
Wachsthumsringe.

Bei centralem Querschnitt erscheint in der Mitte die verkalkte
Innenzone als kleiner dunkler Kreis von etwa 0,5^{mm} Durchmesser
und um dieselbe herum der Durchschnitt des centralen Doppelkegels als hellerer Ring von etwa 1^{mm} Breite.

Die kreisförmige, etwa 10^{mm} im Durchmesser haltende Ver-
kalkungsschicht um den centralen Doppelkegel ist mit den primären

Hauptstrahlen der Aussenzone so innig verschmolzen, dass deren
centrale Particen nur noch als dunkle Streifen auf hellem Grunde
erscheinen.

Die Zahl der primären Hauptstrahlen beträgt 12, drei dorsale,
drei ventrale und je drei laterale; von diesen verkümmert jedoch
der mittlere dorsale resp. ventrale Strahl, so dass wir im Ganzen
nur zehn primäre Strahlen haben, welche die Peripherie erreichen.
Die Lücken für die Knorpelzapfen der Neurapophysen werden
von je einem dorsalen und dem oberen lateralen, diejenigen der
Neurapophysen von je einem ventralen und dem unteren lateralen
Strahl begrenzt und zeichnen sich vor den übrigen Zwischenräumen
durch grössere Breite aus, weswegen sie besonders in die Augen
fallen. Ebenso verdicken sich die sie begrenzenden Strahlen im
peripheren Theil sehr stark und zeichnen sich hierdurch vor den
übrigen, sowohl den mittleren lateralen, als den durch Spaltung
entstandenen Secundärstrahlen, aus, während diese lamellenartig
dünn bleiben oder doch nur um weniges gegen aussen an Stärke
zunehmen.

Sämmtliche Primärstrahlen gabeln sich nun, und die so entstandenen Secundärstrahlen können sich wiederum spalten, so dass
wir also vier Strahlenbüschel haben, welche durch die Knorpelzapfenlücken getrennt sind; diejenigen der beiden lateralen Büschel
sind am zahlreichsten mit etwa 8 — 10 Strahlen, dann folgt der
dorsale Büschel mit 6 und schliesslich der ventrale mit vier Strahlen.

Diejenigen Stellen, welche die Knorpelzapfenlücken begrenzen,
sind an ihren gegenseitig zugewandten Flächen mehr oder minder
regelmässig fiederartig verzweigt, während die zwischenliegenden
Strahlen gewöhnlich nur am Ende noch einmal gespalten sind.

Sämmtliche Strahlen sind auf ihren Aussenflächen grob längsgerunzelt und zeigen daher im Querschnitt fein wellige Grenz-
linien.

Ein von Hasse selbst als *Oxyrhina* bestimmter Rumpfwirbel
ist leider nur zur Hälfte erhalten; seine Höhe beträgt gegen
19^{mm}, die Breite etwa 21^{mm} und die Länge etwa 9,5^{mm}; das Verhältniss von Länge zu Höhe gestaltet sich also genau wie bei
dem Wirbel Taf. X, Fig. 5. Im Uebrigen bietet der Wirbel

weder hinsichtlich der äusseren Ansicht noch des Querschnittes
besonders Bemerkenswerthes, vielleicht nur insofern, dass diejenigen Strahlen, welche die Knorpelzapfenlücken begrenzen, relativ
stark verdickt sind und die Zahl der lateralen Strahlen geringer
ist, als bei vorigem Wirbel, eine Erscheinung, die jedoch mit der
geringeren Grösse zusammenhängen mag. Das Querschnittsbild
ist ziemlich undeutlich und nur nach Vergleich mit dem besser
erhaltenen Wirbel zu entziffern.

Die Schwanzwirbel sind so schlecht erhalten, dass Beschreibung und Abbildung nicht gegeben werden kann.

Vorkommen: Sehr selten in der Zone A_2.

Bemerkungen: Herr HASSE hatte den Wirbel Fig. 5 als
Otodus-Wirbel bestimmt, allein ich konnte dieser Bestimmung nicht
beipflichten, da *Otodus*-Wirbel nach meiner Auffassung mehr als
hypothetisch sind. Ich habe mich hierüber weiterhin (vergl. *Car-
charodon* pag. 84) ausgesprochen, und es bleiben mir nur noch die
Gründe anzuführen, warum ich den Wirbel Fig. 5 als *Oxyrhina*-
Wirbel ansehe, da sein Querschnittsbild doch von dem durch
HASSE [1]), tab. 31, fig. 41 u. 42, mitgetheilten abweicht.

Es kann überhaupt nur Zweifel darüber entstehen, ob wir es mit
einem *Carcharodon*- oder einem *Oxyrhina*-Wirbel zu thun haben,
Lamna, *Selache* und *Alopias* sind ohne weiteres ausgeschlossen.
Gegen *Carcharodon* spricht vor allem die äussere Gestalt und die
centrale Durchbohrung für die Chorda; HASSE sagt ausdrücklich
vom Genus *Carcharodon* pag. 226: »Schon die Wirbelhöhlung ist
bemerkenswerth. Sie wird nämlich bei allen Carcharodonten
von der Chorda excentrisch durchbohrt und zwar liegt
die Durchbohrung der ventralen Fläche näher.« Unser
Wirbel, der eine genau centrale Durchbohrung für die Chorda
besitzt, kann mithin gemäss dieser Angabe kein *Carcharodon*-
Wirbel sein.

Es bleibt also für unseren Wirbel nur noch die Möglichkeit
einer Zugehörigkeit zu *Oxyrhina* übrig, und stimmt er in seiner
äusseren Form recht gut mit HASSE's fig. 44 überein. Es ist nur

[1]) Natürliches System der Elasmobranchier.

zu bedauern, dass HASSE von diesem Wirbel aus dem Oligocän von Flonheim keinen Querschnitt mittheilt, so dass wir bei dem Vergleich der Querschnitte nur auf seine fig. 41 resp. 42 angewiesen sind. Hinsichtlich des Querschnittes muss ich allerdings gestehen, dass unser Wirbel von dem recenten *Oxyrhina*-Wirbel fig. 42 insofern verschieden ist, als er eine viel stärkere Entwickelung von Radialstrahlen wie jener zeigt. Hierdurch nähert er sich wiederum dem *Carcharodon*-Wirbel bei HASSE, tab. 30, fig. 30. Allein nachdem ich mich überzeugt, dass diese reichliche Entfaltung der Radialstrahlen nur auf secundäre Spaltung der Primärstrahlen zurückzuführen ist, so hat auch diese Erscheinung für mich nichts befremdliches mehr, da auch unser Wirbel genau wie die *Oxyrhina* zehn Primärstrahlen besitzt.

Sollten aber spätere Untersuchungen dennoch für eine Zugehörigkeit unseres Wirbels zu *Charcharodon* sprechen, so unterscheidet derselbe sich jedenfalls durch eine grössere Länge im Verhältniss zur Höhe und daher plumpere Gestalt, tiefere Wirbelhöhlung, sowie centrale Durchbohrung für die Chorda von den auf Taf. X, Fig. 1 und 2 abgebildeten Wirbeln, die ich als echte *Carcharodon*-Wirbel ansehe und die eine im Verhältniss zur Höhe geringere Länge und daher schlanke Gestalt, flachere Wirbelhöhlung und excentrisch nach der Ventralseite gelegene Durchbohrung für die Chorda, äusserlich sofort von unserem Wirbel trennt.

Auch das Querschnittsbild zeigt Abweichungen, wie eine Vergleichung der beiden Abbildungen lehrt.

Lamna elegans AGASSIZ.

Taf. IV, Fig. 1—9 und A u. B.

1843. *Lamna elegans* AGASSIZ. Recherches sur les poissons fossiles Bd. III. pag. 289, tab. 35, fig. 1—7 und tab. 37a. fig. 58 und 59.

Diese Species ist am allerhänfigsten unter den Elasmobranchiern des samländischen Tertiärs vertreten; es haben sich Mittel- und Seitenzähne sowohl des Ober- wie des Unterkiefers

gefunden und mit Hülfe eines recenten Gebisses unterscheiden
lassen. Da die verschiedenen Zahntypen genau in gleicher Weise
wie bei *Oxyrhina* ausgebildet sind, so brauche ich deren bezeich-
nende Charaktere[1]) nicht mehr zu wiederholen, sondern verweise
auf die vorhergehende Beschreibung der *Oxyrhina xiphodon.*

a) Mittelzähne.

1. Unterkiefer (Taf. IV, Fig. 1 — 1 g).

Vollständig erhaltene Zähnchen sind unter dem grossen, mir
vorliegenden Material nur zwei vorhanden, allen übrigen fehlt die
Wurzel entweder ganz oder theilweise. Das eine der Zähnchen
(Fig. 1) besitzt eine Gesammthöhe von 21^{mm}; davon kommen auf
die Hauptspitze 14^{mm}; das andere besitzt 18^{mm} Gesammthöhe,
wovon die Hauptspitze etwa 13^{mm} einnimmt, in beiden Fällen
beträgt also die Höhe der Hauptspitze $^3/_4$ der Gesammthöhe. Bei
den übrigen Zähnchen schwankt deren Höhe zwischen 12 und
20^{mm}, mithin dürften dieselben 16 — 26^{mm} hoch gewesen sein; am
häufigsten sind Zähnchen von 14 — 15^{mm} Hauptspitzenhöhe, was
einer Gesammthöhe von 18—20^{mm} entspricht.

Wurzel und Krone sind wenigstens auf der Internseite ziemlich scharf gegen einander abgesetzt, auf der Externseite jedoch
allmählich in einander übergehend.

Die Wurzel besitzt bei dem Zähnchen Fig. 1 eine grösste
Breite von 11^{mm}, die jedoch nach oben beträchtlich abnimmt, und
eine Höhe von etwa 7^{mm}, die sich jedoch in der Mitte bis zu
4,5^{mm} reducirt. Ihre grösste Dicke beträgt in der Mitte 6^{mm}, nimmt
aber in Folge der starken Neigung der Ligamentfläche nach den
Seiten hin rasch ab. Die ziemlich hohe Externfläche ist ihrer
ganzen Breite nach tief concav und nach Innen gebogen. Die

---

[1]) Es giebt übrigens ein ziemlich einfaches, wenn auch rein mechanisches Mittel,
das aber nichtsdestoweniger gute Resultate liefert, um die Mittelzähne des Ober-
und Unterkiefers dieser Art (vielleicht auch der anderen *Lamna-* und *Oxyrhina-*
Arten) schnell von einander zu unterscheiden. Man legt die Zähne mit der
Externseite auf eine ebene Fläche, Tisch- oder Glasplatte oder dergl. Liegen
sie mit der ganzen Externseite der Krone platt darauf, so gehören sie dem Oberkiefer an, hebt sich jedoch die Seite davon ab und berührt die Externseite nur
theilweise die Unterlage, so sind es Zähne des Unterkiefers.

schräg nach oben gerichtete Neuralfläche ist seitlich ungemein schmal, nur in der Mitte etwas höher und zugleich schwach eingesenkt. Die abgerundete Ligamentkante ist nur wenig deutlich markirt. Die breite, leicht gewölbte Ligamentfläche nimmt den grössten Theil der Internfläche ein; in der Mitte ist sie fast senkrecht gegen die Hauptspitze geneigt, seitlich dagegen mehr schräg und zugleich steil nach unten abfallend. Eine eigentliche Neuralkante ist nicht vorhanden oder wenigstens sehr verwischt, aber der Neuralrand ist tief parabolisch gebuchtet; daher ist die Wurzel lang zweiästig und beide Wurzeläste sind in seitlicher Richtung comprimirt. Vorder- und Hinterrand der Wurzel sind kantig gerundet.

Die Eintrittsstelle für den Hauptnerv liegt in einer nicht sehr tiefen Verticalspalte, nahe dem Ligamentrand.

Der Eindruck der Befestigungsmembran ist aber wie bei überhaupt allen *Lamna*-Arten ungemein scharf, namentlich auf der Externseite, ausgeprägt. Er stellt sich auf der Internseite als ziemlich breites, etwas vertieftes Band dar, das sich längs der Krone an den Seiten bis auf halbe Höhe der Wurzel hinabzieht, dabei sehr stark an Breite zunimmt, die Nebenspitzen allseitig umgiebt und auf der Externseite gegen die Mitte hin eingeschnürt ist, zugleich aber wulstartig sich erhebt und grob vertical gerunzelt ist. Ausserdem ist auf der Externseite bei gut erhaltenen Exemplaren der Eindruck mit einer glatten, glänzenden Haut überzogen, die jedoch leicht zerstört wird, und jedenfalls auch an der Internseite vorhanden war. Eine stets deutlich und scharf markirte Furche bezeichnet den Unterrand, welcher der Oberrand, die Emailgrenze, nicht parallel läuft.

Die schlanke, schmale Hauptspitze hat an der Basis 5,5^{mm} Breite, einen gleichschenkelig-dreieckigen Umriss und biegt sich ziemlich stark nach innen: der obere Theil ist jedoch wieder mehr oder minder nach aussen gewendet. Die glatte Externseite ist flach oder leicht gewölbt, an der Basis zuweilen mit einer seichten Medianeinsenkung. Die hochgewölbte Internseite fällt seitlich sehr steil ab und ist mit regelmässigen, scharfen Verticalfalten geziert, welche in der Mitte, an der Basis beginnend, bis etwa zu halber Höhe reichen, gegen die Seiten aber an Grösse abnehmen. Vorder- und Hinterrand sind gerade, gleich lang und mit scharfem, glattem Kiele besetzt, der jedoch in einiger Entfernung von der Basis verschwindet. Der Querschnitt der Hauptspitze ist nahezu halbkreisförmig, und ihre Dicke, welche an der Basis etwa 3,5—4^{mm} beträgt, nimmt gegen die Spitze hin Anfangs rasch, später nur allmählich ab.

Die Nebenspitzen sind sehr klein, dornförmig, von kreisrundem Querschnitt, nicht gekielt, vollständig von der Hauptspitze abgeschnürt und schräg gegen dieselbe gestellt.

Die Emailgrenze läuft auf der Internseite in flach nach oben gekrümmter, auf der Externseite in nahezu horizontaler Linie.

2. Oberkiefer (Fig. 3 — 3 c).

Die Mittelzähne des Oberkiefers sind durchweg besser erhalten als die vorigen. Die beiden grössten Zähnchen besitzen eine Gesammthöhe von 21 resp. 22^{mm}; davon kommen auf die Hauptspitze allein 14 resp. 15^{mm}; kleinere Exemplare besitzen eine Höhe von 15, 16.5, 17 und 18^{mm}, wovon 11,5, 14, 14 und 14,5^{mm} auf die Hauptspitze entfallen, die somit etwa $^2/_3$—$^3/_4$ der Gesammthöhe einnahm. Die Grösse der Zähnchen schwankt nach den mitgetheilten Zahlen somit zwischen 15—22^{mm} Gesammthöhe, am häufigsten sind solche von 16—18^{mm}.

Wurzel und Krone sind auf der Internseite scharf gegeneinander abgesetzt, auf der Externseite jedoch allmählich ineinander übergehend.

Die Wurzel besitzt eine grösste Breite von 11—13,5^{mm} (natürlich ist sie bei kleineren Zähnchen entsprechend geringer) und verschmälert sich nach oben ziemlich beträchtlich. Ihre Höhe, $^1/_3$—$^1/_4$ der Gesammthöhe, reducirt sich in der Mitte noch auf die Hälfte dieser Grösse. Ihre grösste Dicke beträgt je nach Grösse 3—5^{mm} und nimmt von der Mitte gegen die Seiten ziemlich langsam ab. Die ziemlich hohe Externfläche ist nicht sehr stark, jedenfalls beträchtlich weniger, als bei den Unterkieferzähnen eingesenkt. Neural- und Ligamentfläche wie bei jenen ausgebildet, nur dass erstere etwas schräger geneigt ist und letztere seitlich weniger steil abfällt. Der Neuralrand ist weniger tief und mehr hyper-

bolisch gebuchtet; daher bilden die beiden Aeste einen flacheren
Winkel mit einander, als bei den Unterkieferzähnen, und die
Wurzel erscheint somit durchweg breiter, als es bei diesen der
Fall ist; ebenso sind die beiden Aeste mehr von aussen nach innen,
als in seitlicher Richtung comprimirt.

Die Eintrittsstelle für den Hauptnerv und der Eindruck der
Befestigungsmembran wie bei den Unterkieferzähnen.

Die Hauptspitze hat an der Basis eine Breite von 4,5—7^{mm},
schmal gleichschenkelig-dreieckigen Umriss und ist vollkommen
vertical, nur ist bei vielen das äusserste Ende schwach nach aussen
gekrümmt. Die glatte Externseite ist flach und eben, an der Basis
öfters mit kurzer medianer Einsenkung versehen. Die Internseite
ist hoch gewölbt, aber im Vergleich zu den Unterkieferzähnen
etwas flacher und seitlich weniger steil geneigt, der Querschnitt
daher auch mehr elliptisch. Die Internseite ist in gleicher Weise
wie bei den vorigen vertical geringelt, nur sind die Falten durchweg kürzer und auf den untersten Theil der Mittelspitze beschränkt.
Vorder- und Hinterrand gerade, gleich lang und von der Spitze bis
zur Basis scharf gekielt.

Nebenspitzen wie bei vorigen, nur noch nicht so vollständig
von der Mittelspitze abgeschnürt und, wie wenigstens ein Exemplar
deutlich zeigt, längs des Innenrandes gekielt.

Emailgrenze wie bei den Unterkieferzähnen.

ß) Seitenzähne.

1. Unterkiefer (Fig. 4—4d).

Es ist ziemlich schwierig, Seitenzähne des Unterkiefers, welche
nicht vollständig erhalten sind, von Mittelzähnen des Oberkiefers
zu unterscheiden, da der Contrast in der Breite der Hauptspitze
beider Zahntypen, welcher bei gut erhaltenen Exemplaren sofort
in die Augen fällt, bei isolirten Mittelspitzen viel weniger klar
hervortritt. In zweifelhaften Fällen dürfte man die kleineren Haupt-
spitzen mit flacherem Querschnitt als Seitenzähne ansehen; sind
übrigens die Zähne gut und vollständig erhalten, so bietet die Unterscheidung nicht die geringste Schwierigkeit.

5

Die Zähne besitzen eine geringere durchschnittliche Höhe als die Mittelzähne, indem ihre Gesammthöhe nur etwa 10—17^{mm} beträgt; davon kommen, wie einige allerdings nicht ganz zuverlässige Messungen ergeben haben (entweder fehlt bei den Zähnchen ein Theil der Hauptspitze oder der Wurzel) etwa $^5/_7$ auf die Höhe der Krone. Man sieht übrigens auch aus den Abbildungen, dass das Verhältniss der Höhe der Krone zur Höhe der Wurzel zu Ungunsten der letzteren sich geändert hat.

Die Wurzel besitzt eine bedeutende Breite, die nahezu der Gesammthöhe des Zähnchens gleichkommt. Es ergiebt dieselbe sich bei einem Zähnchen zu 13 resp. 14 resp. 16^{mm}, nach oben verschmälert sie sich nur wenig. Die Dicke ist ebenfalls gering, in der Mitte nicht über 4^{mm}, und reducirt sich an den Seiten noch bedeutend. Die Externfläche ist seitlich flach, in der Mitte leicht eingesenkt. Die Internfläche ist viel weniger aufgetrieben, als bei den Mittelzähnen, und der grösste Theil derselben wird von der hohen, flachen, nur in der Mitte etwas gewölbten Neuralfläche eingenommen, welche ziemlich schräg ansteigt, seitlich jedoch nur wenig abfällt, und meist durch eine gut markirte Kante von der Ligamentfläche geschieden ist. Diese letztere ist sehr schmal, schräg gegen die Krone geneigt, seitlich wenig abfallend und wird fast gänzlich von dem Eindruck der Befestigungsmembran eingenommen. Der Neuralrand ist an den Seiten kantig gerundet, in der Mitte abgeflacht stumpfwinkelig und nicht sehr tief gebuchtet. Die beiden Wurzeläste sind daher bei der geringen Höhe der Wurzel kurz, öfters von verschiedener Länge, stark von innen nach aussen comprimirt und am Vorder- und Hinterrande abgerundet kantig.

Die Eintrittsstelle für den Hauptnerv liegt im Grunde einer ziemlich tiefen Verticalspalte, aber immer noch äusserlich sichtbar.

Der Eindruck der Befestigungsmembran ist wie bei den Mittelzähnen, nur entsprechend der grösseren Breite der Zähne mehr in die Breite gezogen und daher längs der Interuseite flacher.

Die Hauptspitze zeigt an der Basis eine beträchtliche Breite, bei Fig. 4 ca. 5,5^{mm}, verschmälert sich jedoch anfangs rasch, später mehr allmählich nach oben, so dass die Seitenränder keine genau geraden Linien bilden, sondern unten etwas concav, sonst aber

gerade, gleich lang und von der Spitze bis zur Basis mit scharfem
Kiele besetzt sind. Doch wird durch diesen Verlauf der Ränder
der breit gleichschenkelig-dreieckige Umriss der Hauptspitze wenig
beeinflusst, die im Uebrigen vollkommen vertical gerichtet, in einzelnen Fällen auch leicht nach hinten geneigt ist. Die Externseite ist glatt und flach, die Internseite gewölbt, seitlich wenig
steil abfallend, daher der Querschnitt bei der verhältnissmässig geringen Dicke flach halbelliptisch. Die Schmelzfalten der Internseite sind sehr kurz, nur auf den untersten Theil der Mittelspitze
beschränkt, öfters auch, namentlich bei abgerollten Zähnchen, kaum
sichtbar. Die Dicke ist gering, an der Basis 2,5—3^{mm} betragend,
und nimmt gegen oben hin nur langsam ab. Die Nebenspitzen
sind noch nicht von der Hauptspitze völlig abgeschnürt, sondern
noch mit ihr vereinigt und fast parallel oder doch sehr wenig
schräg gegen dieselbe gerichtet, in Bezug auf Grösse allerdings
bei einigen Zähnchen stark reducirt; zuweilen sind auch noch ganz
verkümmerte Zähnchen zweiter Ordnung vorhanden. In ihrer
Gestalt gleichen sie der Mittelspitze und sind wie jene an beiden
Rändern gekielt.

Emailgrenze verläuft sowohl auf Extern- als Internseite beinahe geradlinig.

2. Oberkiefer (Fig. 5 — 5 e).

Die Gesammthöhe der Oberkieferseitenzähne schwankt zwischen
13,5—18^{mm}, wovon etwa $^1/_4$ auf die Höhe der Wurzel, $^3/_4$ auf die
Mittelspitze kommen. Ihre specifischen Merkmale sind die gleichen,
wie jene des Unterkiefers, und sie unterscheiden sich von diesen
nur durch die ziemlich schräg nach hinten geneigte Hauptspitze
und in Folge dessen verschiedene Länge der Seitenränder; ferner
ist die verticale Faltung der Internseite des Schmelzes fast völlig
verwischt, oft nur leicht angedeutet.

Vorkommen: Häufig in der Zone A: sonst namentlich im
oberen Eocän verbreitet, während das Vorkommen im Unteroligocän
zweifelhaft erscheint.

Bemerkungen: Unter der specifischen Benennung *Lamna
elegans* habe ich hier eine Reihe von Zahnformen vereinigt, die
man sonst in palaeontologischen Werken mit besonderen Namen,

wie *Lamna elegans* (Fig. 1), *Lamna dubia* (Fig. 2) und *Lamna compressa* (Fig. 4 oder 5) belegt findet.

Die Gründe für die Vereinigung dieser Zahntypen sind dieselben, welche mich bewogen haben, das Gebiss der andern hier beschriebenen Lamniden zu reconstruiren: die Thatsache, dass man an einem recenten Gebiss genau die gleichen Typen unterscheiden kann, wie sie sich unter dem fossilen Material finden. Es wäre doch jedenfalls sehr sonderbar, dass, wenn man die verschiedenen Zahntypen mit eigenen Namen belegen wollte, sich von einer Art *Lamna elegans* Zähne gefunden haben, die ihrem Habitus nach unzweifelhaft der vorderen Partie des Unterkiefers angehörten, oder von einer andern, *Lamna compressa*, nur solche, die sicher auf den hinteren Kieferpartieen sassen. Es würde wohl schon die einfache Constatirung dieser Thatsache genügen, um die specifische Verschiedenheit dieser »Arten« zu erschüttern. Es zeigen aber noch weiterhin alle diese Zähnchen, möge ihre Gestalt noch so verschieden sein, eine grössere oder geringere Faltung der Internseite des Emails. Diese Verschiedenheit in der Entwickelung der Schmelzfalten ist aber eine ganz gesetzmässige, sie sind länger und hervorragender ausgebildet bei Zähnen, welche dem Unterkiefer angehörten, als bei solchen des Oberkiefers, und wiederum schwächer bei den Seitenzähnen, als bei den Mittelzähnen.

Wenn sonach ein Zweifel über die Zusammengehörigkeit dieser Zähne meiner Ansicht nach nicht mehr obwalten kann, so wäre nur noch zu untersuchen, welcher Name für sie zutreffend wäre. Es ist nun ziemlich gleichgültig, ob man die Benennung *Lamna elegans* AGASS, oder *Lamna compressa* AGASS. wählt: beides ist richtig, denn die Mittelzähne des Unterkiefers sind genau ident mit ersterer Art, und die Seitenzähne entsprechen volkommen der letzteren. Ich habe die Bezeichnung *Lamna elegans* vorgezogen, einmal weil gerade diese Zahntypen, für welche AGASSIZ die Art aufgestellt, ohne Schwierigkeit kenntlich sind, und dann, weil die Seitenzähne so ziemlich aller Lamniden gewissermaassen die Bezeichnung »*compressus*« verdienen.

Ob jedoch alle die Formen, welche von den verschiedenen Autoren als *Lamna compressa*, *elegans* oder *dubia* beschrieben sind, zu vereinigen seien, mag vorläufig dahingestellt bleiben. Man kann aber mit ziemlicher Gewissheit darauf rechnen, dass, wenn diese drei Arten von ein und demselben Fundort genannt werden, ihre Zusammengehörigkeit bei eingehender Prüfung zweifellos erscheint. Hier jedoch eine eingehende Kritik dieser Arten zu üben, würde einerseits zu weit führen, andrerseits doch nicht sehr ergiebig sein, da ich zu dem Zwecke die Originale kennen müsste, denn die Abbildungen sind hierzu bei weitem nicht ausreichend.

Lamna sp.

Taf. X, Fig. 4—4c.

In merkwürdigem Gegensatz zu der Zahl vor grossen *Lamna*-Zähnen des samländischen Tertiärs konnte nur ein einziger Rumpfwirbel unter meinem reichlichen Material aufgefunden werden. Der an der einen Seite stark abgerollte, überhaupt am Rande vielfach verletzte Wirbel besitzt eine Höhe von 30^{mm} und eine Breite von 31^{mm}, aber nur eine sehr geringe Länge, nämlich 9^{mm}, also etwa $\frac{1}{3}$ der Höhe. Soweit sich wegen des verletzten Randes ein Urtheil über die Form des Wirbels abgeben lässt, so scheint derselbe in der Frontalansicht einen schwach querelliptischen, beinahe kreisförmigen Umriss besessen zu haben. In der Seitenansicht ist die Form hoch rechteckig; dabei ist zu erwähnen, dass die Seitenflächen leicht eingesenkt sind.

Eine Orientirung des Wirbels ist nicht leicht, da das Bild der Dorsal- und Ventralseite ein sehr gleichartiges ist. Die Lücken für die Knorpelzapfen der Neurapophysen sind etwa 4^{mm} lang, höchstens 3^{mm} breit, und durch parietale Knochenablagerung sehr stark verengt, so dass die Oeffnung eine schmal elliptische Form zeigt. Die Ränder sind kaum verdickt und nicht aufgeworfen. Die beiden Apophysenlücken stehen etwa 7^{mm} weit auseinander, und zwischen beiden befinden sich zwei ziemlich dicke, an beiden Enden noch verbreiterte, aber hier wie auf der Oberfläche zerspaltene Längslamellen, welche einen mittleren breiten Spalt von zwei seitwärts zwischen diesem und den Apophysenlücken gelegenen, etwas schmäleren Kammern scheiden.

Auf der Ventralseite sehen wir fast das gleiche Bild, nur dass die Lücken für die Knorpelzapfen der Hämapophysen weniger weit, nämlich nur 4,5ᵐᵐ auseinander stehen. Die zwischen denselben befindlichen Lamellen sind sehr dünn und die drei Kammern gleich breit.

In der Seitenansicht (Fig. 4c) sieht man etwa 15 Querlamellen, die Endflächen verkalkter Radialstrahlen der Aussenzone; diese Lamellen, in der Mitte kaum 1ᵐᵐ dick, verbreitern sich vorn und hinten etwas, indem sie sich gleichzeitig spalten: eine Spaltung macht sich bei einigen auch in der Mitte bemerkbar.

Die Wirbelhöhlung ist flach eingesenkt, die Durchbohrung für die Chorda, welche vielleicht sehr gross war, liegt genau in der Mitte. Der centrale Doppelkegel ist sehr dick, etwa 2ᵐᵐ stark und an den Rändern leicht abgerundet: seine Aussenflächen sind grob und unregelmässig concentrisch gestreift.

Im Querschnitt sieht man den Doppelkegel als ziemlich dicken Ring die weite Durchbohrung für die Chorda umgeben, während wahrscheinlich die Innenzone nicht verkalkt war. Sämmtliche Radialstrahlen der Aussenzone sind, auf etwa 5ᵐᵐ vom Doppelkegel an gerechnet, durch interradiale Knochenablagerung so fest verschmolzen, dass die einzelnen Strahlen kaum mehr zu erkennen sind und nur noch als schattenhafte dunklere Linien auf hellem Grunde erscheinen. Daher ist die Zahl der Primärstrahlen, da dieselben sich in kurzer Entfernung vom Centrum gabeln, sehr schwierig zu ermitteln, ja es gelingt überhaupt nur mit Sicherheit, zwei dorsale, zwei ventrale und je einen oberen und unteren Primärstrahl nachzuweisen, da diese zu je zweien, die Knorpelzapfen der Apophysen seitlich begrenzend, sich durch grössere Dicke und mehr säulenförmige Gestalt vor den übrigen secundären Strahlen auszeichnen.

Die Gabelung der Primärstrahlen findet in sehr regelmässiger Weise statt: und die so entstandenen Secundärstrahlen zeichnen sich durch ihren geraden Verlauf aus; sie sind dünn, stellenweise und am peripheren Ende knopfförmig verdickt und durch etwa doppelt so breite Zwischenräume geschieden; ihre Aussenflächen sind grob, längs geringelt. Durch die vier ziemlich schmalen

Knorpelzapfenlücken, von welchen die beiden dorsalen etwas weiter auseinander liegen als die ventralen, wie man hier deutlicher, als bei äusserer Betrachtung sieht, werden somit vier Strahlenbüschel geschieden: ein ventrales resp. dorsales und zwei laterale, von welchen die beiden ersteren **vier**, die letzteren etwa 16 Strahlen aufweisen.

Vorkommen: Sehr selten in der Zone A_1.

Bemerkungen: In gleicher Weise, wie sich der fossile *Oxyrhina*-Wirbel von dem recenten unterscheidet, weicht auch der fossile, übrigens von HASSE selbst als solcher bestimmte *Lamna*-Wirbel, von dem recenten, von ihm auf tab. 28, fig. 6 abgebildeten, durch reichere Strahlenentfaltung in der Aussenzone ab. Bei der recenten Form zeigen die Primärstrahlen nur eine geringe Tendenz zur Gabelung, bei dem fossilen Wirbel ist dieselbe so stark ausgebildet, dass sogar die mittleren lateralen Primärstrahlen in geringem Abstand vom Centrum nicht mehr als solche zu erkennen sind.

Von dem *Oxyrhina*-Wirbel unterscheidet sich der *Lamna*-Wirbel äusserlich durch eine geringere Länge bei nahezu gleicher Höhe und Breite, sowie durch schmalere Knorpelzapfenlücken, im Querschnitt durch die sehr regelmässigen, geraden, hier und da knopfförmig verdickten Radialstrahlen, während der *Oxyrhina*-Wirbel leicht gewellte, namentlich aber fingerförmig verzweigte Radialstrahlen besitzt.

Odontaspis Hopei AGASSIZ.

Taf. V, Fig. 1 a—d, Fig. 2 a—b, Fig. 3 a—b.

1842. *Odontaspis Hopei* AGASSIZ. Recherches sur les poissons fossiles Bd. III, pag. 293, tab. 37 a, fig. 27—30.

Unter meinem ziemlich spärlichen Material dieser Art vermag ich nur Mittelzähne des Unterkiefers und Seitenzähne des Oberkiefers bestimmt zu unterscheiden, vorausgesetzt, dass auch bei *Odontaspis* die Zähne je nach ihrer Lage in gleicher Weise differiren, wie bei der nahe verwandten *Oxyrhina* oder *Lamna*. Ich kann mich hierüber nicht bestimmt äussern, da mir ein vollständiges Gebiss von *Odontaspis* zur Zeit nicht zu Gebote steht. Bei dieser

Annahme wären die schmalen Zähne, deren Wurzel tief-
gegabelt und deren Hauptspitze stark nach innen gekrümmt ist, als Mittelzähne des Unterkiefers, die breiteren Zähne mit wenig gebuchtetem Neuralrand und
stark nach hinten geneigter Hauptspitze als Seitenzähne des Oberkiefers aufzufassen.

α) Mittelzähne.

Die Zähnchen sind wenig gut erhalten, da ihnen zumeist die
Wurzel fehlt: das am besten erhaltene Zähnchen (Fig. 1) (es fehlt
ihm nur eine Nebenspitze) besitzt eine Gesammthöhe von 22^{mm};
davon entfallen auf die Mittelspitze allein etwa 18^{mm}, da deren
Höhe somit ungefähr $^2/_3$ der Gesammthöhe betragen würde.
Da bei den übrigen Zähnchen die Höhe der Mittelspitze sich
zwischen 14 und 18^{mm} bewegt, so dürfte die Gesammthöhe der
Mittelzähne etwa $21-22^{mm}$ betragen. Wurzel und Krone sind
auf der Innenseite scharf gegen einander abgesetzt, auf der Aussenseite jedoch allmählich ineinander übergehend.

Die Wurzel besitzt $12,5^{mm}$ grösste Breite, die nach der Krone
hin wenig abnimmt; ihre grösste Höhe von 7^{mm} fällt in der
Mitte auf 5^{mm}. In Folge der hoch angeschwollenen Innenseite
ist ihre Dicke sehr bedeutend, und zwar beträgt sie in der
Mitte nahezu 9^{mm}, doch vermindert sie sich nach den Seiten hin
rasch und beträchtlich. Die Externfläche ist nicht sehr hoch,
aber ihrer ganzen Breite nach tief concav und nach Innen gebogen. Die Neuralfläche ist an den Seiten schräg nach oben gerichtet, aber so schmal, dass Ligament- und Externfläche fast
zusammenstossen, in der Mitte wird sie jedoch bedeutend breiter
und ist in beinahe horizontaler Richtung nach Innen übergebogen.
Die Ligamentkante ist abgerundet und demnach nicht sehr scharf
markirt. Die Ligamentfläche ist stark entwickelt, in der Mitte
beinahe senkrecht gegen die Krone gerichtet, seitlich schräger,
aber steil nach unten abfallend. Der Neuralrand ist tief parabolisch
gebuchtet, eine eigentliche Neuralkante ist jedoch nicht ausgebildet; die Wurzeläste sind ziemlich lang, von vorn nach hinten
comprimirt. Die Eintrittsstelle für den Hauptnerv liegt im Grunde
einer hohen, sehr tiefen Verticalspalte, welche fast die ganze

Wurzel bis nahe zur Krone hin durchschneidet und deshalb bei
der Ansicht von oben auf der Ligamentfläche sichtbar ist.
Der Eindruck der Befestigungsmembran stellt sich auf der
Internseite als ein etwa 1,5ᵐᵐ breites, scharf begrenztes, etwas
vertieftes Band dar, das die Mittelspitze halbkreisförmig umgiebt,
zwischen dieser und den Nebenspitzen scharf geknickt ist, an
letzteren entlang ziehend rasch an Breite zunimmt, dann auf die
Externseite übertritt und gegen die Mitte wieder schmäler wird.
Die Krone besitzt incl. Nebenspitzen an der Basis eine Breite
von etwa 10ᵐᵐ; davon kommen auf die Hauptspitze allein 6ᵐᵐ,
welche schmal - gleichschenkelig - dreieckigen Umriss besitzt und
dabei ihrer ganzen Länge nach stark nach innen gebogen ist. Die
Externseite ist flach, die Internseite stärker, im Querschnitt beinahe halbkreisförmig, gewölbt und seitlich senkrecht abfallend.
Nur im oberen Theil stossen beide winkelig zusammen, unten gehen
sie gerundet in einander über. Vorder- und Hinterrand sind
gerade, gleich lang und mit scharfem, glattem Kiele besetzt, der
jedoch nur von der Spitze bis zu ²⁄₃ der Höhe herabreicht und
dann verschwindet. Die Dicke der Mittelspitze an der Basis beträgt 5ᵐᵐ; dieselbe nimmt gegen die Spitze anfangs sehr schnell,
später jedoch nur allmählich ab.
Die beiden mit der Mittelspitze vereinigten Nebenspitzen sind
verhältnissmässig hoch, ca. 4,5ᵐᵐ, und gegen erstere hin gekrümmt:
da ihre Extern- und Internfläche stark gewölbt sind, so sind sie
im Querschnitt beinahe kreisförmig und beinahe 2ᵐᵐ dick. Die
Emailgrenze läuft auf der Innenseite flach nach oben gekrümmt,
auf der Aussenseite, wo sie jedoch sehr undeutlich ist, horizontal.

β) Seitenzähne.

Nach der Biegung der Mittelspitze gehören die Seitenzähne
theils dem rechten, theils dem linken Oberkiefer an. Das am vollständigsten erhaltene rechte Oberkieferzähnchen (Fig. 2) besitzt
eine Gesammthöhe von 18ᵐᵐ, davon kommen auf die Mittelspitze
allein 13ᵐᵐ, es stellt sich somit das Verhältniss der Höhe von
Hauptspitze zu Wurzel wie bei den Mittelzähnen. Nach hinten
erniedrigt sich die Höhe der Zähne, das kleinste misst etwa
13ᵐᵐ.

Wurzel und Krone sind wenigstens auf der Innenseite scharf gegen einander abgesetzt, auf der Aussenseite gehen sie allmählich in einander über.

Die Wurzel besitzt nur geringe Höhe, nämlich 5^{mm}, welche in der Mitte auf 4^{mm} herunter geht, aber desto grössere Breite, nämlich 12,5^{mm}, welche gegen oben nur wenig abnimmt. Die Internfläche ist weniger stark aufgetrieben als bei den Mittelzähnen, die Dicke der Wurzel daher relativ geringer, bei Fig. 2b 5,5^{mm}. Die nicht sehr hohe Externfläche ist wenig eingesenkt, Neural- und Ligamentfläche verhalten sich wie bei den Mittelzähnen, nur dass letztere seitlich weniger steil abfällt. Der Neuralrand ist flach gebuchtet, und die beiden kurzen Wurzeläste sind gerundet.

Die Eintrittsstelle für den Hauptnerv liegt in analoger Weise wie bei den Mittelzähnen im Grunde einer tiefen Verticalspalte.

Ebenso verhält sich der Eindruck der Befestigungsmembran wie vorher, nur dass der seitliche Knick zwischen Haupt- und Nebenspitzen weniger scharf ausgebildet ist. Er ist übrigens bei dem einzigen Zähnchen, an welchem er überhaupt wahrnehmbar ist, wegen der etwas verwitterten Wurzel sehr wenig deutlich.

Die Krone besitzt bei Fig. 2a incl. Nebenspitzen eine Breite von 11^{mm}: davon kommen auf die Hauptspitze allein 8,5^{mm}; diese ist ziemlich vertical gerichtet, aber mit der Spitze so weit rückwärts gezogen, dass letztere fast über der hinteren Nebenspitze steht, ihr Umriss wird somit schiefwinkelig dreieckig. Die Externseite ist leicht gewölbt, an der Basis in der Mitte zuweilen flach vertieft; da die Internseite nicht viel stärker gewölbt ist und seitlich nur wenig steil abfällt, so wird der Querschnitt flach halbelliptisch. Der Vorderrand ist länger als der Hinterrand, lang S-förmig gebogen und schräg nach hinten gerichtet: der kürzere Vorderrand ist leicht concav und im oberen Theile nahezu senkrecht. Beide sind der ganzen Länge nach von der Spitze bis zur Basis scharf und glatt gekielt. Die Dicke der Hauptspitze ist bei der geringen Wölbung der Internseite unbedeutend, bei Fig. 2b 3,5^{mm}, und nimmt gegen die Spitze hin sehr langsam ab.

Die Nebenspitzen verhalten sich wie bei den Mittelzähnen, doch sind ausser den Nebenspitzen erster Ordnung noch häufig kleine verkümmerte Nebenspitzen zweiter Ordnung vorhanden.

Die Emailgrenze verläuft auf der Intern- wie Externseite in flach nach oben geschwungener Linie.

Vorkommen: Nach AGASSIZ sehr häufig im Sheppey-Thon; in der Zone A_1 ziemlich selten.

Bemerkungen: Die Identität unserer Art mit AGASSIZ's *Lamna (Odontaspis) Hopei* dürfte sicher sein: es wäre also nur noch die Frage zu erörtern, mit welchem generischen Namen dieselbe zu belegen sei. Ich habe nun die Bezeichnung *Odontaspis* gewählt, obgleich mir kein recentes Gebiss dieses Genus zum Vergleiche zu Gebote stand, weil unsere Zähne sicherlich von *Lamna* verschieden sind. Die eigenartige Innervirung der Wurzel begründet einen so vortrefflichen Unterschied gegen *Lamna*-Zähne, dass selbst Bruchstücke, an welchen nur ein kleiner Theil der Wurzel erhalten ist, hieran sehr leicht kenntlich sind [1]).

Alopias Hassei sp. n.

Taf. V, Fig. 4 a — f.

Da bei der einzigen recenten Art *Alopias vulpes* die Zähne, sowohl des Ober- resp. Unterkiefers als auch diejenigen der vorderen resp. seitlichen Partieen der Kiefer ungemein ähnlich sind, so hält es schwer, den Platz eines einzelnen Zähnchens, welches sich im samländischen Tertiär gefunden hat, mit Sicherheit zu bestimmen. Nach dem Vergleich mit der recenten Art könnte es möglicherweise dem Oberkiefer und zwar der linken Seite angehören.

---

[1]) Soweit ich bis jetzt übersehen kann, dürften die drei Genera: *Lamna*, *Oxyrhina* und *Odontaspis*, deren Unterscheidung den Palaeontologen seither viel Schwierigkeiten bereitet hat, sehr leicht an der Art der Innervirung kenntlich und sicher auseinander zu halten sein. Bei *Oxyrhina* liegt die Eintrittsöffnung für den Hauptnerv auf einem flachen Verticalkiele, der sich inmitten einer breiten seichten Vertiefung erhebt, bei *Lamna* in einer nicht sehr tiefen Verticalspalte, so dass die Oeffnung noch sichtbar ist, und bei *Odontaspis* im Grunde einer sehr tiefen, die Wurzel beinahe halbirenden Verticalspalte, so dass also die eigentliche Eintrittsöffnung unsichtbar ist.

Die Gesammthöhe des Zähnchens beträgt 10ᵐᵐ, davon kommen
auf die Krone allein etwa 7,5ᵐᵐ. Wurzel und Krone sind besonders auf der Externseite scharf gegen einander abgesetzt, wo der
Unterrand der Krone etwas übersteht.

Die Wurzel ist im Allgemeinen niedrig, aber stark in die
Breite gedehnt; auf der Internseite beträgt ihre Gesammthöhe etwa
3,5ᵐᵐ, während die Externfläche noch niedriger, nämlich 2,5ᵐᵐ ist;
ihre Breite beträgt dagegen 12,5ᵐᵐ. Ihre grösste Dicke (3,5ᵐᵐ)
bleibt eine Strecke lang gleich, nimmt aber dann rasch gegen die
Wurzelenden hin ab. Die niedrige Externfläche ist flach, aber
gleichmässig ausgehöhlt. Die ziemlich schräg gerichtete hohe
Neuralfläche ist leicht gewölbt und bildet mit der Ligamentfläche
eine nur wenig markirte, abgerundete Ligamentkante. Die Ligamentfläche ist in der Mitte schmal, vorn und hinten etwas breiter
und nur wenig gegen die Spitze geneigt. Ihre Mittelpartie liegt
·ziemlich horizontal, die Seiten fallen dagegen schräg ab. Der
ziemlich scharfkantige Neuralrand ist nur wenig gebuchtet, daher
die Wurzel nur undeutlich zweiästig; Vorder- und Hinterrand
abgerundet.

Der Eindruck der Befestigungsmembran stellt sich auf der Internseite als eine sehr schmale, vertiefte Rinne dar, deren parallele
Ränder scharf markirt sind; auf der Externseite ist er nur schwach
angedeutet und stellt ein vorn und hinten breites, in der Mitte
sehr schmales Band dar, das mit einer glatten, nicht glänzenden
Schicht überzogen ist. Der Oberrand ist sehr schwach ausgeprägt
und läuft nahezu gerade, der Unterrand ist leicht nach oben gekrümmt.

Die Oeffnung für den Hauptnerv war nicht zu beobachten, da
die Wurzel gerade an dieser Stelle etwas verletzt ist, allein nach
Analogie des recenten _A. vulpes_ wird dieselbe in der Mitte der
Neuralfläche nahe der Ligamentkante am oberen Ende einer kurzen
Verticalrinne gelegen haben.

Die hakenförmige Krone, deren Spitze stark rückwärts gezogen
ist, besitzt unten eine Breite von etwa 10ᵐᵐ und ist vollkommen
gerade, nur mit der äussersten Spitze fast unmerklich nach innen
gekrümmt. Die flach gewölbte Externseite fällt leicht nach den

Seitenrändern ab und stösst mit der stärker gewölbten Internseite
winkelig zusammen. Der Querschnitt gleicht somit einer flachen,
einseitig eingedrückten Ellipse. Der Vorderrand ist sehr flach
S-förmig gekrümmt und beträchtlich länger als der tief concave
Hinterrand. Verder- und Hinterrand sind ihrer ganzen Länge
nach mit einem scharfen, glatten Kiele besetzt. Die Dicke ist
nicht bedeutend (3^{mm}) und nimmt gegen die Spitze nur langsam ab.
Eigentliche Seitenspitzen [1]) fehlen, doch ist die Basis der Krone
schmal zungenförmig nach vorn und hinten verlängert.

Vorkommen: Sehr selten in der Zone A$_1$.

Bemerkungen: *Alopias*-Zähne sind ausserordentlich leicht
an der auf der Externseite etwas gegen die Externfläche der Wurzel
überstehenden Krone zu erkennen. Auch die hakenförmige Gestalt
der Krone wäre in gewissem Sinne bemerkenswerth, doch ist sie
charakteristisch nur bei den Seitenzähnen ausgebildet, während sie
bei den Mittelzähnen mehr verwischt ist, aber immerhin kann sie
auch hier noch als gutes Kennzeichen gelten.

Fossile *Alopias*-Zähne sind bis jetzt mit völliger Gewissheit
noch nicht bekannt. Herr Probst[2]) beschreibt zwar aus der
schwäbischen Molasse zwei Arten, *A. acuarius* und *A. gigas*, allein
ich vermisse sowohl in seiner Beschreibung als namentlich bei
seinen Abbildungen das charakteristische Merkmal der *Alopias*-
Zähne: die auf der Externseite gegen die Wurzel etwas über-
stehende Krone. Nach meiner Ansicht dürfte *A. gigas* Probst
eher eine *Oxyrhina*-Art darstellen, denn das Argument, welches
Herr Probst für die Zugehörigkeit dieser Zähne zu *Alopias* bei-
bringt, ist sehr unsicher. Wenn aber die letztgenannte Art thatsächlich zu *Alopias* gehörte, so würde sie allerdings einen gigantischen
Vertreter, der seinen Namen mit Recht verdiente, repräsentiren.
Noch zweifelhafter erscheint mir die erstere Art. Jedenfalls aber,
mögen die von Probst beschriebenen Zähne nun zu *Alopias*
gehören oder nicht, mit der samländischen Form besitzen sie nicht

---

[1]) Bei dem recenten *Alopias culpes* sind übrigens, namentlich an den hinteren
Seitenzähnen deutliche, wenn auch stark verkümmerte, Seitenspitzen vorhanden.

[2]) Württembergische naturw. Jahreshefte Jahrg. 1879, pag. 110 und 111.

die geringste Aehnlichkeit. *Alopias Hassei* zeigt vielmehr die
grösste Uebereinstimmung mit dem recenten *Alopias vulpes*, und
zwar ist die Aehnlichkeit so überraschend, dass es fast schwer
hält, Unterschiede aufzufinden. Nach sorgfältiger Vergleichung
ergab sich jedoch, dass sich *Alopias Hassei* durch beträchtlichere
Grösse, vielleicht etwas gedrungenere Krone und deren gewölbte
Externseite sowie durch eine schmalere Ligamentfläche von *A. vulpes*
unterscheidet. Dieser ist durchweg kleiner, die Krone schlanker
mit vollkommen flacher Externseite und Ligamentfläche breit.

Alopias cf. Hassei sp. n.

Taf. X, Fig. 3—3c.

1882. *Alopias* sp. HASSE, System der Elasmobranchier pag. 223, tab. 29., fig. 22
und 23.

Der einzige Wirbel, ein Rumpfwirbel, welchen ich auf *Alopias*
beziehen kann, besitzt eine Höhe von 30,5ᵐᵐ und nur wenig
geringere Breite, nämlich 29,5ᵐᵐ, seine Länge beträgt nur ein
Drittel der Höhe, nämlich 10ᵐᵐ. In dorsaler Richtung ist der
Wirbel etwas verschmälert und auf der Dorsalseite abgeflacht, in
ventraler Richtung verbreitert, aber gleichzeitig gegen die Mitte
hin etwas zugespitzt. Daher gleicht der Wirbel in der Frontalansicht einem abgerundeten Fünfeck, das eine Seite dorsalwärts
und die gegenüberliegende Spitze ventralwärts kehrt. In der
Seitenansicht ist der Umriss hoch rechteckig.

Dorsal- und Ventralseite sind verhältnissmässig leicht zu unterscheiden, da die Lücken für die Knorpelzapfen sehr verschiede-
nen Querschnitt zeigen. Auf der Dorsalseite (Fig. 3a) besitzen die
Lücken eine nahezu quadratische Form, da ihre Länge (7,5ᵐᵐ) nur um
1,5ᵐᵐ die Breite übertrifft. Jedoch wird das Lumen durch secundäre
Knochenablagerungen sehr stark verengt und daher der normale
Umriss etwas alterirt; die Oeffnungen besitzen dann lang-ovalen
oder rechteckigen Umriss. Die Ränder sind schwach verdickt.
Die beiden Lücken liegen ziemlich nahe, nämlich nur durch einen
Zwischenraum von 7ᵐᵐ Breite getrennt. Genau in der Mitte des-
selben liegt ein schmaler, etwa 2ᵐᵐ breiter Spalt von spitz-ovalem

Querschnitt. Zwischen letzterem und den beiden Apophysen-lücken stehen etwa drei Lamellen der Aussenzone, welche jedoch durch oberflächliche Verkalkung fast gänzlich mit einander verschmolzen sind.

Die Lücken für die Knorpelzapfen der Hämapophysen (Fig. 3b) besitzen querrechteckige Form in Folge Ueberwiegens der Breite gegen die Länge: erstere beträgt nämlich 9^{mm}, letztere nur 6,5^{mm}. Die Ränder sind leicht aufgeworfen und das Lumen etwas durch parietale Knochenablagerungen verengt. In den Lücken treten zwei ziemlich dicke Lamellen auf, welche drei nahezu gleich grosse Kammern abtheilen. Zuweilen findet sich in den beiden Aussenkammern noch je eine kürzere und dünnere Lamelle. Die beiden Lücken liegen fast dicht nebeneinander und sind nur durch einen 2,5^{mm} breiten, aber 7^{mm} langen Spalt von schmal-elliptischem Umriss getrennt.

In der Seitenansicht (Fig. 3c) sieht man als Ausdruck der verkalkten Radialstreifen der Aussenzone zahlreiche, ziemlich dicke Längslamellen, deren genaue Zahl sich nicht ermitteln lässt, weil sie meist durch Oberflächenverkalkung miteinander vereinigt sind; es mögen aber mindestens zwanzig gewesen sein. Die Lamellen sind auf der Oberfläche vielfach längsgeschlitzt und an beiden Enden unregelmässig zerspalten.

Die Wirbelhöhlung ist schwach eingesenkt, auf der einen Seite am Rande leicht abgeflacht. Die Durchbohrung für die Chorda liegt kaum merklich aus dem Centrum nach der Dorsalseite hingerückt; das Verhältniss beider Abstände stellt sich etwa wie 14:16.

Der centrale Doppelkegel ist dick, mit leicht aufgeworfenen und abgerundeten Rändern. Die Aussenflächen sind sehr regelmässig concentrisch gestreift. In der centralen Partie sind die Wachsthumsringe stärker und liegen weiter auseinander, als in dem peripheren Theil, wo sie allmählich feiner werden und dichter gedrängt stehen.

Im Querschnitt erscheint die verkalkte Innenzone als kleiner, schwarzer Kreis von etwa 1.5^{mm} Durchmesser, der von einem lichten, nach aussen wenig scharf abgegrenzten Ring von beinahe 2^{mm} Breite, dem centralen Doppelkegel umgeben wird.

Die Aussenzone zeigt vier durch die Knorpelzapfenlücken getrennte Strahlenbüschel, nämlich einen ventralen, einen dorsalen und zwei laterale. Die beiden erstgenannten enthalten nur zwei Radialstrahlen, die aber gegen die Peripherie hin sehr stark an Dicke zunehmen und an den Aussenseiten fiederartig, bis zur Abspaltung kurzer Secundärstrahlen, ausgeschnitten sind. Die Lateralbüschel zählen etwa neun Radialstrahlen, von welchen die beiden äussersten, d. h. diejenigen, welche die Knorpelzapfenlücken begrenzen, vor den übrigen durch grössere Stärke ausgezeichnet sind. Die zwischen diesen beiden liegenden Strahlen sind auf ihre ganze Länge hin lamellenartig dünn, können sich aber gegen die Peripherie hin noch ein bis zwei Mal gabeln.

Die lateralen Strahlenbüschel lassen sich jedoch auf drei primäre Strahlen zurückführen, aus deren Gabelung sie entstanden sind. Es waren daher im Ganzen zehn Primärstrahlen, je zwei dorsale resp. ventrale und je drei laterale vorhanden, die in der centralen Partie der Aussenzone als dunkle Streifen auf lichtem Grunde erscheinen, da ihre Zwischenräume bis auf etwa 4″″ Entfernung vom Doppelkegel durch secundäre Kalkablagerung, welche innig mit den ersteren verschmolzen ist, ausgefüllt sind.

Unter den durch die Radialstrahlen abgetheilten Zwischenräumen unterscheidet man sofort die Lücken für die Knorpel-Zapfen der Apophysen an der grösseren Breite sowohl wie an der Begrenzung durch stärkere Radialstrahlen. Die Lücken für die Knorpelzapfen der Hämapophysen sind breiter als für die Neurapophysen, aber fast völlig durch secundäre Verkalkung, welche in Gestalt ziemlich unregelmässig concentrischer Blätter auftritt, ausgefüllt; übrigens fehlt eine derartige Verkalkung den Neurapophysenlücken nicht völlig, nur ist sie hier viel schwächer ausgebildet. Die übrigen Zwischenräume sind schmal, zum Theil durch concentrische Verkalkungsblätter, welche sich an den Radialstrahlen ansetzen, verengt.

Vorkommen: Sehr selten in der Zone A₁.

Bemerkungen: Nach Vergleich mit einem in meiner Sammlung befindlichen Wirbel des recenten *Alopias vulpes* ergiebt sich zweifelsohne die Zugehörigkeit unseres Wirbels zu *Alopias*.

Namentlich möchte ich die Uebereinstimmung der Ventralseite des
recenten und unseres fossilen Wirbels besonders hervorheben, da
der Querschnitt der Hämal-Knorpelzapfenlücken, soweit ich be-
urtheilen kann, für *Alopias* ungemein charakteristisch ist und dieser
Charakter die Bestimmung fossiler *Alopias*-Wirbel sehr erleichtert.
Ich gebe zu dem Zweck eine Abbildung der Dorsal- und
Ventralseite eines Rumpfwirbels von *Alopias vulpes* (Texttafel Lief. I,
Fig. 13 u. 13a), wodurch zu gleicher Zeit auch die Verschiedenheit
beider Seiten veranschaulicht wird. Was aber die Ventralseite angeht,
so sieht man bei dem recenten Wirbel, dass die Lücken für die
Knorpelzapfen der Hämapophysen stark quer ausgedehnt sind, da
ihre Breite mit 11,5ᵐᵐ die Länge, 6ᵐᵐ, beinahe um das Doppelte
übertrifft, dass somit der Umriss eine quer rechteckige Form zeigt.
In beiden Lücken treten noch je zwei secundäre Lamellen auf.

Genau die gleiche, ungemein in die Breite entwickelte Form
der Hämapophysenlücken, zeigt auch der fossile Wirbel (Taf. X,
Fig. 3b), und ebenso fehlen die beiden, bei dem recenten Wirbel
vorhandenen Längslamellen nicht.

Der einzige Unterschied liegt nur darin, dass bei dem recenten
Wirbel die Lücken dicht neben einander liegen und ihre Wände
nur durch einen ganz schmalen, medianen Spalt getrennt sind,
während die bei dem fossilen Wirbel weiter von einander abstehen,
zugleich aber der mediane Spalt grössere Breite besitzt. Ich glaube
jedoch auf diese Differenz keinen Werth legen zu sollen, da sie
möglicherweise in der Stellung der Wirbel in der Wirbelsäule
begründet ist. Wichtiger ist jedenfalls die grosse Uebereinstimmung in der Form der Hämapophysenlücken.

Herr HASSE hat leider keinen Durchschnitt oder eine Ventral-
ansicht des von ihm beschriebenen und abgebildeten *Alopias*-
Wirbels aus dem samländischen Tertiär gegeben, ich vermuthe
aber, dass derselbe mit dem von mir hier beschriebenen Wirbel
ident ist, da seine Beschreibung auch auf ihn völlig zutrifft.
Die Unterschiede dieses Wirbels gegen den recenten *Alopias*
hat Herr HASSE sehr richtig hervorgehoben: sie bestehen in
einer grösseren Zahl von Längslamellen der Seitenflächen, d. h. in
einer grösseren Zahl lateraler Strahlen bei dem fossilen, als solche

6

bei dem recenten Wirbel vorhanden sind, eine Differenz, die Herr
HASSE geneigt ist, dem grösseren Alter und der gewaltigeren Grösse
der fossilen Thiere zuzuschreiben. Ich finde diesen Unterschied
vollkommen bestätigt und möchte noch hinzufügen, dass sich der
fossile Wirbel von dem recenten durch bedeutendere Höhe, aber
weit geringere Länge, sowie durch beträchtlich kleinere Neurapophysenlücken unterscheidet, wie der Vergleich der Abbildungen
darthut.

Carcharodon angustideus AGASSIZ.

Taf. VI. Fig. 1—3b.

1843. *Carcharodon angustideus* AGASSIZ, Recherches sur les poissons fossiles
Bd. III. pag. 255. tab. 28. fig. 20—25; tab. 30. fig. 3.

Von dieser Species besitze ich nur wenige, nicht sonderlich
gut erhaltene Zähne, deren Wurzel entweder völlig fehlt oder doch
sehr stark verletzt ist. Daher ist bei denselben die Unterscheidung,
ob Mittel- oder Seitenzähne, sehr schwierig, und ich muss es daher
vorläufig dahingestellt sein lassen, ob meine Bestimmung richtig
ist oder nicht. Ich habe hier die im Verhältniss zur Höhe schmalen
Zähne als Mittelzähne, die breiteren als Seitenzähne gedeutet.

α) Mittelzähne.

Den beiden vorliegenden Mittelzähnen fehlt die Wurzel bis auf
ein kleines Stück dicht an der Basis der Krone fast gänzlich. Bei
beiden Exemplaren sieht man noch einen Theil des in der Mitte etwa
4,5ᵐᵐ breiten, nach den Seiten etwas schmäler werdenden, schwach
vertieften Eindruckes der Befestigungsmembran. Der obere Rand derselben ist in der Mitte stumpfwinkelig gebrochen, der untere Rand
einfach gekrümmt. Bei dem abgebildeten Exemplar (Fig. 1—1b) ist
derselbe noch mit einer dünnen, glatten, nicht glänzenden Emailschicht
überzogen, die bei dem andern, auch bei den Seitenzähnen, zerstört ist.
Die Höhe der Krone schwankt zwischen 40 und 45ᵐᵐ, während die
Breite gegen 30ᵐᵐ beträgt. Ihr Umriss kann nahezu gleichschenkelig
dreieckig genannt werden, doch ist die Spitze etwas aus der Mitte
nach rückwärts gezogen und gleichzeitig leicht nach aussen gekrümmt, während die Krone im Uebrigen vertical ist. Die Extern-

seite ist fast vollkommen flach, nur in der Mitte unmerklich gewölbt, zuweilen an der Basis mit einer leichten medianen Einsenkung
versehen. Die Internseite ist bedeutend stärker gewölbt, aber nach
den Seiten nicht sehr steil abfallend, wenn sie auch mit der Externseite in scharfer Kante zusammenstösst. Der Querschnitt gleicht
hierdurch einer halben, ziemlich flachen Ellipse. Die Dicke der
Krone ist an der Basis nicht sehr bedeutend und nimmt gegen
die Spitze hin langsam ab. Der Vorderrand ist leicht convex und
etwas länger als der schwach concave Hinterrand. Beide Ränder
sind ihrer ganzen Länge nach mit kleinen, meisselförmigen Kerbzähnchen besetzt, deren Aussen- resp. Innenseite flach gewölbt
und deren Schneide elliptisch gebogen ist. Eine Grössenabnahme
der Kerbzähnchen gegen die Spitze hin ist kaum wahrnehmbar.

Das Email scheint auf der Externseite nur sehr flach, vielleicht
etwas winkelig, auf der Internseite spitzbogenförmig ausgeschnitten
gewesen zu sein. Ob Nebenspitzen vorhanden waren, vermag ich
nicht anzugeben.

β) Seitenzähne.

Die Gesammthöhe des am besten erhaltenen Seitenzahnes (Fig. 2
bis 2b) beträgt zu 60mm, wovon etwa 45mm auf die Mittelspitze entfallen, während die Wurzel allein, soweit sie noch erhalten, etwa
15mm hoch ist: ihre Breite beträgt dagegen nahezu 50mm. Von der
Wurzel ist nichts weiter zu sagen, als dass der Neuralrand sehr
wenig gebuchtet, eine Gabelung daher eben nur angedeutet ist.

Die Krone besitzt inclusive Nebenspitzen auf der Externseite
eine grösste Breite von etwa 50mm, wovon auf die Hauptspitze
allein etwa 35mm entfallen. Diese gleicht in ihrer Form genau
den Mittelzähnen, nur ist die Internseite noch flacher gewölbt, die
Dicke daher gering und der Querschnitt noch flacher, elliptischer
als bei ersteren. Die Externseite zeigt bei manchen einen ganz
schwachen Kiel (Fig. 2), der gegen die Spitze etwas stärker wird.

Nur die hintere Nebenspitze ist erhalten, deren Breite etwa
8mm, die Höhe etwa 6mm beträgt. Ihr Umriss ist unregelmässig
halbkreisförmig, die Externseite flach, die Internseite gewölbt und
beide Ränder mit Kerbzähnchen besetzt.

6*

Vorkommen: Ziemlich selten in der Zone A₁, sonst in Tertiärschichten allgemein verbreitet.

Bemerkungen: AGASSIZ hat unter verschiedenen Namen, wie *Carcharodon lanceolatus*, *heterodon*, *turgidus*, *megalotis* etc. *Carcharadon*-Zähne beschrieben, die GIBBES [1]) mit Recht einzieht und mit *C. angustidens* vereinigt, der von AGASSIZ anscheinend auf Mittelzähne begründet war. Die Unterschiede dieser Arten sowohl untereinander als gegen *C. angustidens* waren wesentlich in der äusseren Form begründet, die bei allen Haifischen von sehr untergeordneter Bedeutung ist, da sie je nach Lage der Zähne variirt.

C. angustidens dürfte seinen nächsten Verwandten im recenten *C. Rondeleti* haben, dessen Zähne sich jedoch, wie meine Exemplare zeigen, durch eine weit geringere Dicke der Krone, sehr flache Internseite und daher sehr flach elliptischen Querschnitt von den Zähnen des *C. angustidens* unterscheiden.

Carcharodon obliquus AGASSIZ sp. [2]).

Taf. VI, Fig. 4 — 4 d.

1843. *Otodus obliquus* AGASSIZ, Recherches sur les poissons fossiles Bd. III. pag. 267, tab. 31 und tab. 36, fig. 22 — 27.

Die Zähne dieser Species sind, wenn auch sehr häufig, doch nicht sonderlich gut erhalten, da sie entweder stark abgerollt oder

---

[1]) Monograph of the fossil Squalidae of the United Staates (Journ. of the Academy of Natur. Sc., Philadelphia, 1848) pag. 9.

[2]) In einem besonderen Aufsatz, welcher demnächst in der Zeitschrift der Deutschen geologischen Gesellschaft erscheinen wird, gedenke ich ausführlich darzulegen, dass das Genus *Otodus* AGASSIZ einzuziehen ist, da es wahrscheinlich ein Conglomerat von *Lamna*-, *Oxyrhina*- und *Carcharodon*-Zähnen darstellt. Der Typus des Geschlechts, *Otodus obliquus*, ist wenigstens nichts anderes als ein glattrandiger *Carcharodon*. Um übrigens Einwänden gegen diese Auffassung von vornherein zu begegnen (man könnte mir ja entgegenhalten, dass für die glattrandigen *Carcharodon*-Zähne die Benennung *Otodus* beizubehalten sei), so möchte ich bereits hier mittheilen, dass meine Studien an recenten Haifischen ergeben haben, dass der Kerbung der Kronenränder kaum specifischer, geschweige denn generischer Werth beizumessen sei. Ich nenne als Beispiele *Scymnus lichia*, der im Unterkiefer gekerbte, im Oberkiefer glatte Zähne besitzt, oder *Hemipristis elongatus*, dessen Mittelzähne glattrandig, die Seitenzähne gekerbt sind.

an der Wurzel mit Sand inkrustirt sind, so dass wichtige Merkmale, wie der Eindruck der Befestigungsmembran oder die Eintrittsöffnung für den Hauptnervenstamm, nur sehr ungenügend beobachtet werden konnten. Der Beschreibung dienen wesentlich die abgebildeten Exemplare; es versteht sich von selbst, dass die übrigen Zähne, je nach der Stellung im Rachen, an Grösse und Form variiren.

α) Mittelzähne.

Die Mittelzähne sind leicht an der schlanken, schmalen, nahezu verticalen Hauptspitze und der schmalen, verhältnissmässig tiefgegabelten Wurzel zu erkennen. Der grösste und am besten erhaltene Mittelzahn (Fig. 4—4d) besitzt eine Gesammthöhe von 66ᵐᵐ, wovon etwa 47ᵐᵐ auf die Hauptspitze kommen, doch kann deren Höhe bis zu 22ᵐᵐ herabsinken; 35ᵐᵐ dürfte als durchschnittliche Höhe gelten. Wurzel und Krone sind nicht scharf gegen einander abgesetzt, sondern gehen allmählich in einander über, so dass nur der Beginn des Emails die Grenze zwischen beiden bezeichnet.

Die Wurzel besitzt ca. 41ᵐᵐ Breite und eine mittlere Höhe von etwa 20ᵐᵐ. Ihre Dicke ist sehr bedeutend, am stärksten in der Mitte der Grenze zwischen Ligamentfläche und Neuralfläche, wo sie etwa 20ᵐᵐ beträgt: gegen die Wurzelenden nimmt jedoch die Dicke stark ab. Die hohe Externfläche ist in der Mitte tief ausgehöhlt, vorn und hinten flach; die Neuralfläche ist sehr schräg nach oben gerichtet, flach und besitzt nahezu die gleiche Höhe wie jene, mit der sie am Vorder-, Hinter- und Neuralrand in ziemlich scharfer, jedoch abgerundeter Kante (Fig. 4 b u. c) zusammenstösst. Die flach gewölbte Ligamentfläche ist schräg gegen die Spitze hin abfallend, in der Mitte am breitesten, gegen die Seiten hin schmäler werdend und bildet mit der Neuralfläche eine flach nach oben gekrümmte, nicht sehr scharf markirte Kante, die Ligamentkante.

Der Neuralrand ist in der Mitte tief ausgeschnitten, daher die Wurzel zweiästig; die beiden Aeste sind nicht sehr lang, zuweilen von verschiedener Grösse und in Folge der flachen Aussen- resp. Neuralfläche von aussen nach innen comprimirt.

Die Oeffnung des Hauptnervenkanals war sehr klein und liegt in der Mitte der Wurzel auf der Neuralfläche sehr nahe der Ligamentkante.

Der Eindruck der Befestigungsmembran ist nur auf der Internseite zu sehen, er stellt sich hier als ein in der Mitte ziemlich breites, nach vorn und hinten verschmälertes glattes Band dar, dessen Oberrand stumpfwinkelig gebrochen ist, während der Unterrand nur flach gebogen ist.

Die Krone besitzt inclusive Nebenspitzen auf der Externseite an der Basis eine Breite von 32ᵐᵐ, wovon auf die Hauptspitze allein etwa 24ᵐᵐ kommen. Die Hauptspitze zeigt schlank gleichschenkelig-dreieckige Gestalt und ist bei der Mehrzahl der Zähne vollkommen gerade, bei einigen leicht nach innen gekrümmt. Die Externseite ist nicht vollkommen flach, sondern in der Mitte, wenn auch sehr schwach, gewölbt.

Die Internseite ist hoch gewölbt, nach vorn und hinten steil abschüssig und stösst mit der Externseite in scharfem Winkel zusammen. Der Querschnitt gleicht daher mehr oder minder einem Halbkreis. Vorder- und Hinterrand sind vollkommen gerade und ihrer ganzen Länge nach von der Spitze bis zur Basis glatt und scharf gekielt. Die Dicke ist an der Basis am stärksten und nimmt gegen oben hin langsam und gleichmässig ab.

Die Nebenspitzen zeigen eine mehr gedrungen gleichseitig-dreieckige Gestalt; ihre Höhe beträgt nämlich 9ᵐᵐ und ihre Breite an der Basis etwa ebensoviel. Sie sind noch mit der Hauptspitze vereinigt, aber schräg dagegen gerichtet und entweder leicht nach aussen oder nach innen gebogen. Im übrigen sind sie das genaue Abbild der Hauptspitze, also aussen flach, innen hoch gewölbt, vorn und hinten scharf gekielt.

Das Email ist auf der Internseite hoch spitz-bogenförmig, auf der Externseite flacher gekrümmt, bisweilen stumpfwinkelig ausgeschnitten.

β) Seitenzähne.

Mit der Beschreibung der Seitenzähne kann ich mich kürzer fassen, da sie genau nach demselben Typus wie die Mittelzähne gebaut sind und nur in der Form abweichen. Sie unterscheiden sich von den Mittelzähnen sofort durch ihre gedrungene breite Gestalt und eine stark rückwärts gekrümmte Hauptspitze. Die Gesammthöhe bewegt sich bei den mir vorliegenden Zähnen in den Grenzen von 40—50^{mm}, wovon etwa ein Drittel auf die Höhe der Wurzel, und zwei auf die Höhe der Hauptspitze kommen. Das abgebildete Exemplar (Fig. 6—6 d) dürfte etwa 42^{mm} hoch gewesen sein, wovon 25^{mm} auf die Höhe der Hauptspitze, 17^{mm} auf die Wurzel entfallen.

Die Wurzel ist im Vergleich zu ihrer Höhe viel breiter als bei den Mittelzähnen, indem die Breite nahezu der Gesammthöhe des Zahnes gleichkommt; bei dem abgebildeten Exemplar beträgt sie etwa 39^{mm}; dagegen ist die Dicke etwas geringer, sie beträgt kaum über 15^{mm}. Die Aussenfläche ist entweder flach oder nur sehr leicht ausgehöhlt; die Neuralfläche ist schräg nach oben gerichtet, und die Ligamentkante meist gut markirt. Die Ligamentfläche ist ziemlich hoch, meist etwas concav. Vorder-, Hinter- und Neuralrand sind gerändert, letzterer nicht sehr tief ausgeschnitten, daher die Wurzel nur undeutlich zweiästig.

Der Eindruck der Befestigungsmembran und die Lage des Hauptnervenkanals wie bei den vorigen.

Die Krone besitzt inclusive Seitenzähnen eine durchschnittliche Breite von etwa 40^{mm}; bei dem abgebildeten Exemplare genauer 39^{mm}; davon kommen etwa $^2/_3$, also 26^{mm}, auf die Hauptspitze. Diese zeigt eine schiefwinkelig-dreiseitige Gestalt dadurch, dass die Spitze stark rückwärts übergebogen ist, so dass sie mit dem Hinterrand der Wurzel nahezu in einer Linie liegt. Bei der Mehrzahl der Zähne ist sie vollkommen gerade, bei einigen aber auch schwach nach aussen gekrümmt. Die Externseite ist flach, nur in der Mitte etwas gewölbt, die Internseite bedeutend stärker, jedoch lange nicht so stark, wie bei den Mittelzähnen gewölbt und seitlich nicht so steil abschüssig; daher der Querschnitt ein halbelliptischer. Der Vorderrand ist gerade oder selbst leicht convex schief gerichtet und stets etwas länger, als der schwach concave, nahezu senkrecht laufende Hinterrand; beide sind ihrer ganzen Länge nach glatt und scharf gekielt.

Die Nebenspitzen gleichen in ihrer Form derjenigen der Mittelzähne, zuweilen sind sie nur wenig von der Hauptspitze getrennt. Bei dem abgebildeten Exemplar beträgt ihre Höhe 7^{mm}, ihre Breite ca. 8^{mm}.

Das Email ist auf der Externseite flach, in winkelig gebrochener, auf der Internseite etwas stärker, meist in bogenförmiger Linie ausgeschnitten.

Vorkommen: Häufig in der Zone A, sonst verbreitet im oberen Eocän und unteren Oligocän.

Bemerkungen: Da ich leider nicht in der Lage bin, ein vollständiges *Carcharodon*-Gebiss untersuchen zu können, so vermag ich nicht zu sagen, ob Ober- und Unterkieferzähne so weit verschieden gebaut sind, dass sie auch in vereinzelten Exemplaren unterschieden werden können. Aus der Analogie mit anderen Lamniden möchte diese Unterscheidung für die Seitenzähne wohl sehr schwierig sein: leichter dürften vielleicht die Mittelzähne auseinander zu halten sein.

Carcharodon obliquus ist sehr leicht an den glatten scharfgekielten Rändern der Krone von den Carcharodonten vom Typus des recenten *C. Rondeletii* M. u. H. zu unterscheiden. Wie er sich jedoch zu andern glattrandigen Carcharodonten verhält, vermag ich hier mangels an Vergleichsmaterial nicht zu sagen. Aus dem Tertiär sind mir unzweifelhafte glatte Carcharodonten nicht weiter bekannt, und über die cretaceischen Formen habe ich kein Urtheil. Vielleicht könnte *Otodus appendiculatus* der nächste Verwandte unserer Art sein, von dem sie sich aber ohne Weiteres durch die bedeutende Grösse unterscheidet. Auch AGASSIZ giebt als Hauptcharakteristik seines *Otodus obliquus* die Grösse, massive Gestalt und mächtig entwickelte Wurzel an.

Carcharodon sp.

Taf. X, Fig. 1—2 d.

Die beiden Wirbel, welche ich zu *Carcharodon* angehörig betrachte, repräsentiren die grössten Exemplare unter allen mir aus dem samländischen Tertiär bekannten Wirbeln. Beide, zweifelsohne Rumpfwirbel, besitzen eine Höhe von 37^{mm}, eine gleich grosse Breite, aber dabei nur eine Länge von 11,5^{mm}. In der Frontalansicht sind beide etwas verschieden gestaltet; der eine Wirbel, Fig. 1, besitzt nahezu kreisförmigen Umriss, jedoch mit einer leichten ventralen Zuspitzung, der andere, Fig. 2, einen mehr senkrechtovalen Umriss in Folge ziemlich ausgeprägter dorsaler Zuspitzung und leichter ventraler Verschmälerung. In der Seitenansicht ist der Umriss rechteckig.

Dorsal- und Ventralseite sind wegen der in den Lücken des Knorpelkreuzes auftretenden secundären Lamellen schwierig zu unterscheiden. Auf der Dorsalseite besitzen die Lücken für die Knorpelzapfen der Neurapophysen bei Fig. 1 etwa 9,5^{mm} Länge und etwa 5,5^{mm} Breite; ihre rechteckige Oeffnung hat ziemlich stark aufgeworfene Ränder, wird jedoch durch eine parietale Verknöcherung häufig stark verengt und nimmt dann eine in der Längsachse des Thieres gestreckte ovale Form an. Zuweilen, wie bei Fig. 2, treten innerhalb der Lücken von deren Wänden entspringend ein bis zwei secundäre Lamellen auf. Die beiden Lücken liegen etwa 14^{mm} (Fig. 1) auseinander, und zwischen beiden befinden sich etwa sechs Längslamellen, von welchen die beiden mittelsten dicht nebeneinander stehen, während die anderen durch breitere Zwischenräume getrennt sind.

Auf der Ventralseite besitzen die Lücken für die Knorpelzapfen der Hämapophysen eine quadratische Oeffnung, indem die Breite nur wenig geringer ist als die Länge (bei Fig. 1 die Breite 7, die Länge 9^{mm}). Im Uebrigen besitzen sie wie vorige verdickte aufgeworfene Ränder und secundäre Verknöcherung im Lumen. Sie unterscheiden sich jedoch von jenen dadurch, dass beide einander näher stehen; ihre Entfernung beträgt bei Fig. 1 nur 8^{mm}. Die zwischen ihnen liegenden Längslamellen scheinen constant durch theilweise Oberflächenverkalkung miteinander verschmolzen zu sein. In der Seitenansicht sieht man als Ausdruck der verkalkten Strahlen der Aussenzone sehr regelmässige, etwa $^3\!/_4$—1^{mm} starke Längslamellen, welche sich an den Enden leicht verdicken und durch etwas breitere lang-ovale Zwischenräume getrennt werden; ich zähle jederseits etwa 20 solcher Lamellen.

Die Wirbelhöhlung ist ungemein seicht, am Rande abgeflacht und nur in der Mitte etwas stärker eingesenkt. Die Durchbohrung für die Chorda liegt excentrisch gegen die Ventralseite hingerückt, und zwar im Verhältniss von etwa 5 : 4.

Der centrale Doppelkegel ist ziemlich dick am Rande, leicht aufgeworfen und scharf gegen die Verkalkungen der Aussenzone abgesetzt, aber dennoch innig mit denselben verbunden. Seine Aussenfläche ist sehr regelmässig und ziemlich eng concentrisch gestreift. Die Wachsthumsringe sind in der centralen Partie am schärfsten ausgebildet, weil sie hier ziemlich grob sind und nicht so enge stehen; gegen die Peripherie hin folgen sie dichter aufeinander, werden jedoch mehr und mehr feiner und undeutlicher.

Im Querschnitt erscheint die verkalkte Innenzone (i) als dunkler, scharf begrenzter Kreis von etwa 2^{mm} Durchmesser, und um denselben herum der centrale Doppelkegel (d) als breiter, heller, nach aussen nicht sehr scharf abgegrenzter Ring. Die Aussenzone zeigt die vier Strahlenbüschel, einen dorsalen und einen ventralen, sowie zwei laterale, welche durch die Knorpelzapfenlücken getrennt sind. Unter den Radialstrahlen zeichnen sich wiederum diejenigen, welche die Knorpelzapfen seitlich begrenzten, durch eine grössere Stärke vor den übrigen aus, indem sie gegen die Peripherie hin an Dicke zunehmen, während alle übrigen lamellenartig dünn sind und auf ihre ganze Länge bis zum Rande hin gleichbleibende Stärke besitzen.

Der dorsale Büschel zählt sechs Strahlen, entstanden aus der Gabelung von zwei Primärstrahlen, der ventrale deren vier, die ebenfalls auf zwei Primärstrahlen zurückzuführen sind; einzelne der Strahlen zeigen noch eine weitere Zersplitterung. Die lateralen Büschel zählen je etwa 12 Strahlen, welche auf 6 Primärstrahlen zurückgeführt werden können und sich mit wenigen Ausnahmen kurz vor dem Rande noch einmal gabeln.

Die Primärstrahlen waren somit in der Zahl von 14 vorhanden, und man erkennt sie am besten bei Fig. 1d in der centralen Partie der Aussenzone, als leicht hingehauchte dunkle Streifen auf hellem Grunde, da ihre Zwischenräume durch Kalkablagerungen in Form dünner concentrischer Ringe völlig ausgefüllt sind. Die Ausfüllung der Zwischenräume reicht übrigens bis etwa 7ᵐᵐ Entfernung vom Doppelkegel, nur dass gegen das Ende hin die concentrischen Ringe etwas weiter auseinanderstehen.

Die Knorpelzapfenlücken zeichnen sich durch grössere Breite gegen die übrigen spaltförmigen Zwischenräume aus, doch auch sie sind durch parietale Knochenablagerungen zum Theil ausgefüllt. Deutlich sieht man, dass die ventralen (bb) einen spitzeren Winkel mit einander bilden, als die dorsalen (nn), mithin einander näher stehen als jene, die weiter auseinander gerückt sind.

Vorkommen: Nicht selten in der Zone A₁.

Bemerkungen: Herr HASSE bestimmte die hier beschriebenen Wirbel als *Otodus*-Wirbel, allein ich vermag dieser seiner Bestimmung aus folgenden Gründen nicht beizupflichten. AGASSIZ hat das Genus *Otodus* nur auf lose gefundene Zähne fossiler Elasmobranchier begründet, das darf nicht ausser Acht gelassen werden. Da nun aber bis jetzt noch kein Merkmal bekannt ist, welches mit unumstösslicher Sicherheit die generische Zusammengehörigkeit beliebiger Haifischzähne und -Wirbel darthut, so muss es sehr gewagt erscheinen, gewisse fossile Wirbel auf ein Genus zu beziehen, das nur auf fossile Zähne begründet wurde. Anders stände es natürlich, wenn von *Otodus* auch recente Vertreter bekannt wären; man könnte dann auf Grund der Merkmale der recenten Wirbel die fossilen mit Bestimmtheit in Beziehung zu den entsprechenden Zähnen bringen.

Ich kann auch Herrn HASSE's Deductionen hinsichtlich der *Otodus*-Wirbel (pag. 206) im »System der Elasmobranchier« nicht beipflichten. Herr HASSE sagt hier Folgendes: »Ich habe für die jetzt zu beschreibenden Wirbel mit Vorbedacht die Bezeichnung *Otodus* gewählt, einmal, weil ich, den Fundorten nach zu urtheilen, in welchen die Zähne zahlreich vertreten sind, annehmen muss, dass dieselben diesem ausgestorbenen Geschlechte angehören, und dann, weil, wenn auch die Form und der gewebliche Aufbau der Wirbel dem der vorbeschriebenen Scylliolamniden (s. *Ginglymostoma, Stegostoma, Crossorhinus*) sich eng anschliesst, dennoch so mancherlei Abweichungen in der Zusammensetzung, namentlich in der Gestaltung des Strahlenbildes sich zeigten, dass ein einfaches Zurück-

führen auf die Vertreter *Stegostoma*, *Crossorhinus* und *Ginglymostoma*
nicht ohne Weiteres thunlich erscheint.«

Hieraus folgt doch nichts weiter, als dass Herr HASSE fossile
Wirbel untersucht hat, die eine gewisse Analogie im geweblichen
Aufbau mit den Scylliolamniden zeigen; das ist aber kein Grund,
diese Wirbel mit einem generischen Namen zu belegen, der
nur für Zähne aufgestellt wurde. Dass diese Wirbel sich in
Schichten finden, in welchen *Otodus*-Zähne zahlreich vorkommen,
darf auch nicht als beweisend angesehen werden: mit den *Otodus*-
Zähnen zusammen kommen noch zahlreiche Zähne anderer Elasmo-
branchier vor, auf welche sich mit gleichem Rechte die betreffenden
Wirbel beziehen liessen.

Herr HASSE hat, als ich mich brieflich in dieser Angelegen-
heit an ihn wendete, geäussert, dass auch die Zähne der Scylliolamniden sich vollkommen den fossilen *Otodus*-Zähnen anfügten:
aber auch dieser Anschauung vermag ich nicht beizutreten. Es
war mir Dank der Freundlichkeit der Herren VON MARTENS in
Berlin und Oberstudienrath Dr. KRAUSS in Stuttgart vergönnt,
Zähne dieser Haiformen studiren und mich von der Verschiedenheit der Scylliolamnidenzähne gegenüber den *Otodus*-
Zähnen überzeugen zu können. Erstere, namentlich *Crossorhinus*,
zeigen vielmehr eine grosse Analogie mit *Squatina*-Zähnen.

Hier nur so viel über diese Frage, auf welche ich in einer
besonderen Abhandlung, wie ich Eingangs bemerkt, zurückkommen werde.

Da ich also die Bezeichnung »*Otodus*« für die obigen Wirbel
nicht zu acceptiren vermag, so würde es sich fragen, welchem
Genus dieselben angehörten, und da scheint es mir dann kaum mehr
zweifelhaft, dass unsere Wirbel dem Genus *Carcharodon* angehörten.
Sowohl HASSE's Beschreibung der äusseren Form der Wirbel,
namentlich die excentrische Durchbohrung für die Chorda, als
auch das von ihm auf tab. 30. fig. 30. mitgetheilte Querschnittsbild
harmoniren vortrefflich mit unseren Wirbeln. Eine Abweichung
ist insofern nur zu constatiren, als bei den fossilen Wirbeln die
Zahlen der Radialstrahlen eine bedeutend grössere ist als bei dem
recenten Wirbel, und ferner, dass ersteren die durchgehende, ring-

förmige Verbindungsleiste der Radialstrahlen, welche letzterer besitzt, fehlt. Ich glaube aber auf diese Abweichungen nicht allzugrossen Werth legen zu dürfen, da ich in ihnen nur specifische Unterschiede erblicken möchte. Die grössere Zahl der Radialstrahlen ist auf eine weitergehende Gabelung der Primärstrahlen zurückzuführen und Andeutungen ringförmiger Verbindungsstreifen sind auch bei unsern Wirbeln vorhanden, wenn dieselben auch keine so starke Ausbildung wie bei dem recenten Wirbel zeigen.

Ebenso unterscheiden sich unsere Wirbel, und zwar in noch höherem Maasse als von denen des *C. Rondeletii*, von dem *Carcharodon*-Wirbel aus dem Crag von Antwerpen, welchen HASSE auf taf. 30, fig. 34 und 35 abbildet, wie ein einziger Blick auf die Abbildungen darthut.

Scyllium Hauchecornei sp. n.

Taf. V. Fig. 5a—e.

Bei den recenten Scyllien sind Ober- und Unterkieferzähne vollkommen gleichartig entwickelt; daher lässt sich auch nicht sagen, welchem Kiefer das einzige Zähnchen, welches ich aus dem samländischen Tertiär besitze, angehört. Die Anwesenheit von Nebenspitzen deutet jedoch auf ein Seitenzähnchen, da bei meinem Gebiss von *Scyllium stellaris* nur bei den Seitenzähnen solche vorhanden sind, während sie den Mittelzähnen fehlen.

Die Gesammthöhe des Zähnchens beträgt 8,5^{mm}, davon entfallen auf die Hauptspitze allein 7^{mm}. Krone und Wurzel sind auf Intern- und Externseite scharf gegeneinander abgesetzt.

Die Wurzel besitzt sehr geringe Höhe, etwa 1.5^{mm}, aber eine bedeutendere Entwicklung sowohl in die Breite, nämlich 9,5^{mm}, als in die Dicke. nämlich 5^{mm}, daher eine plattenförmige Gestalt. Die Externfläche ist ungemein niedrig, in der Mitte schwach vertieft. Der grösste Theil der Internfläche wird von der hohen, flachen und nicht sehr schräg geneigten Neuralfläche eingenommen, die sowohl mit der Ligament- als mit der Externfläche ausgeprägte Kanten bildet. Die Ligamentfläche ist sehr schmal in der Mitte senkrecht gegen die Krone gestellt, seitlich dagegen schräg und

ziemlich steil nach unten abfallend und grob gerunzelt. Der
Neuralrand ist ziemlich stark gebuchtet, ohne dass es jedoch zur
Ausbildung von Wurzelästen käme.

Die innere Eintrittsstelle für den Hauptnerv liegt anscheinend
in der Mitte der Ligamentkante, die äussere auf der Externfläche
nahe dem Neuralrand.

Der Eindruck der Verwachsungsmembran war nicht zu beobachten, derselbe kann jedoch nur ein schmales Band gewesen sein.

Die Krone ist an der Basis sehr breit, indem sie beinahe die
ganze Breite der Wurzel, nämlich 9^{mm} einnimmt (Fig. 5d, vergrössert):
ihre Höhe ist etwas geringer, 7,5^{mm}, und da sowohl Unter-, als Vorder-
und Hinterrand gebrochen sind, so erscheint auf der Externseite ihr
Umriss in Form eines dreizackigen Sternes. Die Breite der Krone
nimmt anfangs nur langsam, aber etwa in der Höhe der inneren
Nerveneintrittsöffnung rascher ab, so dass sich eine schlanke,
vertical gerichtete Hauptspitze entwickelt, welche beiderseits je eine
deutliche und mehrere rudimentäre Nebenspitzen besitzt. Die
Externseite ist ziemlich flach gewölbt, stärker jedoch im oberen
Theile als an der Basis. Da auch die Internseite hoch gewölbt ist
und seitlich steil abfällt, so besitzt die Hauptspitze beinahe kreisförmigen Querschnitt. Vorder- und Hinterrand sind gleich lang,
aber in der Mitte ihrer Höhe stumpfwinkelig gebrochen. Der
obere Theil derselben ist mit einem fadenförmigen, lang S-förmig
gebogenen Kiele besetzt, der untere trägt die Nebenspitzen. Von
diesen sind nur diejenigen erster Ordnung, welche dicht neben der
Hauptspitze stehen, klein, aber deutlich ausgebildet und von stumpf-
kegelförmiger Gestalt. Die übrigen, vier an der Zahl, erscheinen
mehr als stumpfe Knötchen, hervorgerufen durch eine grobe
Faltung des Randes, wie sie ja, wenn auch in weit schwächerem
Maasse, *Scyllium stellare* an der gleichen Stelle besitzt.

Die Dicke der Hauptspitze ist an der Basis ziemlich bedeutend,
3^{mm}, nimmt aber gegen oben rasch ab.

Die Emailgrenze läuft an der Externseite in flacher, stumpfwinkelig gebrochener, auf der Internseite in hoch nach oben gekrümmter Linie.

Vorkommen: Sehr selten in der Zone A$_1$.

Bemerkungen: Unter den mir bekannten Abbildungen
fossiler Scyllien - Zähne finde ich keine Form, welche sich mit der
unserigen identificiren liesse.

Probst[1]) beschreibt aus der schwäbischen Molasse dreierlei
Arten: *Scyllium distans*, *Scyllium acre* und *Scyllium guttatum*; dass
dieselben jedoch in der That specifisch verschieden sind, möchte
ich bezweifeln. Herr Probst scheint ganz besonderes Gewicht auf
die Nebenspitzen zu legen, allein deren Vorhandensein kann keine
Bedeutung beigemessen werden, da das Gebiss von *Scyllium stellare*
zeigt, dass Nebenspitzen nur bei den hinteren Seitenzähnen und
bei den Symphysenzähnen des Unterkiefers vorhanden sind, während
die Mittelzähne (1.—6. Reihe im Unterkiefer und 1.—5. Reihe im
Oberkiefer) solcher entbehren.

Jedenfalls unterscheiden sich die beiden erstgenannten von der
samländischen Art durch die niedrigere, breitere Hauptspitze, überhaupt durch eine plumpere, gedrungenere Gestalt.

Einige Aehnlichkeit in Bezug auf die schlanke, gerade Hauptspitze zeigt *S. Hauchecornei* mit der dritten schwäbischen Art, hinsichtlich welcher ich jedoch eine wünschenswerthe Schärfe der
Abbildung und eine ausgiebige Beschreibung vermisse, um den
Vergleich genauer durchführen zu können.

Was schliesslich das Verhältniss von unserer Form zu der
einzigen mir zu Gebote stehenden recenten Art, *S. stellare*, angeht,
so unterscheidet sich erstere sofort durch die bedeutendere Grösse,
da die Zähne von *S. Hauchecornei* beinahe dreimal so hoch sind,
als die der recenten Art; ferner ist bei letzteren die Mittelspitze
an den Seitenrändern nicht gekielt, sondern glatt, und schliesslich
sind die secundären Nebenspitzen nur noch durch feine Faltung
der Ränder angedeutet. Es ist ferner bei *S. stellare* der Unterrand der Krone auf der Externseite sehr regelmässig senkrecht
gerunzelt, und ausserdem ist durch tiefe Buchtung sowohl des
Neuralrandes als der beiden Schenkel der Ligamentkante die
Wurzel förmlich dreizipfelig, während sie bei unserer Art einen
trapezförmigen Umriss zeigt.

---

[1]) Württembergische Naturw. Jahreshefte Jahrg. 1879.

Scyllium sp., cf. Hauchecornei sp. n.

Taf. VIII, Fig. 10—10c.

1881. *Scyllium catulus* (?) HASSE, Einige seltene palaeontologische Funde. Palaeontographica Bd. XXI (3. Folge Bd. VII), pag. 7, tab. 2, fig. 12.

Leider ist von dem einzigen Wirbel, welcher sich als *Scyllium*-
Wirbel bestimmen liess, nur die eine Hälfte erhalten; ausserdem
ist der Rand etwas beschädigt und die Wirbelhöhlung mit nicht
ablösbarer Gesteinsmasse erfüllt. Die Beschreibung kann daher
nicht sehr ausführlich sein und muss sich auf kurze Angabe der
Charaktere beschränken, um so mehr, als ein Anschleifen des
Wirbels, um den Querschnitt genauer zu studiren, nicht thunlich
erschien.

Die Breite des Wirbels beträgt 15 ^{mm}, seine Höhe 14 ^{mm};
wie gross aber seine Länge gewesen sein mag, lässt sich nur
annäherungsweise angeben: wahrscheinlich betrug sie 14 ^{mm}, da
unser Wirbelbruchstück, das etwa der Hälfte eines Wirbels entspricht, auf der Dorsalseite 7 ^{mm} lang ist. In der Frontalansicht
besass der Wirbel wohl nahezu kreisförmigen Umriss, vielleicht
mit schwacher ventraler Zuspitzung.

Auf der Dorsalseite sieht man zwei etwa 5 ^{mm} breite tiefe
Lücken von rechteckigem Umriss, welche durch eine schmale mediane Wand geschieden und seitlich von zwei ziemlich dicken
Leisten begrenzt sind. Ventral- und Seitenfläche lassen sich nur
annäherungsweise beschreiben; bei Betrachtung der ersteren zeigte
sich wahrscheinlich eine breite, dicke Medianwand, welche zwei
schmale seitliche Lücken, in deren Tiefe man je eine kurze Längslamelle bemerkte, trennte. Die Betrachtung der letzteren zeigte
wahrscheinlich nur eine einzige Vertiefung, welche die ganze Höhe
und Länge des Wirbels einnahm.

Die Bruchfläche gewährt ein verhältnissmässig gutes Bild des
Querschnittes. In der Mitte sieht man die verkalkte Innenzone
in Form eines schwarzen Punktes, welcher von dem Querschnitt
des dünnen Doppelkegels ringförmig umgeben wird. Die Aussenzone zeigt die breiten seitlichen periostalen Keile, sowie einen

dünnen dorsalen und einen gegen die Peripherie stark an Dicke
zunehmenden ventralen Keil. In den schmalen Lücken für die
Knorpelzapfen der Apophysen sieht man zwei kurze resp. dorsale
Schrägstrahlen.

Vorkommen: Sehr selten in der Zone A_1.

Bemerkungen: Dieser von HASSE selbst bestimmte Wirbel
stimmt sehr gut mit den Querschnittsbildern, welche HASSE in
seinem System der Elasmobranchier auf tab. 33, fig. 2 und
fig. 5 von *Scyllium maculatum* und *marmoratum* giebt. Es ist
nur zu bedauern, dass HASSE nicht auch einzelne Wirbel in verschiedenen Ansichten gezeichnet hat, um einen Vergleich unseres
fossilen Exemplares mit den recenten Arten hinsichtlich der
äusseren Erscheinung zu ermöglichen.

Möglicherweise gehört der von HASSE als *Sc. catulus* bestimmte
Wirbel von Palmnicken auch hierher.

Galeocerdo dubius sp. n.

Taf. V, Fig. 6a—c.

Ich besitze nur einen einzigen Zahn, dessen Wurzel nicht
ganz vollständig erhalten ist, und von dem ich aus Mangel an
recentem Vergleichsmaterial nicht sagen kann, welchem Kiefer er
angehört.

Seine Gesammthöhe beträgt 16 ^{mm}, die Breite ist um Geringes grösser, nämlich 17 ^{mm}. Wurzel und Krone sind nicht
scharf gegeneinander abgesetzt, und nur der Beginn des
Emails würde die Grenze zwischen beiden bezeichnen. Diese läuft
auf der Innenseite in Form einer stark nach oben gekrümmten
Linie, deren höchster Punkt ca. 8 ^{mm} über dem scheinbaren Neuralrande, ziemlich in der Mitte der Breite, liegt; nach vorn senkt
sie sich in steiler, nach hinten in flacher Richtung gegen den
Neuralrand, dem ihr hinterer Endpunkt viel näher liegt als der
vordere, der bei diesem Exemplar mindestens 4 ^{mm} davon entfernt
ist: dadurch, dass eine gleiche, wenn auch nicht so stark nach
oben hin gekrümmte Curve auf der Aussenseite die Grenze
zwischen Wurzel und Krone bezeichnet, erscheint die Zahnkrone

am Vorderrande kammförmig nach unten verlängert. Die Wurzel
besitzt demnach auf der Externseite eine geringere Höhe als auf
der Internseite und ist dort flach, selbst etwas concav, während
sie hier, wenn auch nicht sehr stark, gewölbt ist. Ihre grösste
Dicke liegt in der Mitte, hart am Schmelzrande; gegen den
Neuralrand wird sie in Folge gleichmässiger Abschrägung allmählich dünner. Die Trennung der Neural- und Ligamentfläche
durch eine Kante habe ich hier nicht beobachten können, beide
scheinen vielmehr nahezu in einer Ebene zu liegen. Die Anwachs-
stelle der Befestigungsmembran war nicht zu erkennen, ebenso
wenig wie die Lage des Hauptnervenkanales, nur einige kleinere
Nervenkanäle liegen auf der Externseite nahe dem Unterrande.

Die Krone ist von innen nach aussen comprimirt; aussen
flach, innen leicht gewölbt, an der dicksten Stelle etwa 5^{mm}
stark und besitzt eine geknickt dreiseitige Form, mit einer
etwas rückwärts übergebogenen Spitze. Der Vorderrand ist hyperbolisch gekrümmt und convex, der Hinterrand stumpfwinkelig gebrochen und concav; indem der kleinere untere Schenkel schräg,
der grössere obere vertical gerichtet ist. Beide Ränder sind gekerbt, jedoch reicht die Kerbung auf der Hinterseite bis zur Spitze,
während sie auf der Vorderseite in 3^{mm} Entfernung von derselben verschwindet, so dass der oberste Theil des Vorderrandes einfach glatt und schneidend ist. Die breitmeisselförmigen
Kerbzähnchen sind an beiden Rändern in der Mitte am grössten
und werden gleichmässig nach oben und unten kleiner.

Vorkommen: Nicht selten in der Zone A$_1$.

Bemerkungen: Es war mir nicht möglich, das hier beschriebene Zähnchen mit Sicherheit bei einer bereits bekannten Art
unterzubringen. Die beiden tertiären Formen, *G. latidens* AG. und
G. aduncus AG., unterscheiden sich durch eine schlankere, schmalere Zahnkrone, eine bedeutend stärker nach hinten geneigte Spitze
und einen in Folge dessen spitzwinkelig gebrochenen Hinterrand,
dessen unterer Schenkel entweder gleich lang oder sogar länger
ist wie der obere.

Die grösste Aehnlichkeit zeigt unser Zähnchen mit demjenigen,
welches AGASSIZ auf tab. 26a, fig. 4 als *Corax falcatus* aus der

weissen Kreide Englands abbildet, da die Krone bei beiden nahezu dieselbe Gestalt besitzt und der Hinterrand in auffallender Uebereinstimmung gleich eingeknickt ist; allein ich konnte mich nicht entschliessen, unser Zähnchen, dessen tertiärer Ursprung zweifellos feststeht, mit einer cretaceischen Art zu identificiren.

Galeocerdo sp.

Taf. IX, Fig. 6 — 10e.

Die Mehrzahl der hierher gehörigen Wirbel sind wahrscheinlich Rumpfwirbel, und nur einer dürfte als Schwanzwirbel zu deuten sein. Die Rumpfwirbel besitzen einen querelliptischen Umriss, der in Folge dorsaler und ventraler Abflachung der Ränder des Doppelkegels öfters gerundet viereckig erscheint. Der muthmaassliche Schwanzwirbel zeigt eine mehr runde Form, welche durch die unbedeutende ventrale und dorsale Abflachung nur wenig alterirt wird.

Die von mir untersuchten Wirbel haben folgende Dimensionen:

	Breite	Höhe	Länge
Fig. 6 .	13 mm	12 mm	5 mm
» 7	15 »	12,5 »	7 »
» 8	10,5 »	10 »	5 »
» 9	11,5 »	10 »	4,5 »
» 10 . .	14 »	12 »	6,5 »

Ein genaues Verhältniss der einzelnen Dimensionen scheint sich aus diesen Zahlen nicht ableiten zu lassen, man sieht aber, dass Höhe und Breite nur eine geringe Differenz zeigen, letztere aber constant, wenn auch oft nur um Geringes die erstere übertrifft. Die Länge der Wirbel mag sich zur Höhe resp. Breite etwa wie 1 : 2 — 2,5 verhalten, so dass durchschnittlich der Wirbel etwa halb so lang wie breit ist.

Bei seitlicher Betrachtung zeigen die Wirbel einen rechteckigen Querschnitt, mit entweder glatten oder leicht eingeschnürten Seitenflächen. Sowohl auf der Dorsal- als auf der Ventralseite zeigt der Wirbel das gleiche Bild; man sieht eine mediane, mässig breite, oder schmale Lamelle, stets länger als breit, welche zwei seitlich

7*

davon gelegene Vertiefungen trennt. Dieselben, von nahezu gleicher Breite wie die Zwischenwand, aber ebenfalls länger als breit,
werden durch eine in der Tiefe auftretende, nicht ganz bis
zur Oberfläche reichende, dünne Scheidewand in je zwei Hälften
getheilt.

In der Seitenansicht sieht man eine die ganze Höhe des Wirbels einnehmende zusammenhängende Fläche, deren Dorsal- resp.
Ventralrand schwach ausgeschnitten ist.

Bei dieser gleichartigen Ausbildung der Dorsal- und Ventralseite wäre es ungemein schwierig, einen Wirbel ohne denselben
zu durchschneiden zu orientiren, wenn man nicht als ganz con-
stantes Merkmal die grössere Breite der dorsalen Median-
lamelle gegenüber der ventralen schmäleren bezeichnen
könnte.

Die Wirbelhöhlung ist bei Fig. 6 ziemlich flach, bei den
andern etwas tiefer, und die regelmässig verkalkte Durchbohrung
für die Chorda liegt central.

Der centrale Doppelkegel ist dünn und mit seinem nicht aufgeworfenen Rande innig mit den Verkalkungen der Aussenzone
verschmolzen; seine Aussenflächen sind steil geneigt und unregelmässig grob concentrisch gestreift.

Im Querschnitt sieht man die verkalkte Innenzone als schwarzen
Kreis, der zwar bei den einzelnen Wirbeln verschiedene Grösse
zeigt, aber anscheinend nicht nothwendig direct proportional der
Grösse des Wirbels zu sein braucht. So ist er z. B. bei dem
Wirbel Fig. 6 viel grösser als bei Fig. 7, obgleich letzterer beträchtlich grösser ist als ersterer. Der centrale Doppelkegel erscheint als dünner, heller, scharf abgegrenzter Ring, der mit
der Aussenzone innig verschmolzen ist. Die Aussenzone zeigt das
charakteristische Bild der Galeiden, das achtstrahlige Doppelkreuz,
das sich aus zwei vierarmigen Andreaskreuzen, aber völlig verschiedener Form aufbaut. Das eine besteht aus einem dorsalen,
ventralen und je einem lateralen Strahl, welche durch die Knorpelzapfenlücken geschieden sind. Der dorsale und der ventrale Strahl
nehmen gegen den Rand langsam an Dicke zu und besitzen, da
ihre Seitenränder einen spitzen Winkel mit einander bilden, schmal

keilförmige Gestalt. Hierbei ist zu bemerken, dass der Dorsalstrahl
am Rande stets, wenn auch nur um Geringes breiter ist als der
ventrale. Die beiden Lateralstrahlen wachsen sehr rasch an Dicke
und zeigen, da ihre leicht gebogenen Seitenränder einen Winkel
von 90⁰ und mehr einschliessen, breit-keilförmige Gestalt. Das
andere Strahlenkreuz, die sog. Schrägstrahlen, die aber niemals
bis zum Rande reichen wie die vorhergehenden, entwickelt sich in
den Lücken für die Knorpelzapfen der Apophysen. Die dorsalen
Schrägstrahlen besitzen keulenförmige Gestalt und sind meist etwas
dicker als die dünnen lamellenartigen Ventralstrahlen; ein con-
stantes Verhältniss der gegenseitigen Länge scheint aber nicht obzuwalten, denn bisweilen sind beide Strahlenpaare gleich lang
oder es überwiegen die ventralen oder es findet auch das Umgekehrte statt.

Sämmtliche Strahlen zeigen deutlich concentrisch-geschichteten
Aufbau.

Die Lücken für die Knorpelzapfen der Apophysen sind ziemlich breit, wobei die dorsalen etwas weiter auseinanderstehen als
die ventralen, und werden durch die Schrägstrahlen halbirt.

Vorkommen: Häufig in der Zone A₁.

Bemerkungen: Herr HASSE war der Ansicht, dass sämmtliche Wirbel, mit Ausnahme von Fig. 10, den er selbst als *Galeocerdo*-Wirbel ansieht, dem Genus *Carcharias* angehörten. Ich
bedaure aber, auch in diesem Punkte mit dem geschätzten Forscher
nicht gleicher Meinung sein zu können, denn ich vermag trotz
sorgfältigster Prüfung einen wesentlichen Unterschied zwischen dem
Wirbel Fig. 10 und den übrigen weder im äusserlichen Ansehen,
noch im Aufbau der Aussenzone zu erkennen. Ich habe daher,
auch mit Rücksicht auf den Umstand, dass sich im samländischen
Tertiär keine *Carcharias*-Zähne gefunden haben, wohl aber *Galeocerdo*-Zähne nicht gerade selten sind, sämmtliche Wirbel als *Galeocerdo*-Wirbel angesehen.

Jedenfalls steht fest, dass sie von Wirbeln des recenten *Rionodon glaucus* sehr wesentlich verschieden sind; leider aber besitze
ich keine *Galeocerdo*-Wirbel, um sie mit diesen vergleichen zu
können.

Es dürfte die Unterscheidung fossiler *Galeocerdo-*, *Galeus-* und *Carcharias*-Wirbel die schon recht schwierige Bestimmung der Wirbel aus der Familie der Lamniden an Schwierigkeit noch erheblich übertreffen. Die erstgenannten sind einander so überaus ähnlich, wozu noch der Umstand tritt, dass die Schrägstrahlen häufig verkümmern können, dass ich, wie ich gestehe, zur Zeit noch keine bestimmten Merkmale kenne, fossile Wirbel der vorgenannten drei Genera mit Sicherheit zu unterscheiden.

Man vergleiche bei HASSE die Wirbel tab. 38, fig. 12, (*Galeus* sp. aus dem Senon), tab. 39, fig. 19 und 20, (*Rionodon* sp. aus dem Eocän) und unsere samländischen Wirbel zur Bestätigung des hier Gesagten.

Herr HASSE legt der Biegung der Seitenränder der Strahlen einen grossen Werth bei, indem er bei der generischen Unterscheidung darauf sieht, ob dieselben einfach concav oder lang S-förmig ausgeschnitten oder ob sie gerade sind. Dieses Merkmal wird sich aber wohl kaum mit Consequenz festhalten können, denn nicht nur zeigen bei HASSE die Abbildungen fossiler Wirbel erhebliche Abweichungen hinsichtlich dieses Charakters nicht sowohl unter einander, als auch gegen die recenten Wirbel, sondern unsere samländischen Wirbel differiren hierin so erheblich, dass diese Abweichungen wohl mehr durch die Lage der Wirbel bedingte Unterschiede, denn als generische Differenzen aufzufassen sind.

Teleostei.

Pseudosphaerodon gen. nov.[1]

Die Kiefer sind mit Pflasterzähnen von zweierlei Form besetzt; entweder sind die Zähne schmal dreiseitig oder undeutlich

---

[1] Ausser den hier beschriebenen Zähnen von *Pseudosphaerodon Hilgendorfi* besitze ich noch eine ziemlich beträchtliche Anzahl von Teleostierwirbeln. Wahrscheinlich gehört wenigstens ein Theil derselben zu dieser Art; allein da ich hierfür, wie überhaupt für die Bestimmung von Teleostierwirbeln, keinen Anhaltspunkt besitze, so halte ich eine Beschreibung und Abbildung derselben für zwecklos.

trapezförmig im Umriss, von beträchtlicher Dicke und besitzen
eine nach innen geneigte Oberseite — keilförmige Zähne —, oder
aber sie sind breit dreiseitig, wesentlich dünner und die Oberseite
ist nahezu horizontal: plattenförmige Zähne.

Die Zahnkrone ist innig mit dem Kieferknochen verwachsen,
aber durch eine nicht sehr tiefe Furche davon abgeschnürt; ihre
innere Structur (vergl Taf. XI, Fig. 5 b) ist ein grobes Vasodentin,
das erst am äussern Saume zu echtem Dentin wird. Das Email ist
glatt, glänzend, aber sehr dünn, und wird von zahlreichen Sprüngen
durchsetzt; es nutzt sich ebenso wie der Zahn ungemein rasch ab,
und daher sind fast bei jedem Exemplar im Kieferknochen Reserve-
zähne vorhanden (z. B. Taf. XI, Fig. 1a u. b).

Die Zähne stehen nicht dicht neben einander, sondern die
benachbarten sind durch schmale Zwischenräume getrennt (vergl.
Taf. XI, Fig. 6).

Kiefer ziemlich dick, aus lockerem Knochengewebe bestehend.

Vorkommen: Im samländischen Tertiär, Zone A_1.

Bemerkungen: Herr HILGENDORF in Berlin war so liebens-
würdig, diese Zähne, die bei flüchtiger Betrachtung einige Aehnlichkeit mit *Psammodus*-Zähnen besitzen, auf ihre Verwandtschaft
mit recenten Teleostiern zu untersuchen und mir seine Ansichten
hierüber freundlichst mitzutheilen, die ich hier wiedergebe:

»Ich habe ein Splitterchen geschliffen und eine Structur, sehr
ähnlich der von *Psammodus*, gefunden. Alle Zähne von mir bekannten Teleostiern, *Sphaerodon*, Schlundzähne von *Pogonias*[1]),
Labroiden-Schlundzähne haben wesentlich andere Structur, nämlich
einfache feine Dentinröhrchen, während die samländischen ein
grobes Vasodentin zeigen, das erst am äusseren Saume zu echtem
Dentin wird; die Gefässkanäle des Vasodentins sieht man schon
mit blossem Auge oder doch mit der Lupe. Wenn die Structur
nicht so sehr different wäre, würde ich ohne Bedenken *Sphaerodon*
zum Vergleich herangezogen haben. Die drei kleineren Zähne auf

---

[1]) Ich hatte aus der Abbildung der Schlundzähne dieses Genus in GÜNTHER,
(Introduction to the study of fishes pag. 428) auf eine mögliche Verwandtschaft
desselben mit unseren Resten geschlossen. und mich in diesem Sinne Herrn
HILGENDORF gegenüber ausgesprochen.

einem Stück mit erhobener Aussenseite könnten recht gut zu einem
Kiefer eines Teleostiers passen, wofür ja auch der Ersatz durch
unterliegende Zahnkeime und die feste Verwachsung mit dem
Knochen spricht.

Ich habe *Placodus* geschliffen, der aber ebenfalls fein gedrängte
Dentinröhrchen besitzt.

Cyprinoiden-Schlundzähne habe ich mikroskopisch nicht untersucht, doch ist lebend mir keine Form bekannt, die ähnliche
makroskopische Verhältnisse wie die samländischen Zähne zeigt.«

Es ist hiernach als sicher anzunehmen, dass, wenn auch
unsere Zähne gewisse Analogieen in der Form mit solchen recenter
Arten besitzen, sie sich aber durch ihre Structur sehr wesentlich
von diesen unterscheiden, eine Differenz, welche die Aufstellung
eines neuen Genus wohl rechtfertigt.

Eine besondere Eigenthümlichkeit scheint die geringe Wider-
standsfähigkeit unserer Zähne gegenüber der Abnutzung gewesen
zu sein, wodurch augenscheinlich eine öftere Erneuerung nothwendig war. Dies beweisen die Ersatzzähne oder deren Lücken,
welche bei allen Exemplaren vorhanden sind, deren Kieferknochen
in noch hinlänglicher Dicke erhalten ist. Zweifellos den interessan-
testen Anblick gewährt Fig. 1, wo der im Gebrauch befindliche
Zahn fast bis auf die Basis abgenutzt ist und der direct darunter
befindliche Ersatzzahn, vollständig fertig gebildet, in nächster Zeit
in Gebrauch genommen werden sollte. Der Abnutzung wurde
jedenfalls durch das dünne, splitterige Email und die grobe Structur
des Dentins bedeutender Vorschub geleistet.

Pseudosphaerodon Hilgendorfi sp. n.

Taf. XI, Fig. 1—8b.

Ein Theil der Zähne besitzt schmal-dreiseitige Form, die sich
jedoch auch mehr oder minder deutlich trapezartig gestalten kann,
und unterscheidet sich von den übrigen Zähnen durch bedeutende
Dicke und starke Wölbung der Krone. Drei solcher Zähne (Fig. 6
bis 6b) sind noch vereinigt, und man sieht, dass dieselben mit den
Seitenflächen neben einander liegen, ohne sich jedoch direct zu be-

rühren: die schmale Seite war wohl nach aussen und die mehr oder
minder abgestumpfte Spitze nach innen gerichtet. Die Aussenseite
ist bei der Mehrzahl der Zähne leicht gewölbt, dabei aber schräg
zum Kieferknochen gestellt. Rings herum finden sich bei grösseren
Zähnen an der Basis der Krone grobe, unregelmässige Verticalfalten, die an den Seitenflächen und an der Innenseite stärker sind
als an der Aussenseite.

In der Längsrichtung gesehen zeigen die Zähne ein keilartiges
Profil dadurch, dass die grösste Dicke der Krone an der Aussenseite liegt und die Oberseite in zuweilen ziemlich steiler Neigung
gegen innen abfällt. Die Oberseite ist in seitlicher Richtung
ziemlich stark gewölbt, bei einem kleinen Zähnchen in der Mitte
schwach gekielt (Fig 8), und somit seitlich dachförmig abfallend.
Das Email ist glatt und glänzend, aber augenscheinlich sehr dünn,
da es bei fast allen Zähnen an einer Stelle zerstört ist. Gegen den
Kieferknochen ist die Krone durch eine nicht sehr tiefe Furche
abgeschnürt.

Es betragen die Maasse der Zähne bei Fig. 6:

	Länge	Breite	Höhe der Aussenseite
a) . .	20 mm	13 mm	9 mm
b) .	16	10,5	8 »
c) . . .	14 »	9 »	8 »
bei Fig. 7	17,5 «	11 »	8 »
» » 8	15 »	9 »	7 »

Ein anderer Theil der Zähne zeigt zwar ebenfalls eine dreiseitige Gestalt, jedoch ist ihre Dicke geringer und die Oberseite
der Krone fast vollkommen eben oder doch nur flach gewölbt, so
dass die Zähne eine mehr plattenförmige Gestalt annehmen. Doch
auch bei ihnen variirt der Umriss etwas; so besitzt Fig. 3, möglicherweise auch Fig. 5, eine nahezu gleichschenkelig-dreieckige
Gestalt dadurch, dass die beiden geraden Längsseiten von nahezu
gleicher Grösse sind und zwei ausgeprägte Ecken mit der nur
wenig gebogenen kürzeren Seite bilden. Bei einer andern Form
ist nur die eine der Längsseiten gerade und bildet mit der kürzeren
Seite eine Ecke; die andere dagegen ist flach gekrümmt und geht

ohne merklichen Absatz in jene, die ebenfalls flach gebogen ist, über. Diese Form zeigt z. B. Fig. 2, und wahrscheinlich ist Fig. 4 in gleicher Weise zu ergänzen; auch Fig. 1 dürfte ursprünglich so ausgesehen haben. Die Seitenflächen sind entweder nicht oder nur schwach vertical gefaltet. Die Oberseite ist in der Mitte meist vollkommen flach, zuweilen auch etwas stärker gewölbt und nach einer Seite leicht geneigt; gegen die Seiten fällt sie steil ab, ohne dass es jedoch zur Ausbildung von Kanten kommt.

Das glatte, glänzende Email ist von zahlreichen Rissen durchsetzt und daher in kleine eckige Felder zersprungen (vergl. Fig. 4).

Vorkommen: Anscheinend nicht selten in der Zone A_1.

Bemerkungen: Wollte man die hier beschriebenen Zähne auf Grund der nicht unwesentlichen Abweichungen im Umriss und der Dicke der Zahnkrone verschiedenen Species zutheilen, so wäre man genöthigt, für jeden Zahn eine besondere Art aufzustellen, da keine zwei Exemplare völlig identisch sind. Dass auf die Verschiedenheit der Grösse und des Umrisses wenig Werth zu legen ist, beweist am besten Fig. 6, wo die drei noch im Zusammenhang befindlichen Zähne unter einander in Bezug auf die Form so wesentlich abweichen, dass man kaum geneigt sein dürfte, dieselben als einem Individuum angehörig zu erklären, falls sie lose gefunden worden wären. Zwischen plattenförmigen und keilförmigen Zähnen, die in den Extremen ja sehr verschieden sind, existirt auch keine scharfe Trennung, wenigstens wäre Fig. 5 nach Umriss und Grösse den plattenförmigen Zähnen, nach seiner Dicke und Wölbung der Oberseite den keilförmigen Zähnen zuzurechnen. Ich halte es daher für wahrscheinlich, dass die sämmtlichen Zähne einer Art angehörten und die Verschiedenheit der Form und der Dicke durch die Stellung im Kiefer bedingt war.

Anhang.

Crocodilus sp.

Taf. XI. Fig. 9—10a.

Die beiden einzigen Krokodilzähne, welche das samländische
Tertiär geliefert hat, sind so fragmentarisch erhalten, dass eine
nur halbwegs genaue Bestimmung ausgeschlossen ist; doch spricht
neben der Structur die vordere resp. hintere Schmelzfalte der
Krone für die Zugehörigkeit zu den Krokodiliern.

Der Zahn Fig. 9 ist ca. 26^{mm} hoch und besitzt eine spitz-
kegelförmige, leicht gebogene Gestalt; sein Querschnitt war wohl
breit-elliptisch, und es beträgt die noch messbare Dicke ca. 15^{mm}.
Der Schmelz ist mit ziemlich groben, verästelten Längsfalten, die
sich jedoch nicht bis zur Spitze erstreckt zu haben scheinen, bedeckt; die Längsrippe der Vorderseite ist wenig scharf abgesetzt.
Der innere Aufbau des Zahnes aus ineinander steckenden Knochen-
kegeln ist in Folge der Bruchfläche gut wahrnehmbar.

Der zweite Zahn (Fig. 10 u. 10a) ist ca. 22^{mm} lang, doch ist
die Krone zum grössten Theil zerstört und nur noch ein grösseres
Stück der Wurzel erhalten; dieser Zahn war seitlich ziemlich stark
comprimirt, so dass sein Querschnitt schmal elliptisch ist. Er war
wohl ebenfalls von spitzkegelförmiger Gestalt und schwach gekrümmt; die Schmelzfalten scheinen nur hinten deutlich gewesen
zu sein, während der Zahn vorn glatt ist und nur die stärkere
Längsrippe zeigt.

Vorkommen: Selten in der Zone A$_1$.

Lieferung II.

Crustacea und Vermes.

Taf. I—X.

Crustacea.

Cirripedia.

Balanus unguiformis Sow.

Taf. I. Fig. 1—5b.

Synonymie cf. Darwin, A Monograph of the fossil Balanidae. Palaeontogr. Soc. 1851—1854. pag. 29.

Da bei der Erhaltungsweise unserer Fauna alle Kalkschalen, mithin auch die der Balaniden zerstört sind, so ist es ausserordentlich schwierig, sich ein genaues Bild gerade dieser Form zu verschaffen, um eine sichere Vergleichung zu ermöglichen. Die Abdrücke sind zu ungenau und die Steinkerne wohl sehr scharf, aber bis jetzt insofern wenig brauchbar, da man nirgends eine Abbildung von Balanidensteinkernen findet.

Sämmtliche Exemplare sind durchweg von geringer Grösse; das grösste misst an der Basis 11^{mm} (Fig. 3a), seine Höhe mag etwa 8,5 bis 9^{mm} betragen. Die dünne Schale besitzt eine schlank kegelförmige bis nahezu cylindrische Gestalt. Die Oberfläche war entweder vollkommen glatt oder nur leicht horizontal gestreift (Fig. 4). Die ziemlich grosse, rhombische Mündung, deren Lateraldurchmesser der kleinere ist, ist am Carinalende schmal und spitz, am Rostralende dagegen breit und gerundet.

Vom Operculum sind nur sehr fragmentarische Reste bei einzelnen Individuen erhalten (Fig. 1 u. 1b, vergrössert), es lässt sich aber wenigstens so viel darüber sagen, dass sie in gleicher Weise wie die englischen Formen sculpturirt waren.

Die Längsrippen der Innenseite (vergl. Fig. 1b, vergrössert) sind sehr dünn, aber zahlreich; unten, wo sie sich gerne gabeln, sind sie etwas dicker, auch scheint sich eine Spur von Zähnelung bei einigen erhalten zu haben. Die Radii sind ziemlich gross, besitzen schräg abfallende Oberränder und sind an den Seitenrändern feingezähnelt.

Vorkommen: Sehr häufig und stets in grösseren oder kleineren Colonien auf anderen Fossilien, z. B. *Hoploparia Klebsii* aufgewachsen, in der Zone A_1. Nach DARWIN im Eocän Englands nicht gerade selten; ferner wird die Art auch von Klein-Spauwen genannt.

Bemerkungen: Ob die Bestimmung der samländischen Formen eine absolut sichere ist, vermag ich aus den oben mitgetheilten Gründen nicht anzugeben. Unter all den von DARWIN abgebildeten Arten schien *B. unguiformis* noch die meiste Uebereinstimmung in Grösse und Gestalt mit unserer Form zu besitzen. Ich belegte sie daher mit diesem Namen, da ich gute Unterschiede von der englischen Art nicht hätte angeben können.

Ob die Fig. 5 — 5b abgebildeten Fragmente eines Scutums und Tergums zu *B. unguiformis* gehören, erscheint mir fraglich, da, nach ihnen zu schliessen, die zugehörige Schale eine bedeutende Grösse besitzen müsste, die Schalen des eigentlichen *B. unguiformis* durchweg aber nur klein sind. Die beiden Schilder sind überdies so fragmentarisch, dass sich Bestimmtes nicht angeben lässt, ja man könnte sogar einigen Zweifel in Bezug auf die generische Stellung erheben, doch schien ihre Form, so weit sich eben erkennen lässt, am besten dem Genus *Balanus* zu entsprechen.

Brachyura.

Micromaja BITTNER emend. NOETLING.

Der Cephalothorax besitzt eine lang-elliptische Gestalt; die Stirn ist in zwei flache, blattförmige Lappen gespalten, deren jeder an der fast geradlinigen Innenkante ein kleines Seitenzähnchen, am Aussenrande aber eine gerundete Verbreiterung zeigt. (BITTNER.) Augenhöhlen auf der Oberseite von einem breiten äusseren Zahn begrenzt, der von dem Infraorbitalzahne durch eine scharfe Scissur getrennt ist. Mit Ausnahme der scharf ausgeprägten Gastrocardiacalregion eine weitere Lobulirung durch Furchen nur schwach angedeutet. Charakteristische Grübchen finden sich an bestimmten Stellen der Gastrocardiacalfurche. Die Oberseite und der vordere Theil der Unterseite mit zahlreichen, mehr oder minder gedrängten, spitzen oder halbkugeligen Höckern besetzt, die zuweilen secundäre Rauhigkeiten tragen. Mundlücke breit viereckig. Basilarglieder der äusseren Antennen frei.

Vorkommen: Bis jetzt nur in alttertiären Ablagerungen, in eigenthümlicher Verbreitung auftretend. Die eine Art, *M. tuberculata*, findet sich im Eocän von Ober-Italien, die andere, *M. spinosa*, in der Glaukonitformation des Samlandes.

Bemerkungen: Nachdem sich im samländischen Tertiär eine hierher gehörige Art aufgefunden hat, stellte ich, hauptsächlich gestützt auf Brittner's Untersuchungen, die obige Charakteristik des Genus auf. Die hierher gehörigen Arten sind schwierig zu unterscheiden und soll eine Discussion derselben bei der Beschreibung der neuen Species erfolgen.

Micromaja spinosa sp. n.

Taf. I, Fig. 6 — 6c.

Der Cephalothorax besitzt eine spitz eiförmige oder, besser gesagt, birnförmige Gestalt, indem er nach vorne spitzer als nach hinten zuläuft. Die grösste Breite liegt etwa im hinteren Drittel der Schale; das abgebildete Exemplar misst 14^{mm} Breite auf 18^{mm} Länge, (den Stirnlappen nicht mit eingerechnet).

Die Wölbung ist nicht gerade beträchtlich, in transversaler Richtung etwas stärker als in longitudinaler. Die Frontalregion, ebenso wie die Anterolateralränder sind bei keinem meiner Exemplare erhalten; von letzteren kann man aber wenigstens noch so viel erkennen, dass sie nicht mit einer Leiste besetzt waren. Die convexen Hinterseitenränder, ebenso wie der nach aussen gebogene Hinterrand waren dagegen von einer Leiste eingefasst, die oben von einer schmalen Furche begleitet war. Diese Leiste tritt in der Gegend des Mesobranchiallobus, von der Unterseite kommend, hervor und ist anfangs glatt, später aber trägt sie eine Reihe kleiner Höckerchen, die sich in ziemlich weiten Abständen folgen. Die anfangs tiefe Furche wird nach hinten flacher und scheint am Hinterrande gänzlich verschwunden zu sein.

Die Gastrocardiacalregion stellt einen ziemlich breiten, gewölbten Rücken in der Körpermitte dar, der von der Branchialregion durch zwei Längsfurchen geschieden wird. Diese sind im vorderen Theile scharf und tief ausgeprägt, nach hinten verflachen sie sich und werden etwas undeutlich. Kleinere Vertiefungen treten an bestimmten Stellen in den Längsfurchen auf: je ein grösseres Grübchen von runder Gestalt steht zu beiden Seiten der Furche, welche den metagastrischen vom urogastrischen Lobus trennt. Zwei grössere, von etwas länglichem Umriss, getrennt durch mehrere kleinere, finden sich seitlich der vorderen Hälfte des Epicardiallobus, und zwar stehen die ersten jederseits der Furche, welche Gastral- und Cardiacalregion scheidet.

Der Gastrocardiacalrücken wird durch nicht besonders scharfe Furchen in einzelne Loben zerlegt, die sich meist durch die Stellung der darauf befindlichen Höckerchen gut charakterisiren. Die protogastrischen Loben sind ziemlich gewölbt, von ovaler, fast runder Gestalt und mit mehreren Höckerchen besetzt. Zwischen beide schiebt sich der schmale Fortsatz des metagastrischen Lobus, der einige kleinere Höckerchen trägt. Der metagastrische Lobus selbst zeigt neben kleineren hart an seinem hinteren Ende ein besonders grosses Höckerchen von stumpf kegelförmiger Gestalt. In der tiefen Querfurche, welche den urogastrischen Lobus scheidet, treten ebenfalls zwei kleine Grübchen auf, die mit den vorerwähnten der Längsfurchen in gerader Linie stehen. Unter den Höckerchen des relativ breiten urogastrischen Lobus ragt das in der Mitte stehende durch besondere Grösse hervor.

Die Cardiacalregion wird durch eine tiefe Querfurche von der Gastralregion geschieden und zeigt zwei, wenn auch nicht scharf getrennte Loben. Der grosse Epicardiallobus ist hoch gewölbt und trägt neben den kleineren in seiner Mitte sechs grössere Höckerchen, von welchen vier grosse die Ecken eines Quadrates bilden, zwei kleinere seitlich in der Mitte stehen.

Der schmälere Metacardiallobus besitzt als besonderes Kennzeichen zwei starke, etwas über den Rand vorspringende Tuberkel. Die Branchialregion ist sehr gross und aufgetrieben, seitwärts steil abfallend. Besonders stark gewölbt ist der Metabranchiallobus, der seitlich etwas über den Rand vorspringt, so dass er, von oben gesehen, den Posterolateralrand etwas verdeckt. Die zahlreichen Höckerchen dieser Region lassen eine regelmässige Anordnung nicht erkennen.

Die Oberfläche des Cephalothorax ist mit Ausnahme der Furchen mit zahlreichen, aber nicht dicht stehenden grösseren und kleineren Höckerchen von spitz kegelförmiger Gestalt bedeckt. Wahrscheinlich befanden sich auch solche auf dem vorderen Theile der Unterseite.

Die grösseren Höckerchen unterscheiden sich von den kleineren etwas durch ihre gewöhnlich mehr stumpfe Gestalt, ausserdem aber besonders dadurch, dass letztere glatt sind, diese aber durch die Lupe noch eine feine, dichte Granulation ihrer stumpfen Spitze erkennen lassen. Besonders deutlich sind diese granulirten Höckerchen auf der Gastral- und Cardiacalregion; sie fehlen natürlich auch den anderen Regionen nicht, sind hier aber gewöhnlich nicht so gross.

Vielfach sind die grösseren und kleineren Tuberkeln in Reihen zu drei gestellt.

Vorkommen: Selten in der Zone A_1.

Bemerkungen: Ich hatte ursprünglich die samländische *M. spinosa* mit der vicentinischen *M. tuberculata* Brrr. vereinigt, und zwar schien mir besonders die neuere Abbildung Bittner's[1] unserer Form zu entsprechen, während die ältere[2] nicht so genau damit übereinstimmt. Die allgemeine Körperform, das Verhältniss von Länge zu Breite, die Lobulirung und Sculptur der Oberfläche schienen mir bei beiden vorhanden zu sein. Namentlich

---

[1] Bittner, Neue Beiträge zur Kenntniss der Brachyurenfauna des Alt-Tertiärs von Verona. Denkschr. d. math.-naturw. Cl. d. Kaiserl. Akad. d. Wiss. 1883, Bd. XLVI, tab. 1, fig. 6 a.

[2] ibid. 1875, Bd. XXIV, tab. 2, fig. 2.

ähnelte die Tuberkulirung ausserordentlich derjenigen von BITTNER's
neuerer Abbildung, wo die einzelnen Höckerchen nicht mehr in
solch gleichmässigen Reihen wie bei der früheren stehen. Interessant aber, und für mich bis zu einem gewissen Grade beweisend,
war die absolute Gleichheit in der Sculptur des Epicardiallobus.
Bei BITTNER's fig. 6a sieht man auf's deutlichste, dass die sechs
Höckerchen in der Mitte dieser Region genau dieselbe Figur bilden,
wie ich sie bei unserer Form (Fig. 6b) beschrieben habe, wenn auch
BITTNER im Texte diese Sculptur nicht weiter erwähnt. Als haupt-
sächlichen Unterschied hebe ich die Differenz in der
Sculptur der Höckerchen beider Arten hervor, die nach
BITTNER's Beschreibung bei seiner Form alle glatt waren, wäh-
rend bei der unserigen glatte und granulirte abwechseln.

Bei aller dieser grossen Aehnlichkeit waren mir doch einige
Zweifel aufgestiegen, und da es mir an Vergleichsmaterial gebrach,
so sandte ich meine Exemplare an den competentesten Beurtheiler,
Herrn BITTNER in Wien. In zwei längeren Briefen hatte derselbe
die grosse Freundlichkeit, mir die feinen Unterschiede beider
Formen auseinanderzusetzen, und gebe ich daher in Folgendem
seine Mittheilungen ausführlich wieder.

Herr BITTNER schreibt mir unterm 13./1. 84.: »Die samländische Art steht der vicentinischen in der That ausserordentlich nahe, die Uebereinstimmung ist eine geradezu
überraschende. Anzahl und Stellung der Höckerchen ist
nahezu exact dieselbe mit einem einzigen Unterschiede auf dem
Gastrallobus, und zwar dessen metagastrischer Abtheilung. Der
grosse Höcker der samländischen Form, der hier knapp über dem
Hinterrande, vor den in der Furche gelegenen Gruben (die den
Maxillarmuskelansatzeinstülpungen entsprechen) liegt, ist bei der
vicentinischen Form nach vorn gerückt und wird von kleineren
Höckerchen umgeben, deren linkes hinteres an einem der samländischen Exemplare übrigens andeutungsweise ebenfalls vorhanden
ist. So gering dieser Unterschied ist, so ist er doch constant.
Im übrigen stimmt Zahl und Anordnung der Höcker, wie gesagt,
aufs Wunderbarste überein, nur sind die der samländischen Form
durchaus viel kleiner und spitziger, die der vicentinischen Form

breit und sehr stumpf, so dass sie einander durchweg fast oder
ganz berühren. Der bei der samländischen Form dadurch ge-
wonnene Zwischenraum, resp. die zerstreute Stellung der Höcker,
tritt weniger hervor, als dies gegenüber der vicentinischen Form
eigentlich zu erwarten wäre, und zwar deshalb, weil die Höcker
jeder einzelnen Oberflächenregion gleichsam concentrirter angeordnet sind, wodurch zugleich die einzelnen Zwischenfurchen breit
und scharf hervortreten, weitaus mehr, als das bei der vicentinischen Form der Fall ist, bei der diese Zwischenfurchen sehr
schwach und verschwommen angedeutet sind.

Die gewissen Grübchen in den beiden Hauptlängsfurchen sind
bei der vicentinischen Art genau an denselben Stellen vorhanden, freilich so wenig auffallend, dass man sie übersieht,
wenn man nicht die samländischen Stücke zum Vergleiche daneben
liegen hat.

Die auffallende Quadratstellung der 4 grossen Höcker des
Epicardiallobus ist bei der vicentinischen Form thatsächlich vorhanden, wenn auch nicht so scharf ausgesprochen wie bei der
samländischen Form: die beiden vorderen Höcker davon sind etwas
gebuchtet in der Richtung gegen aussen und rückwärts: selbst
diese geringfügige Eigenthümlichkeit scheint sich bei der samländischen Art zu wiederholen.

Die grösseren Höcker (die Unterschiede in der Grösse sind
übrigens nicht sehr bedeutend) sind bei der vicentinischen Form
glatt wie die kleinen, und lassen nur einzelne, einen oder zwei
eingestochene Punkte, als ob sie Borsten getragen hätten, erkennen.

Ausdrücklich sei bemerkt, dass bei der vicentinischen Form
die Höckerchen nicht zahlreicher, wohl aber durchaus grösser
sind und deshalb dichter gedrängt erscheinen: auch sind sie stumpf
und grösstentheils halbkugelig. Die Unterschiede, da sie überaus
constant sind, scheinen mir zu einer specifischen Trennung beider
Formen vollkommen hinzureichen.

Noch muss hervorgehoben werden, dass ich ein Fragment
einer *Micromaja* von San Giovanni Ilarione kenne (Samml. der
geol. Reichsanstalt), welches sich von allen übrigen Stücken dieser
Art dadurch unterscheidet, dass seine Höcker durchweg kleiner

und viel spitziger sind als bei jenen Stücken, und welches des-
wegen nicht damit vereinigt werden konnte, seiner schlechten Erhaltung aber, als zur Beschreibung ungeeignet, vorläufig bei Seite
gelegt werden musste. Es zeigt sich nun, dass die grösseren
Tuberkeln desselben ebensolche Rauhigkeiten besitzen, wie
sie bei der samländischen Art vorkommen, in der Ornamentirung
des metagastrischen Lobus stimmt es aber mit den übrigen vicentinischen Stücken überein.«

Auf eine nochmalige Anfrage hatte Herr BITTNER die Güte,
mir die Unterschiede der vicentinischen von der samländischen
Form in folgender Vergleichung zusammenzustellen:

Vicentinische Form.	Samländische Form.
Alle Tuberkeln verhältniss-mässig gross, an ihrer Basis einander fast oder gänzlich be-rührend, und bis auf einige ein-zelne Poren oder eingestochene Punkte glatt: Furchen und Zwi-schenräume zwischen den ein-zelnen Tuberkeln, sowie zwischen den Körperregionen verschwom-men. Metagastrischer Lobus mit einem grossen Mittelhöcker und kreisförmig um diesen gruppirten kleinen Höckern.	Alle Tuberkeln sind verhält-nissmässig klein, weit von ein-ander entfernt, fast durchaus sehr spitz und theilweise mit secundären Rauhigkeiten besetzt. Zwischenräume der einzelnen Tuberkel und Furchen zwischen den einzelnen Körperregionen durchweg breit und scharf her-vortretend. Metagastrallobus mit einem grossen Höcker am Hin-terende knapp über der ihn gegen rückwärts abschneidenden Querfurche.

Ich hatte in einem meiner Briefe an Herrn BITTNER nun die
Frage aufgeworfen, ob nicht diese Unterschiede vielleicht auf
locale Variation oder auf sexuelle Differenzen zurückzuführen seien,
um so mehr, da ja auch das letzterwähnte Fragment die secundären Rauhigkeiten der Höcker besitze, mithin doch die Aehnlich-
keiten so grosse seien, dass eine specifische Sonderung nicht an-
gebracht sei.

Herr BITTNER konnte sich aber meiner Ansicht nicht an-
schliessen und hob namentlich hervor, dass wenn er auch den

Werth localer Variation oder sexueller Unterschiede vollkommen zu würdigen wisse, doch die Möglichkeit ebenso gross sei, nahe verwandte Arten eines und desselben Genus in beiden Formen zu erblicken.

Ich nehme diese von Herrn BITTNER ausgesprochene Ansicht an und belege daher die Art mit einem neuen Namen, kann aber nicht umhin, nochmals auf die ausserordentlich intime Verwandtschaft beider Arten hinzuweisen, die eine Unterscheidung nur bei subtilster Vergleichung von Originalexemplaren ermöglichen. Die genannten Unterschiede aus Abbildungen, selbst bei bester Ausführung, herauszufinden, dürfte gewiss seine Schwierigkeiten haben.

Lambrus Bittueri sp. n.

Taf. 1, Fig. 7—10.

Die Exemplare, welche ich von dieser zierlichen Form besitze, sind durchschnittlich nur wenig gut erhalten. Meist fehlt der Hinterrand, bei allen die Frontal- und Orbitalregion und, mit Ausnahme eines Individuums, auch die Schale. Das Fehlen der Stirnregion ist aber insofern nicht von besonderer Bedeutung, als bei einem Exemplar noch soweit Spuren derselben vorhanden sind, dass sich eine Reconstruction ermöglichen lässt.

Der Cephalothorax besitzt eine querelliptische Gestalt; die grösste Breite liegt etwa hinter der Mitte, zwischen den beiden letzten Dornen des Anterolateralrandes; bei dem am besten erhaltenen Exemplar beträgt sie 13^{mm}, die Länge vom Hinterrand bis zum Orbitalrand gemessen 10^{mm}. Wenn auch die einzelnen Regionen etwas aufgetrieben sind, so ist der Cephalothorax im Ganzen doch recht flach.

An dem verletzten Stirnrande sieht man noch deutlich, dass die Stirn in einen breiten, schwach längsgefurchten Lappen auslief. Die Augenhöhlen waren nach aussen von einem ebenfalls breiten, nach vorn gerichteten Orbitalzahne begrenzt, der durch einen kurzen, aber breiten Einschnitt vom Supraorbitalrande getrennt ist.

Der Orbitalrand war möglicherweise leicht gewulstet. Der
sehr fein gekörnelte Vorderseitenrand verläuft in ziemlich gerader
Richtung nach hinten und erscheint durch vier kleine Dörnchen
leicht gewellt; mit dem ebenfalls geradlinigen, beinahe gleich langen
Hinterseitenrand bildet er einen nahezu rechten Winkel. Wo Vorder-
und Hinterseitenrand zusammentreffen, steht das letzte und zugleich
grösste der erwähnten vier Dörnchen, hinter demselben, zu Beginn
des im übrigen glatten Posterolateralrandes, stehen dicht neben
einander drei sehr kleine Höckerchen. Der schwach convexe
Hinterrand wird von einem zart granulirten Saume eingefasst und
stösst unter einem sehr stumpfen Winkel mit den Hinterseitenrändern zusammen.

Auf der Oberseite tritt, durch die flachen und breiten Längsfurchen begrenzt, die nur stellenweise etwas eingeschnürte Gastrocardiacalregion als flachgewölbter, schmaler Längsrücken hervor.
Im vorderen Theile scheiden zwei kaum sichtbare Furchen die
flachen, kleinen, protogastrischen Loben von dem metagastrischen;
erstere tragen, neben einem in der Mitte befindlichen, etwas
grösseren zugerundeten Höckerchen, mehrere kleine, die jenes
kreisförmig umgeben.

Auf dem vorderen Theil des metagastrischen Lobus stehen
zwei Höckerchen gleicher Grösse wie die beiden erwähnten der
protogastrischen Loben so neben einander, dass alle vier in gerader
Querlinie geordnet sind. Der hintere Theil des Lobus trägt in
der Mitte zwei hinter einander stehende, etwas grössere, aber unter
sich wieder verschiedene Höckerchen von halbkugeliger Gestalt,
deren Oberfläche unter der Lupe sehr fein granulirt erscheint.
Das grössere hintere ist von einem Kranze kleiner Tuberkelchen
umgeben, von welchen die beiden am weitesten nach der Seite
gerückten, wieder grösser sind als die anderen.

Eine flache Querfurche bildet die Grenze gegen die Cardiacalregion; diese, welche nicht weiter lobulirt ist, stellt sich als längs-
ovaler, gewölbter Hügel dar, der in seiner Mittellinie drei, von
vorn nach hinten an Grösse abnehmende Höcker gleicher Beschaffenheit und Gestalt wie die früher erwähnten trägt; auch diese sind
von zahlreichen kleineren Höckerchen, welche theilweise ebenfalls

granulirt sind, kranzförmig umgeben. Der hinterste Theil, wahrscheinlich entsprechend dem Metacardiacallobus, ist vollkommen glatt.

Die Hepaticalloben zeigen eine für die Oxyrhynchen bedeutende Entwickelung (BITTNER) und tragen einige kleinere Höckerchen; ihnen gehört auch der äussere der beiden Lappen des Vorderseitenrandes an.

Die Branchialregionen sind sehr gross und flach gewölbt, nach hinten steil abfallend; auf ihnen stehen zahlreiche grössere Höckerchen ohne bestimmte Anordnung, die von kleineren in meist unvollständigen Kreisen umgeben werden.

Vorkommen: Selten in der Zone A_1.

Bemerkungen: Steinkerne, namentlich wenn sie nicht sonderlich gut erhalten sind, besitzen eine so grosse Aehnlichkeit mit *Lambrus nummuliticus* [1]), dass ich die oben beschriebenen ursprünglich damit verglich. Namentlich zeigt die Sculptur des Gastrocardiacalrückens insofern grosse Uebereinstimmung, als derselbe bei beiden durch eine Längsreihe von fünf hintereinander stehenden Knötchen geziert ist. Da nun weiter bei Steinkernen die kreisförmige Anordnung der kleineren Höckerchen nie deutlich wahrnehmbar ist, ganz besonders aber das wichtige Merkmal der Sculptur der grösseren Höckerchen fehlt, so war, abgesehen von den Differenzen, dieser Vergleich naheliegend.

Herr BITTNER hatte aber auch hier die Freundlichkeit, mich auf die Unterschiede aufmerksam zu machen; so unterscheidet *Lambrus nummuliticus* sich besonders durch seine, in der Längsachse breit-eiförmige Gestalt, während *L. Bittneri* einen querelliptischen Umriss besitzt; weiter ist noch der Grössenunterschied der Hepaticalregion zu erwähnen, die bei ersterer sehr reducirt ist, und schliesslich als gewichtigster Unterschied die verschiedene Sculptur der Branchialregion. *L. nummuliticus* besitzt auf derselben eine dreihöckerige Mittellinie, deren letzter Höcker über den Hinterseitenrand vorspringt; bei *L. Bittneri* ist davon nichts vorhanden.

[1]) BITTNER, die Brachyuren des Vincentinischen Eocäns pag. 19, tab. 1, fig. 11a und b.

Calappilia MILNE EDWARDS emend. NOETLING.

1873. *Calappilia* MILNE EDWARDS in BOUILLÉ, Palaeontologie de Biarritz pag. 8.

Cephalothorax von kreisförmigem Umrisse, hoch gewölbt. Stirn schmal, zweispitzig. Augenhöhlen gross, nach innen und oben gerichtet. Furchen schwach, mit Ausnahme der beiden, welche die Gastrocardiacalregion begrenzen; Oberfläche ausser feineren Granulationen zahlreiche, halbkugelige Höcker tragend, die auf den Seiten grösser als im medianen Theil sind. Flanken glatt, stellenweise granulirt. Mundlücke gross, vorn nur wenig verschmälert. Sternum viel länger als breit.

Vorkommen: Bis jetzt nur aus alt-tertiären Schichten gekannt.

Bemerkungen: In der citirten Abhandlung hat Herr MILNE EDWARDS das Genus *Calappilia* mit der Art *C. verrucosa* aus dem Eocän von Biarritz aufgestellt, ohne jedoch die generischen Kennzeichen genauer zu präcisiren. Es muss daher als glücklicher Umstand betrachtet werden, dass die samländische Crustaceen-Fauna eine Art enthält, die zweifellos diesem Genus zugezählt werden muss. Auf Grund eines Vergleichs beider Arten lässt sich nun die obige generische Charakteristik feststellen. Da das genannte Werk wohl nicht allgemeiner verbreitet ist, so gebe ich hier des besseren Vergleiches halber die Abbildung der *C. verrucosa* wieder (siehe unten die Texttafel, Fig. 1).

Die samländische Form stimmt in der allgemeinen Gestalt und Wölbung mit der französischen sehr gut überein: beide zeigen eine schmale zweispitzige Stirn.

Die Längsfurchen laufen genau in derselben Weise und begrenzen bei beiden einen Gastrocardiacalrücken gleicher Gestalt.

Die Tuberkulirung der Oberfläche ist genau dieselbe; hier wie dort sind die Tuberkeln der Branchialregion grösser als diejenigen der Gastrocardiacalregion, und zwar stehen bei beiden die grössten Höcker der Branchialregion im inneren Theile derselben. Dicht am hinteren Ende des Posterolateralrandes springt bei der französischen, wie bei unserer Form ein besonders grosser Höcker vor.

Die Orbitalregion war augenscheinlich bei dem französischen Exemplar nicht gut erhalten, während an unserem der Hinterrand fehlt; zwischen diesen Theilen lässt sich also kein Vergleich anstellen.

Die Charaktere, in welchen beide Formen abweichen, sind nur specifischer Art und werden weiter unten besprochen werden.

Es erübrigt noch die Erörterung der Frage, welche systematische Stellung *Calappilia* zuzuweisen ist. MILNE EDWARDS hat sich hierüber folgendermaassen ausgesprochen:

»Le crustacé pour lequel je propose l'établissement de cette nouvelle coupe générique doit prendre place dans la famille des Oxystomes à coté des Calappes et des Mursies. Mais il se distingue nettement des premiers, parceque la carapace ne se prolonge pas en manière de bouclier au-dessus des pattes ambulatoires et des seconds par l'absence de grandes épines latérales, prolongeant en dehors le bouclier cephalo-thoracique« . . . . . . Ferner: »La carapace est très-bombée et sous ce rapport elle rappelle celle des Calappes ou même celle de certains représentants de la famille des Leucosiens.«

MILNE EDWARDS hat also, trotzdem er die Mundregion nicht beobachtet hat, geschlossen, dass *Calappilia* der Familie der Oxystomen angehöre, und nur die Frage offen gelassen, welcher der in dieser Familie unterschiedenen Gruppen dieselbe zuzutheilen sei. Aus dem Namen geht wohl hervor, dass MILNE EDWARDS den nächsten Verwandten im Genus *Calappa* sieht.

M. MILNE EDWARDS[1]) theilt die Familie der Oxystomen in zwei grosse Gruppen, je nach dem vor dem ersten Fusspaare die spaltförmigen Oeffnungen zum Austritt des verbrauchten Wassers aus den Kiemenhöhlen liegen, oder nicht; die letztere Abtheilung begreift nur die Leucosiaden in sich, die erstere die Calappiden, Corystiden und Dorippiden.

Demnach konnte nur die Untersuchung der Unterseite Aufschluss über die Stellung gewähren. Das beste Exemplar der unten beschriebenen *C. perlata* zeigt nun ganz deutlich, dass sich

---

[1]) Histoire naturelle des Crustacés. Bd. II, pag. 99.

vor dem ersten Fusspaare solche Kiemenspalten befunden
haben müssen, wenn auch die dicken Verlängerungen des ersten
Kieferfusspaares fehlen.

Ich habe zum Vergleich bei einem Exemplar der *Calappa granu-
lata* die äusseren Kieferfüsse nebst ihren Fortsätzen entfernt, und es
zeigte sich der Rand des Cephalothorax da, wo sich die Spalten
befinden, genau in derselben Weise abgeschrägt, wie es das fossile
Exemplar erkennen lässt, so dass ein Zweifel über das Vorhandensein von Kiemenspalten vor dem ersten Fusspaare von *Calappilia*
nicht mehr obwalten kann.

Hiernach ist das Genus *Calappilia* also der ersten Abtheilung
beizuzählen, in welcher es jedoch einen besonderen Typus repräsentirt, da es sich in der Gestalt und Sculptur des Cephalothorax mit keinem der oben angeführten Triben gut in Einklang
bringen lässt; das einzige Genus, welches noch zum Vergleiche
herangezogen werden kann, ist *Calappa*.

Von *Calappa* unterscheidet es sich aber vor Allem durch den Umriss und das relativ breitere Sternum; es zeigt jedoch insofern wieder
sehr grosse Aehnlichkeit mit diesem Genus, als der Hinterseitenrand,
wenn auch nur wenig, nach aussen vorspringt, so dass sich auf
den Flanken eine Andeutung jener Vertiefung findet, die bei
Calappa in so starkem Maasse ausgeprägt ist.

Auch in der Gestalt der Mundlücke herrscht grosse Uebercin-
stimmung mit *Calappa*, nur dass dieselbe bei *Calappilia* vorn viel
breiter ist.

Ferner habe ich bei *Calappa* in den Längsfurchen, welche
die Gastrocardiacalregion begrenzen, eben solche Grübchen an denselben Stellen beobachtet, wo sie sich bei *C. perlata* finden, und
zwar, was mir das Allerbemerkenswertheste erscheint, zeigen diejenigen, welche am Ende der gastrischen resp. am Anfang der
Cardiacalregion stehen, genau denselben Typus der Gestalt und
Aufeinanderfolgen. —

Hieraus geht hervor, dass *Calappilia*, wenn auch wesentlich
von *Calappa* unterschieden, eine nicht zu leugnende Verwandtschaft
mit diesem Genus besitzt, wie das MILNE EDWARDS mit feinem
paläontologischen Tact schon betont hat.

Calappilia perlata sp. n.

Taf. II, Fig. 1—1c.

Ein bis auf den Stirn- und Hinterrand prächtig erhaltener Cephalothorax dient vorzugsweise der Beschreibung dieser Species. Derselbe besitzt gerundet fünfseitigen Umriss. Länge und Breite waren beinahe gleich; das erwähnte Exemplar misst bei verletztem Hinterrande 31ᵐᵐ Länge und 33ᵐᵐ Breite. Die grösste Breite liegt etwas vor der Körpermitte und entspricht einer Linie, welche die beiden letzten Knötchen des Vorderseitenrandes verbindet. Die Wölbung der Oberseite ist so stark, dass sie beinahe als halbkugelig bezeichnet werden könnte. Der Punkt höchster Wölbung liegt in der Mitte des hinteren Theiles des metagastrischen Lobus, und von hier aus fällt die Schale allseitig gleich stark, nur nach vorn etwas steiler, ab.

Der Vorderseitenrand ist gerade, oder doch nur sehr unmerklich convex, und zum grössten Theile mit kleinen Granulationen besetzt; an seinem hinteren Ende stehen drei grössere Körnchen der Art, wie sie den Posterolateralrand besäumen. Unter sehr stumpfem Bogen geht der Anterolateral- in den geradlinigen, rückwärts convergirenden Posterolateralrand über; dieser, etwa ebenso lang als ersterer, ist mit 8 stumpf-kegelförmigen Knötchen besetzt, die nach hinten bis zum sechsten an Grösse zunehmen; die beiden hinter jenen stehenden sind wieder kleiner als jenes.

Posterolateral- und Hinterrand stossen unter stumpfem Winkel, aber in scharfer Ecke zusammen. Der Hinterrand selbst fehlt, es lässt sich aber aus den Bruchflächen noch schliessen, dass seine Breite etwa der Hälfte der grössten Körperbreite gleichkam, dass er seitlich steil abwärts gebogen und seine Mitte ziemlich convex war.

Die wichtige Stirn- und Orbitalregion ist leider bei keinem Exemplare in wünschenswerther Deutlichkeit erhalten, und man kann auch hier nur aus Andeutungen auf deren Verlauf schliessen.

Die Stirn selbst, das ist sicher, war nur schmal und sprang nicht über das Existom hervor; wahrscheinlich endigte sie in zwei Spitzen und war wenig oder gar nicht herabgezogen. Ihre

Seitenränder sind stark gewulstet und bilden den inneren Theil der Augenhöhlen. Der Supraorbitalrand war in seinem äusseren Theile fein granulirt; der Aussenwinkel der Augenhöhlen liegt in etwas tieferem Niveau als die Stirn. Die ersteren waren relativ gross, zweifelsohne nach oben und innen gerichtet.

Die Regionen der Oberseite sind, mit Ausnahme der Gastrocardiacalregion, welche, von zwei tiefen, breiten Längsfurchen begrenzt, als hochgewölbter Längsrücken hervortritt, nur wenig deutlich. Die Längsfurchen, welche Anfangs noch nicht sehr tief sind, nehmen ihren Anfang etwa in der Mitte des Orbitalrandes, convergiren in starkem Bogen bis zu dem Punkte, wo eine seichte Furche sich abzweigt, welche den metagastrischen von dem mesogastrischen Lobus scheidet; dieser Punkt ist durch ein grösseres Grübchen bezeichnet. Von hier aus laufen sie in ziemlich gerader Richtung, nur in der Cardiacalregion noch einmal schwach nach aussen gebogen, dem Hinterrande zu, indem sie gleichzeitig tiefer und breiter werden. Grübchen treten noch mehrmals in den Furchen auf, zuerst eines von runder Gestalt in der Gegend des urogastrischen Lobus, dahinter ein ziemlich grosses schräg gerichtetes, von länglicher Form, hinter welchem eine Reihe kleiner, quergerichteter, spaltförmiger Vertiefungen folgt. Ganz am Ende der Längsfurchen finden sich noch einige kleine, runde Grübchen zerstreut.

Der Gastrocardiacalrücken zeigt nur im vorderen Theile, durch schwache Furchen angedeutet, eine weitere Lobulirung, während im hinteren Theile die gastrische mit der Cardiacalregion vollständig verschmolzen ist. Gastral- und Cardiacalregion unterscheiden sich aber insofern, als letztere zahlreiche grosse Höcker trägt, welche ersterer fehlen.

Im vorderen Theile scheiden die bereits oben erwähnten seichten Furchen die verschmolzenen proto- und mesogastrischen Loben von dem metagastrischen Lobus, der sich mit seinem schmalen, dolchförmigen Fortsatz dazwischenschiebt. Erstere besitzen gerundet dreiseitige Gestalt und sind nur flach gewölbt, letzterer ist dagegen stark aufgetrieben und zeigt im hinteren Theile zwei schwache, schräg gekrümmte Furchen, die sich in

der Mitte nicht vereinigen. Die Gastralregion trägt ausser den
zahlreichen Granulationen nur kleinere, flache Höckerchen.

Die Cardiacalregion ist, wie gesagt, nicht durch eine Querfurche von der Gastralregion geschieden; ihr Beginn wird jedoch
durch das Auftreten von sechs grösseren, flach-kugeligen Höckern
bezeichnet, welche in zwei, etwas unregelmässigen Längsreihen
dicht neben einander stehen und vielleicht den Epicardiallobus
kenntlich machen. Dann würde der Metacardiallobus durch fünf
etwas kleinere Höcker bezeichnet werden, wovon vier den Ecken
eines Rechteckes entsprechen, während der fünfte in der Mitte
steht.

Die Hepaticalregion ist klein, nur nach aussen durch eine
schwache Furche begrenzt: drei Höckerchen, ein grösseres und
zwei kleinere, zieren dieselbe.

Die Branchialregion ist sehr gross, gewölbt, im hinteren Theile
stark nach abwärts gezogen; deutliche Furchen, welche die einzelnen Loben scheiden, sind nicht wahrzunehmen. Zahlreiche
grössere und kleinere Höcker besetzen dieselben. Eine klare Anordnung dieser Höcker ist nicht genau ersichtlich, jedoch sind
die grösseren mehr auf den inneren und vorderen Theil der Region beschränkt, um welche die übrigen anscheinend sehr unregelmässige concentrische Reihen bilden. Die Abbildung veranschaulicht dies besser als Worte.

Die ganze Oberfläche war überdies mit kleinen runden Granulationen besäet, die, im Allgemeinen nicht sehr dicht stehend, auf
den halbkugelförmigen Höckerchen sich jedoch gerne häufen. Der
vordere und der hintere Theil des Cephalothorax sind in Bezug auf
diese Granulation etwas verschieden: vorn stehen sie dichter und
sind grösser, hinten stehen sie viel spärlicher und sind kleiner:
eine scharfe Grenze lässt sich jedoch nicht ziehen: so reichen
erstere in der Medianregion weiter nach hinten als auf den Seiten.

Die Flanken des Cephalothorax fallen hinten in schräger Richtung steil ab und sind etwas concav; vorn legen sie sich jedoch
fast völlig horizontal und sind dabei stark gewölbt. An der vorderen Ecke der Mundlücke beginnt eine stumpfe, anfangs dicht
gekörnelte, später glatte Kante, die in leicht geschwungenem

Bogen nach hinten bis zur Ecke des Antero- und Posterolateralrandes läuft, wo sie verschwindet. Oberhalb derselben ist die
Schale fein gekörnelt. Die Mundlücke ist sehr gross, von beinahe
quadratischer Form: ihre, von einem schwach granulirten Saume
eingefassten Ränder convergiren bis nahe an ihr vorderes Ende
nur wenig, hier aber verschmälert sich die Mundlücke ganz beträchtlich.

Von den Kieferfüssen oder der Antennarregion war nichts
erhalten.

Das Sternalplastron ist, so weit erkennbar, von lang-ellipti-
scher Gestalt, beträchtlich länger als breit und in der Mitte
stark ausgehöhlt. Die kleine vordere Spitze zeigt stark ge-
wulstete, dicht granulirte Ränder: das folgende Blatt ist gross,
etwa so lang wie die übrigen zusammen: die Furchen des vorderen
Theils sind tief eingeschnitten und nach vorn gekrümmt; vor ihnen
ist der Rand ebenfalls emporgewulstet und granulirt. Die folgenden
Theile des Sternums sind zu fragmentarisch erhalten, als dass sie
genauer beschrieben werden könnten: man sieht aber, dass das
nächste Segment schmal dreieckige Gestalt besitzt, während die
folgenden eine mehr rechteckige Form annehmen, alle aber in
schräger Richtung zur Medianachse standen.

Bemerkenswerth ist die Sculptur der Unterseite; das Sternalplastron ist fein gestichelt. Die Flanken des Cephalothorax erscheinen dem unbewaffneten Auge glatt, unter der Lupe kann
man jedoch zwei, wenn auch sehr fein granulirte Partieen erkennen.
Die eine befindet sich im vorderen Theil neben den Rändern der
Mundlücke; hier ziehen sich die Granulationen, immer feiner werdend und weiter auseinander rückend, von der erwähnten Kante
bis zur Mundlücke hin; die zweite liegt hinter dem ersten Fusspaar, wo etwas gröbere Granulationen ein schmales Band bilden,
das über die ganze Breite der Flanke reicht. Von den Gehfüssen
sind nur Fragmente der Hüftglieder des ersten Paares erhalten,
welche neben starken Seitendornen auch einige feine Körnchen
besitzen.

Vorkommen: Selten in der Zone A_1.

Bemerkungen: Von *C. verrucosa* unterscheidet sich *C. perlata* einmal durch den mehr fünfseitigen Umriss, der hauptsächlich
dadurch hervorgerufen ist, dass der Antero- und Posterolateralrand
eine deutliche, wenn auch stumpfe Ecke bilden; bei der französischen Form beschreiben sie dagegen einen gleichmässig gerundeten
Bogen.

Ferner ist die Anordnung der grösseren Höcker der Gastro-
cardiacalregion bei der französischen Art eine andere, wie ein
Vergleich beider Abbildungen dies erläutert. Ein Hauptunter-
schied scheint darin zu liegen, dass sich auf der gastrischen
Region bei *C. verrucosa* Höcker gleicher Grösse wie auf der
Cardiacalregion finden, während dies bei unserer Art nicht der
Fall ist. Ferner fehlen der *C. verrucosa* die sechs, in zwei
Längsreihen gestellten Höcker im vorderen Theil der Cardiacal-
region: statt dessen sieht man hier eine gleichartige Anordnung
der Höcker wie auf dem hinteren Theil dieser Region.

Auffallend ist allerdings die Uebereinstimmung im hinteren
Theile der Cardiacalregion; man sieht hier deutlich, dass die
Höcker bei beiden Arten in dieser Weise

.   .

.   .

angeordnet sind.

Es ist zu bedauern, dass bei *C. perlata* der Hinterrand nicht
erhalten ist und demnach dieser wichtige Theil sich nicht vergleichen lässt.

Ob die kleinere Form und die anscheinend etwas feinere
Tuberkulirung der *C. verrucosa* als specifischer Unterschied anzusehen ist, oder nur in der Grösse des Individuums begründet ist,
vermag ich nicht zu ermitteln.

Ebenso weiss ich nicht, ob *C. verrucosa* in ähnlicher Weise
eine feinere Granulation der Oberseite besitzt wie unsere Art, denn
falls diese fehlen sollte, so wäre in diesem Mangel ein gutes unter-
scheidendes Merkmal zu erblicken. Die Aehnlichkeit beider Arten
ist im Uebrigen so gross, dass die Frage aufstieg, ob die sam-

ländische Form von der französischen specifisch überhaupt zu
trennen sei, was ich aus den oben besprochenen Gründen für
angezeigt halte.

Ilia LEACH.

1817. *Ilia* LEACH, Zoological miscellanea. Bd. III.
1837. *Ilia* MILNE EDWARDS, Histoire naturelle des Crustacés. Bd. II, pag. 125.

Der hochgewölbte Cephalothorax besitzt einen nahezu kreisförmigen Umriss: die breite Stirn ist in Form zweier kurzer,
stumpfer, etwas gewölbter Lappen ausgebildet, die durch einen
mässig breiten, wenig tiefen Einschnitt getrennt sind. Augenhöhlen sehr klein, nach oben und innen gerichtet. Supraorbitalrand doppelt geschlitzt. Vorder- und Hinterseitenrand einen gleichmässig flachen Bogen von etwa 180⁰ Bogenlänge bildend; ersterer
durch die verlängerte Branchiohepaticalfurche schwach, aber deutlich ausgeschnitten. Hinterrand schmal. Die Regionen der Oberseite meist wenig deutlich geschieden; gewöhnlich sind nur die
Gastrocardiacalfurchen, besonders im hinteren Theil des Cephalothorax, schärfer ausgeprägt: die Branchiohepaticalfurche ist nur
eben angedeutet.

Der Metacardiallobus trägt dicht über dem Hinterrande 2 bis 3
stumpf-konische Höcker; zuweilen ist ein ebensolcher auf dem
Metabranchiallobus vorhanden (*I. nucleus*). Oberfläche mit mehr
oder minder zahlreichen kleinen Granulationen bedeckt.

Vorkommen: Fossil in der alttertiären Glaukonitformation
des Samlandes; recent sehr häufig im Mittelmeer. Angeblich soll
auch eine Art (*I. punctata*) bei Jamaica leben: nach meinem Dafürhalten ist dieselbe jedoch eher dem Genus *Myra* zuzuzählen.

Bemerkungen: Ich habe eingangs die Charakteristik des
Genus *Ilia* etwas erweitert, indem ich hierbei wesentlich die Merkmale im Auge hatte, welche dem Paläontologen am meisten dienen,
nämlich diejenigen des Cephalothorax. Bei Beschreibung recenter
Formen ist derselbe gewöhnlich etwas stiefmütterlich behandelt,
da man sich eben bei diesen auf systematisch werthvollere Cha-

rakterc stützen kann, die bei den fossilen gar nicht oder nur in
den seltensten Fällen zu beobachten sind.

Ursprünglich konnte ich mich nicht entschliessen, einzig auf
Grund der Abbildungen hin die nachfolgend beschriebene Art des
Samlandes mit dem recenten Genus *Ilia* zu vereinigen. Es schienen mir nicht unwesentliche Abweichungen zu bestehen, die ich
namentlich bei dem Fehlen der Gastrocardiacal- und der Branchiohepaticalfurche bei der recenten Form glaubte wahrnehmen zu
müssen, da diese auf keiner der Abbildungen markirt waren.
Nachdem ich jedoch durch die Liebenswürdigkeit des Herrn Prof.
Chun in Königsberg Gelegenheit hatte, die recenten Krebse der
dortigen zoologischen Sammlung genauer zu studiren, wurde
ich gewahr, dass die Gastrocardiacalfurchen auch der lebenden
Ilia nucleus nicht fehlen, wennschon dieselben auch nur sehr
schwach angedeutet sind; sie besitzen aber genau denselben Verlauf, wie ihn die fossile *I. corrodata*, nur schärfer ausgeprägt,
zeigt. Ja bei einem weiblichen Exemplar der *I. nucleus* war nicht
nur die Branchiohepaticalfurche, sondern auch die Querfurche,
welche Gastral- und Cardialregion scheidet, deutlich, wenn auch
nur schwach, ausgeprägt.

Da somit eine vollkommen übereinstimmende Lobulirung des
Cephalothorax der fossilen und der recenten Form vorhanden ist,
die Stirn und Orbitalregion absolut gleich sind, ebenso wie Umriss
und Wölbung des Cephalothorax übereinstimmen, ein gleicher Ausschnitt des Anterolateralrandes hier wie dort vorhanden ist, so
habe ich nicht länger gezögert, die fossile Form dem recenten
Genus einzureihen.

Das sicher constatirte Auftreten eines heute noch lebenden
Crustaceengenus in alttertiären Schichten gewinnt ein um so
grösseres Interesse, wenn man bedenkt, wie wenige der fossilen
Krabben mit genügender Sicherheit auf lebende Genera bezogen
werden können. Weiterhin scheint es mir von nicht unwesent-
lichem Interesse, dass, wenn man von der etwas zweifelhaften
I. punctata absieht, der nächste Nachkomme unserer fossilen Art
eine der charakteristischen Mittelmeerformen ist.

Ilia corrodata sp. n.

Taf. II, Fig. 2—5a.

Dieser kleine Krebs besitzt einen Cephalothorax von fast kreisförmigem Umriss, der sowohl nach vorn als nach hinten stark verschmälert ist. Das abgebildete Exemplar misst 13^{mm} Länge und 13^{mm} Breite; die grösste Breite liegt etwas vor der Mitte. Die Oberseite ist beinahe kalbkugelig gewölbt, mit ziemlich gleichmässigem Abfall in longitudinaler, wie in transversaler Richtung. Die leicht convexen gekörnelten Anterolateralränder beschreiben, ehe sie sich mit den Hinterseitenrändern vereinigen, einen verhältnissmässig grossen Ausschnitt; die Hinterseitenränder sind stark convex. In ihrer Gesammtheit bilden Antero- und Posterolateralrand eine parabolische Curve. Der Hinterrand ist granulirt, ziemlich convex, aber schmal, und schliesst sich in stumpfem Winkel, aber scharfen Ecken, an letzteren an.

Die Orbital- und Frontalregion ist klein, ihr Gesammtdurchmesser mag etwa $\frac{1}{3}$ der Cephalothoraxbreite betragen haben. Von diesem Raum nahm die Stirn selbst den grössten Theil für sich in Anspruch, so dass die Augenhöhlen demnach sehr schmal waren. Die Stirn springt in Form eines breiten, vorn gerade abgeschnittenen Lappens vor, der durch einen Medianeinschnitt zweitheilig ist; doch ist sie nicht abwärts gekrümmt, sondern vollkommen horizontal, nur dass jeder der beiden Lappen etwas bauchig gewölbt ist.

Die Augenhöhlen waren, wie bereits erwähnt, sehr schmal: am Supraorbitalrand stehen zwei starke Dornen; ein kleinerer innerer und ein etwas grösserer äusserer, unter sich sowohl, als auch vom Stirnlappen durch tiefe Einschnitte getrennt; vom letzten Dorn ab biegt sich der Supraorbitalrand nach unten und innen und endigt wahrscheinlich in einem dritten Dorn.

Eine leichte Furche scheidet Stirn und Orbitalregion vom rückwärtigen Theil des Cephalothorax.

Deutliche, namentlich im hinteren Theil der Schale scharfe und tiefe Furchen trennen die einzelnen Regionen. Die Längsfurchen, welche die Gastrocardiacalregion als ziemlich breiten, gewölbten Rücken von den Branchialregionen scheiden, beginnen anfangs nur schwach zwischen den beiden inneren Dornen des Supraorbitalrandes. In ziemlich gerader Richtung divergiren sie sodann nach hinten, bis zu dem Punkte, wo sich eine tiefe, in gerader Linie nach der hinteren Ecke des Anterolateralrandes laufende Furche abzweigt. Von hier an convergiren sie in Form flacher, nach aussen convexer Bögen bis zum Ende der gastrischen Region, wobei sie immer tiefer und breiter werden, laufen dann in paralleler Richtung dem Hinterrande zu, biegen sich aber, ehe sie diesen erreichen, noch einmal scharf nach aussen.

Die flachgewölbte, sehr grosse gastrische Region ist nicht weiter lobulirt, bietet auch sonst nichts Bemerkenswerthes.

Eine tiefe Querfurche scheidet die Cardiacalregion, die wiederum durch eine breite, nach hinten convexe Furche in zwei verschiedene Loben zerlegt wird. Der grössere Epicardiallobus ist ausserordentlich hoch, fast kugelig aufgebläht und trägt drei nur auf den Steinkernen deutlicher sichtbare Höckerchen, von welchen zwei in einer Querlinie, das dritte etwas weiter nach hinten in der Mitte steht. Der Metacardiallobus ist klein und schmal: auf ihm erheben sich jedoch drei grosse, in einer Querreihe gestellte stumpfe Höcker, die bei dem steilen Abfall der Hinterseite etwas über den Hinterrand vorspringen, auf welchem sie zu stehen scheinen.

Die Hepaticalregion nicht sehr gross, aber scharf begrenzt; auf ihr erheben sich, hart neben dem Anterolateralrand, zwei kleine, dicht hinter einander stehende Höckerchen, die gewöhnlich nur bei Steinkernen deutlich sichtbar sind, auf Exemplaren mit der Schale sich jedoch kaum markiren. Die Branchialregion ist gross und ziemlich gewölbt.

Die Flanken fallen im hinteren Theile steil ab, legen sich nach vorn aber fast horizontal; eine tiefe breite Furche entspricht hier dem Ausschnitt des Anterolateralrandes. Der Unterrand des Cephalothorax war auf seiner ganzen Länge mit Körnchen besetzt.

Die Mundlücke muss wohl verhältnissmässig gross gewesen sein und hat sich nach oben nur wenig verschmälert.

Die ganze Oberfläche, die Flanken mit inbegriffen, ist mit
zahlreichen runden und flachen kleinen Höckerchen besäet, die
unter sich aber wieder von verschiedener Grösse sind. Sie stehen
nicht sonderlich dicht und fehlen in den Furchen.
Von den Beinen oder der Unterseite konnte nichts beobachtet
werden.

Vorkommen: Anscheinend nicht selten in der Zone A_1.

Bemerkungen: Die Mehrzahl der Exemplare zeigt einen
ganz eigenartigen Erhaltungszustand, der leicht zu Irrthümern Veranlassung geben könnte. Die betreffenden Individuen, Steinkerne,
besitzen nämlich keine glatte, oder, wie zu erwarten stände, granulirte Oberfläche, sondern zahlreiche, mehr oder minder runde
Grübchen, in deren Mitte zuweilen noch ein kleines Pünktchen
steht, stossen dicht an einander, und erzeugen auf diese Weise
eine grubige, zerfressene Oberfläche, die sich am besten
mit dem Vulgärausdruck »pockennarbig« bezeichnen lässt.

Glücklicher Weise besitze ich nun einige Exemplare, welche
die an sich etwas räthselhafte Erscheinung einigermaassen erklären. Wären dieselben nicht vorhanden, so würde man zweifelsohne die beiden Erhaltungszustände als verschiedene Species beschreiben. Man bemerkt nämlich bei Individuen, welche noch
die Schale besitzen und von der Verwitterung etwas angegriffen
sind, dass zunächst die Höckerchen leiden. Ihre Oberfläche wird
zerstört, und nun sieht man, dass sie mit einer weissen, kreidigen
Substanz erfüllt sind: sie zeigen sich dann als weisse Pünktchen,
die sich von der im Uebrigen schwarzen Oberfläche des Cephalothorax scharf abheben.

Die Verwitterung schreitet nun weiter in der Weise, dass
einerseits die weisse Substanz weggeführt wird und schliesslich
nur noch ein kleines Körnchen in der Mitte übrig bleibt, andererseits der Umfang der so entstandenen Grübchen sich vergrössert,
und endlich entsteht, wenn die Schale noch weiter abgerieben
und auch der letzte Rest der weissen Substanz verschwunden ist,
die pockennarbige Oberfläche.

Mit dieser Erscheinung etwa Vergleichbares hat BITTNER[1]) bei *Phymatocarcinus speciosus* beobachtet.

Von der lebenden *Ilia nucleus* unterscheidet sich *I. corrodata* durch die durchschnittlich geringere Grösse, die schieferen, tieferen Furchen auf der Oberseite, den dreidornigen Metacardiallobus und das Fehlen eines Höckers auf der Metabranchialregion.

Unter den fossilen Formen steht *Leucosia Prevostiana* DES-MAREST[2]) unserer Art am nächsten. Leider ist jedoch die Abbildung der genannten Art zu dürftig und die Beschreibung nicht ausführlich genug, um ein sicheres Urtheil hierüber fällen zu können. Es ist, abgesehen von dem allgemeinen Körperumriss und der Granulation, die rauhe Lobulirung der Oberfläche durch scharfe Furchen ausgeprägt, welche beide Formen nahe rückt. Namentlich ist die Querfurche, welche Gastral- und Cardiacalregion scheidet, sehr deutlich, und ebenso gewahrt man, dass bei *L. Prevostiana* der Epicardiallobus wie bei *I. corrodata* hoch aufgetrieben war. Leider aber lässt sich über die Beschaffenheit des Metacardiallobus der französischen Art nichts Bestimmtes ermitteln, so wichtig auch gerade die Kenntniss dieser Region für die Vergleichung wäre.

So weit aus Abbildung und Beschreibung hervorgeht, scheint sich *L. Prevostiana* von der samländischen Art durch das Vorhandensein dreier, schwach angedeuteter Höcker auf der Gastralregion zu unterscheiden.

Dass *L. Prevostiana* keinenfalls dem Genus *Leucosia* angehört, brauche ich wohl nicht weiter zu erörtern; es hat auch bereits MILNE EDWARDS[3]) seinem Zweifel hierüber Ausdruck verliehen. Durch ihre Verwandtschaft mit der samländischen Form scheint sie sich ebenfalls als ein fossiler Vertreter des Genus *Ilia* zu documentiren.

---

[1]) Sitzungsber. der Wiener Kaiserl. Akad. der Wissensch., I. Abth., April-Heft 1877, pag. 9.

[2]) Histoire naturelle des Crustacés fossiles, pag. 141, tab. 9, fig. 13.

[3]) Histoire naturelle des Crustacés, Bd. II, pag. 123.

Psammocarcinus MILNE EDWARDS emend. NOETLING.

1861. Histoire des Crustacés podophthalmaires fossiles. Tome 1, pag. 151 ff.
Annales des sciences naturelles. 4. série. vol. XIV.

Cephalothorax in beiden Richtungen anfangs gleich lang, vorn breit, hinten stark verschmälert, Stirn schmal, dreispitzig: Supraorbitalrand entweder glatt oder geschlitzt; Infraorbitalrand mit langem Dorn an der Innenseite. Der Anterolateralrand trägt vier oder fünf Dornen, deren erster die Augenhöhle nach aussen begrenzt und deren letzter auffällig verlängert, drehrund und scharf zugespitzt ist, zuweilen auch ein secundäres Zähnchen trägt. Hinterseitenrand entweder glatt oder mit 1—2 grösseren Dornen besetzt, am Hinterrande nicht gebuchtet, eine scharfe Ecke mit dem Hinterrande bildend. Oberseite durch zahlreiche und tiefe Furchen in die einzelnen Regionen und Loben zerlegt: stärkere Höcker können vorhanden sein (*P. multispinatus*) oder vollkommen fehlen (*P. Hericarti* und *laevis*). Wahrscheinlich fanden sich bei allen noch feine Granulationen. Epistom nicht gewulstet; letztes Fusspaar zu Schwimmfüssen umgewandelt.

Vorkommen: Die drei Vertreter dieses Genus sind auf alttertiäre Schichten beschränkt. In Frankreich hat sich bis jetzt nur eine Art, *P. Hericarti*, gefunden, die im »Calcaire grossier«, namentlich aber in den »Sables de Beauchamps« [1]), in grosser Menge vorkommt. In Deutschland hat die Glaukonitformation des Samlandes zwei Arten, *P. multispinatus* NOETL. und *P. laevis* NOETL., geliefert.

Bemerkungen: Die Species, auf welche MILNE EDWARDS l. c. sein Genus *Psammocarcinus* gründete, ist bereits seit langer Zeit bekannt; schon im Jahre 1822 wurde sie von DESMAREST[2]) unter dem Namen *Portunus Hericartii* beschrieben und abgebildet. Unter dem gleichen Namen ist sie in PICTET's Traité de Paléontologie übergegangen.

---

1) Vergl. GOUBERT, Bull. de la société géolog. de France. 2. Serie, Bd. XVII, pag. 445.

2) Histoire naturelle des Crustacés fossiles. pag. 87, tab. 5, fig. 5.

Milne Edwards hat ausführlich die systematische Stellung
seines neuen Genus discutirt und namentlich den eigenartigen
Hinterseitenrand betont, der sich durch den Mangel eines Aus-
schnittes am Hinterrande, wie er sonst allen Portuniden zukommt,
auszeichnet. Ich habe eingangs die von Milne Edwards gegebene
Charakteristik des Genus mit einigen Erweiterungen, die sich als
nöthig erwiesen, wiedergegeben; es bliebe hier nur noch kurz das
Verhältniss der samländischen Arten zu der französischen zu erörtern. Diese beiden weichen vom Typus *P. Hericarti* hauptsächlich dadurch ab, dass bei ihnen der Supraorbitalrand geschlitzt ist,
während er bei jener glatt und nicht eingeschnitten ist. So wichtig
an sich auch dieses Merkmal wäre, so glaube ich doch nicht, dass
es genügte, unsere beiden Arten einzig hierauf hin als neues Genus
abzutrennen, da zu zahlreiche gemeinsame Charaktere der einen
Differenz gegenüberstehen. Hier ist vor Allem die fast vollkommen
gleiche Gestalt des Cephalothorax, die Uebereinstimmung in der
Stirn und in der Bezahnung des Vorderseitenrandes, namentlich
des langen letzten Anterolateralzahnes, und die Gleichheit der
Lobulirung hervorzuheben. Die specifischen Unterschiede scheinen
sich in der Zahl der Dornen des Antero- und Posterolateralrandes,
der Form des letzten Anterolateralzahnes und dem Vorhandensein
oder Fehlen von Höckerchen auf den Regionen des Cephalothorax
auszusprechen.

Wenn die Zahl der Anterolateraldornen ein generisches Merkmal wäre, so müsste man die beiden samländischen, eng verwandten
Formen zwei verschiedenen Genera zutheilen, da ja die eine,
P. laevis, deren fünf, die andere, *P. multispinata*, deren vier besitzt.
Da aber auch die Dornenzahl des Hinterseitenrandes variirt, von
gänzlichem Fehlen bis zur Zweizahl, so glaube ich, dass hiermit
der nur specifische Charakter dieses Merkmales genügend angedeutet ist.

Am weitesten entfernt sich *P. multispinatus* durch seine grob-
tuberkulirte Oberfläche, sowie durch die Bedornung des ganzen
Seitenrandes vom Typus *P. Hericarti*; er ist aber wiederum so
eng mit dem *P. laevis* verbunden, der seinerseits sich von dem
P. Hericartii, abgesehen von dem geschlitzten Supraorbitalrand,

nur durch den Mangel eines secundären Dörnchens am letzten
Anterolateraldorn sowie durch das Vorhandensein von Dornen am
Hinterseitenrande unterscheidet, dass alle drei trotz ihrer Ab-
weichungen in einen und denselben Formenkreis passen. In diesem
Sinne habe ich auch die Gattungsdiagnose erweitert.

Es geht leider aus MILNE EDWARDS's Beschreibung der Schalsculptur nicht mit völliger Gewissheit hervor, ob der Cephalothorax in der That vollkommen glatt ist, oder ob nicht diese
Glätte nur als Folge des Erhaltungszustandes anzusehen ist. Die
Granulation unserer samländischen Arten ist überaus fein und zart,
so dass der Cephalothorax seine Gestalt noch vollkommen bewahrt
haben kann, während jene längst verschwunden ist. Es wird vielleicht weiteren Nachforschungen gelingen, auch bei *P. Hericarti*
diese feine Granulation nachzuweisen.

Ich möchte zum Schluss noch auf eine Beziehung des Genus
Psammocarcinus hinweisen, die durch den *P. multispinatus* ver-
mittelt wird. Diese Art scheint nämlich in naher Beziehung zu
Campylostoma matutiforme BELL[1]) zu stehen. Es ist vor Allem
die Ausbildung des Stirn- und Orbitalrandes, die Bezahnung des
Anterolateralrandes, die Verschmälerung im hinteren Theil des
Cephalothorax, sowie eine gewisse Analogie in dem Auftreten der
Tuberkel der Oberseite, welche beide Formen einander nahe rückt.
Sie unterscheiden sich aber gerade wieder durch letzteren Cha-
rakter, ganz besonders aber durch die Verschiedenheit in der
Lobulirung, die bei *C. matutiforme* knapp angedeutet, während sie
bei *P. multispinatus* scharf ausgesprochen ist.

Psammocarcinus multispinatus sp. n.

Taf. III. Fig. 1—4.

Die Grössenverhältnisse, sowie der allgemeine Umriss lassen
sich nur annäherungsweise angeben, da auch nicht ein Exemplar
ganz vollständig erhalten ist. Der ovale oder nahezu kreisförmige
Cephalothorax ist, wenn man von den langen Seitendornen absieht,
etwas länger als breit und ziemlich stark gewölbt. In longitudi-

---

[1]) Palaeontographical Society, 1857, pag. 23, tab. 3, fig. 8—10.

naler Richtung senkt er sich rückwärts allmählich, während er
sich nach vorn in steilem Bogen abwärts krümmt; die Stirn folgt
jedoch nicht dieser Biegung des vorderen Theiles, sondern springt
horizontal vor. Die vordere Hälfte des Cephalothorax ist breit
und gerundet; vom letzten Anterolateraldorn an verschmälert sich
derselbe schnell und stark rückwärts. Die grösste Breite, welche
etwas hinter der Mitte zwischen den beiden Seitendornen liegt,
beträgt bei einem Exemplar, die letzteren nicht mitgemessen, 18^{mm},
inclusive dieser mindestens 30—32^{mm}; der Hinterrand desselben
Exemplares misst nur 9^{mm}. Bei einem anderen betrug die grösste
Breite 12, die Länge bis zur Spitze der Stirn gemessen 15^{mm}.

Die Stirn ist in drei flache, spitze Lappen ausgezogen, die in
horizontaler Richtung ziemlich weit vorspringen und durch anscheinend schmale Einschnitte getrennt werden. An der Basis
der Stirn, aber etwas weiter seitwärts gerückt, springt ein kleiner
breiter und spitzer Lappen nach vorn, welcher wohl den inneren
Theil der Augenhöhlen überdeckte. Der hier anschliessende, äussere
Theil des Supraorbitalrandes ist durch zwei schmale tiefe Einschnitte doppelt geschlitzt: zwischen beiden bildet er ein kleines
Dörnchen, und an seinem äusseren Ende, zugleich die Augenhöhle
nach aussen abgrenzend, erhebt sich der erste Dorn des Anterolateralrandes. Dieser letztere ist leicht gebogen und trägt vier
spitze Dornen, die, durch flache Einsenkungen geschieden, in ziemlich gleicher Distanz auf einander folgen. Die drei ersten sind nur
klein, der letzte aber, welcher zugleich die Grenze zwischen Vorder-
und Hinterseitenrand bezeichnet, erreicht eine unverhältnissmässige
Länge, zuweilen mindestens 5^{mm}; er ist drehrund, schlank und
springt in ziemlich gerader oder leicht aufwärts gebogener Richtung nach aussen.

Der gerade Hinterseitenrand ist etwa ebenso lang wie der
Vorderseitenrand und trägt wie jener zwei kleinere spitze Dörn-
chen in gleichen Abständen unter sich und von seinen Endpunkten.
Gegen den schmalen geraden Hinterrand setzt er, einen stumpfen
Winkel bildend, in scharfer Ecke ab.

Die Furchen der Oberseite sind, wenn auch schmal, so doch
tief, und demgemäss ist die Lobulirung der einzelnen Regionen

sehr deutlich ausgeprägt. Die Stirn wird durch eine scharfe
Furche halbirt, die sich rückwärts, etwa in der Höhe des
Supraorbitalrandes, spaltet: wo die beiden Aeste aus einander
gehen, erheben sich die epigastrischen Loben in Form zweier
kleiner, nicht besonders scharf begrenzter Hügel.

Der metagastrische Lobus ist in seinem hinteren Theile ziemlich kurz, aber hochgewölbt, und trägt in der Mitte einen grösseren,
stumpf-kegelförmigen Höcker: nach vorn sendet er einen langen
flachen Fortsatz von dolchförmiger Gestalt, der, indem er sich zwischen die verwachsenen proto- und mesogastrischen Loben schiebt,
nur allmählich schmäler wird. Diese letzteren bilden einen grossen,
leicht gewölbten Hügel, der in seinem hinteren Theile ein kleines
Höckerchen trägt. Eine schmale, nicht sehr tiefe Furche, in welcher zwei kleine Grübchen neben einander stehen, trennt den urogastrischen Lobus, der in Form eines schmalen, aber hoch erhabenen
Querhöckers deutlich hervortritt.

Die Cardialregion, welche durch eine breite und tiefe Querfurche nach vorn begrenzt wird, ist ziemlich gross, flach gewölbt,
verschmälert sich aber bedeutend nach hinten. Im vorderen
Theile, dem Epicardiallobus, stehen zwei ziemlich grosse Höcker
dicht neben einander, im hinteren Theile, dem Metacardiallobus, ein
kleines, in der Mitte durch eine seichte Einsenkung von ersteren
geschiedenes Höckerchen. Letzteres ist gerne in transversaler Richtung etwas verlängert. Im vorderen Theile der Gastrocardiacalfurche
zweigt sich eine anfangs etwas nach hinten gerichtete Furche ab,
die dann zwischen dem zweiten und dritten Anterolateraldorn
am Rande mündet. Sie begrenzt rückwärts eine ziemlich grosse
flache Region von dreieckiger Gestalt, welcher die beiden ersten
Anterolateraldornen angehören: ich deute sie als Hepaticalregion.

Die Branchialregion, welche den grössten Theil der hinteren
Hälfte einnimmt, trägt vier stumpf-kegelförmige Höcker. Drei
davon stehen dicht neben einander im vorderen Theile längs der
Gastrocardiacalfurche: das äusserste ist am grössten und durch
eine scharfe Einsenkung vom mittleren, etwas kleineren, geschieden,
und dieses wieder ist nur durch eine leichte Furche vom kleinsten
und innersten getrennt. Der vierte Höcker liegt in der Verbin-

dungslinie des mittleren dieser drei und des hinteren Anterolateral-
dornes, aber jenem etwas näher gerückt. an Grösse ihm jedoch
nachstehend.

Feine und zahlreiche, weit aus einander stehende Körnchen,
welche sich jedoch auf der Spitze der Höcker und der Seitenranddornen etwas mehr drängen, bedecken gleichmässig die ganze
Oberseite.

Vorkommen: Häufig in der Zone A_1.

Bemerkungen. Die Merkmale, durch welche *P. multispinatus* sich von der folgenden Art unterscheidet, sollen bei dieser
besprochen werden.

Psammocarcinus laevis sp. n.

Taf. III, Fig. 5—7.

Diese Art besitzt, so weit erkennbar, die gleiche Körpergestalt
wie die vorige, doch mag wohl der Unterschied zwischen Länge
und Breite etwas grösser als bei jener, mithin der Cephalothorax
etwas mehr in die Länge gezogen sein. Auch scheint es
mir, als ob *P. laevis* durchschnittlich etwas grössere Individuen
umfasse als *P. multispinatus*. Stirn und Orbitalrand sind wie bei
der vorigen Art gebildet, nur war der äussere Orbitalzahn ebenso
wie der innere Orbitallappen etwas grösser und kräftiger. Der
Anterolateralrand trägt fünf Dornen, von welchen der erstere,
wie bereits erwähnt, die Augenhöhlen nach aussen begrenzt. In
geringer Entfernung hinter ihm folgt der zweite, der vom dritten
durch eine flache und breite Einsenkung getrennt ist. Letzterer
und der vierte Dorn stehen wieder sehr nahe jederseits der
Branchiohepaticalfurche; und wieder eine breite und flache Einsenkung trennt den letzteren von dem fünften Dorn. Die vier
ersten sind spitz-konisch und niedrig, der letzte ist lang und
schlank, in horizontaler Richtung ziemlich weit nach seitwärts
ragend; wahrscheinlich hat er jedoch nicht die Länge erreicht,
welche er bei voriger Art entwickelt.

Der ziemlich lange und gerade Posterolateralrand trägt beinahe dicht an seinem hinteren Ende ein grösseres Dörnchen; da-

neben finden sich noch drei weit kleinere zwischen diesem und
dem letzten grossen Dorn des Vorderseitenrandes.

Die Lobulirung des Cephalothorax ist fast genau so, wie ich sie
bei voriger Art beschrieben habe, nur mit dem Unterschiede, dass
sämmtliche Loben der charakteristischen spitzen Höcker entbehren,
vielmehr vollkommen gleichmässig flach gewölbt sind. Die einzige
Ausnahme bildet die Cardiacalregion: hier sind die drei Höcker
(die beiden in einer Querlinie stehenden des Epicardiallobus, sowie
der mittlere des Metacardiallobus) vorhanden, jedoch nur eben angedeutet, so dass sie nicht im geringsten hervortreten und die
gleichmässige Fläche stören.

Die drei Höcker im vorderen Theil der Branchialregion haben
sich bei dieser Art in flache, an Grösse von aussen nach innen
abnehmende Hügel, die durch tiefe Furchen geschieden werden,
umgewandelt.

Die Oberfläche ist wie bei voriger Art mit kleinen Granulationen besäet, nur dass diese anscheinend etwas gröber sind, vielleicht
auch, namentlich auf den Branchialregionen, etwas gedrängter
stehen.

Vorkommen: Häufig in der Zone A_1.

Bemerkungen: Man könnte sehr leicht, besonders durch
die gewöhnlich schlechte Erhaltungsweise, dazu gebracht werden,
die beiden hier beschriebenen Arten *P. laevis* und *P. multispinatus*
nur für eine Art zu halten. Hat man jedoch die Unterschiede
einmal erfasst, so erkennt man selbst kleine Bruchstücke beider
Arten sofort mit Sicherheit, wie auch die Abbildungen lehren:
dort eine höckerige, dornige Oberfläche, hier ein vollkommen
gleichmässig flacher Cephalothorax, ohne jede Spur dornenartiger
Erhöhungen. Dieser Unterschied möchte an sich schon genügen,
die beiden Formen auseinander zu halten. Weiter aber unterscheidet sich *P. laevis* dadurch, dass bei ihm der Anterolateralrand
vier Dornen trägt, während er bei *P. multispinatus* nur mit dreien
besetzt ist. Im Gegensatz hierzu stehen am Hinterseitenrand der
letzteren Art zwei grössere Dornen, während *P. laevis* deren vier,
einen grösseren und drei kleinere, zählt.

Es könnte nun aber die Frage aufgeworfen werden, ob nicht bei der grossen Aehnlichkeit beider Arten die angeführten Unterschiede sexueller Natur seien. Ich glaube diese Frage verneinen zu dürfen, denn dazu sind dieselben doch zu bedeutend. Wenn man zwei Formen, bei noch so grosser Aehnlichkeit, selbst in Fragmenten an ·klaren und präcisen Merkmalen sicher erkennen und unterscheiden kann, so scheint es mir zweckmässiger, sie so lange mit verschiedenen Namen zu belegen, als nicht der positive Beweis erbracht ist, dass ihre Verschiedenheit nur sexueller Natur ist. Aber selbst wenn wir dies zugeben, dass also *P. laevis* und *P. multispinatus* nichts anderes, als die verschiedenen Geschlechter einer und derselben Art repräsentiren, so wird hiermit vorläufig nichts gebessert. Denn, welches das männliche und welches das weibliche Individuum sei, lässt sich ohne Kenntniss der Unterseite und des Abdomen nicht mit Sicherheit bestimmen. Da aber eine solche zur Zeit noch nicht besteht (alle meine Exemplare zeigen nur die Oberseite), der Versuch, die Unterseite freizulegen, aber vollkommen aussichtslos erscheint (wahrscheinlich fehlt sie überhaupt allen), so kann eine positive Entscheidung vorläufig nicht erfolgen.

P. laevis besitzt eine grosse Aehnlichkeit mit *P. Hericarti* DESM. sp., der sich aber hauptsächlich durch den vollkommen glatten Hinterseitenrand, sowie durch das secundäre Dörnchen an dem stark verlängerten Dorn des Anterolateralrandes unterscheidet.

Coeloma MILNE EDWARDS.

1865. MILNE EDWARDS, Histoire des Crustacés podophthalmaires. Monographie des Crustacés fossiles de la Famille des Cancériens. Annales des Sciences naturelles. 4. sér., vol. XVIII, pag. 352.

Cephalothorax von trapezförmiger Gestalt, nur flach gewölbt. Stirn ziemlich breit, vierspitzig. Supraorbitalrand sehr lang, doppelt geschlitzt: Infraorbitalrand etwas vorspringend, meist in einen comprimirten Dorn endigend. Augenhöhlen sehr gross, fast die ganze Breite der Vorderseite einnehmend; Augen auf dicken, plumpen Stielen sitzend. Anterolateralrand mit vier Stacheln be-

setzt: deren erster stets den äusseren Orbitalwinkel bildet. Zuweilen können die drei vordersten sehr reducirt sein, bei der Mehrzahl der bekannten Arten sind jedoch alle ziemlich stark entwickelt.
Posterolateralrand glatt und gerade. Hinterrand gerade oder
schwach convex, seitlich etwas ausgeschnitten. Durch mehr oder
minder scharfe Furchen stets eine weitgehende Lobulirung der
Oberseite ausgebildet. Gastralregion bei allen in vier Loben,
Cardialregion nur zuweilen in zwei deutliche Loben zerlegt.
Hepaticalregion deutlich begrenzt, Branchialregion in drei verschieden grosse Loben getheilt. Grössere Tuberkeln können auf
den einzelnen Loben vorhanden sein oder auch ganz fehlen. Alle
Arten sind jedoch auf der Oberseite mit mehr oder minder feinen,
dicht gedrängten Granulationen bedeckt. Unterseite glatt, mit
vereinzelten eingestochenen Pünktchen: Pterygostomialfurche deutlich, Plastron sternale gross, von breit elliptischem Umriss. Abdomen aus sieben Gliedern zusammengesetzt. Mundlücken gross
viereckig. Die äusseren Kieferfüsse mit einer Längsfurche versehen. Erstes Fusspaar stärker als die übrigen, in kräftige Scheeren
von meist ungleicher Grösse endigend. Der Oberschenkel der
Gehfüsse von vorn nach hinten comprimirt, auf der Oberkante
entweder mit Dornen oder Körnchen besetzt.

Vorkommen: In tertiären Schichten weit verbreitet.

Bemerkungen: MILNE EDWARDS stellte im Jahre 1865 das
Genus *Coeloma* für eigenthümlich gestaltete Krabben des vicentinischen Tertiärs auf, die durch ihre allgemeine Körpergestalt mit
den Galeniden übereinstimmen, von welchen sie sich jedoch durch
ihre grossen Augenhöhlen unterscheiden und in diesem Charakter
mehr eine Verwandtschaft mit den Macrophthalmen besitzen. In
verhältnissmässig kurzer Zeit sind nun eine ganze Reihe hierher
gehöriger Formen beschrieben worden, durch welche sich das
Genus *Coeloma* zu einem der wichtigsten tertiären Crustaceen-
geschlechter emporgeschwungen hat. Nicht nur durch seine zeit-
liche, sondern auch durch seine räumliche Verbreitung nimmt
es unser Interesse in Anspruch. Man kennt bis jetzt folgende
Arten:

I. Gruppe: *Laeves.*

Coeloma vigil MILNE EDWARDS[1]), häufig im vicentinischen Tertiärgebiet. Diese Art unterscheidet sich von allen anderen durch eine fast vollkommen flache Oberseite; nur auf der Metabranchialregion steht ein einzelner Höcker.

Coeloma balticum SCHLÜTER[2]), ungemein häufig in der Glaukonitformation des Samlandes. Es ist der vorigen Art so nahe verwandt, dass es schwierig ist, beide aus einander zu halten; es unterscheidet sich jedoch hauptsächlich durch die relativ breitere Stirn und durch den Mangel von Dornen auf der Oberkante des Oberschenkels, wo nur kleine Körnchen stehen.

Coeloma granulosum MILNE EDWARDS[3]), aus den oberen Nummulitenschichten von Biarritz, steht den beiden vorgenannten sehr nahe, unterscheidet sich jedoch durch die relativ grössere Breite des Cephalothorax und durch eine verhältnissmässig noch schmalere Stirn, sowie durch das Fehlen eines Höckers auf dem Metabranchiallobus, bei Vorhandensein eines solchen auf dem Epibranchiallobus.

Coeloma Reidemeisteri sp. n.[4]), aus den Phosphoritlagern von Büddenstedt und Helmstedt. Eine *Coeloma*-Art dieser Localitäten wird von GEINITZ auf *C. balticum* bezogen. Soweit ich aber aus, allerdings schlecht erhaltenen, Exemplaren dieses Fundortes ersehen kann, unterscheidet sich dieselbe von *C. balticum*, gehört aber jedenfalls in die Gruppe der *Laeves.*

---

[1]) Histoire des Crustacés podophthalmaires, Vol. I. Annales des sciences naturelles. 4. série, 1865, pag. 353, tab. 35, fig. 1, 2, 3.

[2]) Zeitschr. d. Deutsch. geol. Ges., 1879. Bd. XXXI. pag. 604, tab. 18, fig. 3.

[3]) Annales des sciences géologiques. 1880. Vol. XI. Art. No. 2, pag. 5, tab. 22, fig. 3.

[4]) GEINITZ, Die sog. Koprolithenlager von Helmstedt etc. Abhandl. d. naturw. Gesellsch. Isis in Dresden 1883. Abhandl. 1. pag. 10. – Ueber neue Funde in den Phosphatlagern, ibidem Abhandl. 5. pag. 41 u. 42.

II. Gruppe: *Tuberculati.*

Coeloma taunicum v. MEYER sp.[1]). Nicht gerade selten im Septarienthon von Breckenheim am Taunus. Unterscheidet sich von den vorgenannten Arten durch das Vorhandensein von zwei Höckern auf der Metabranchial-, sowie von solchen auf der Mesobranchial- und Cardialregion[2]).

Coeloma Credneri SCHLOTH. sp.[3]), aus dem Oberoligocän der Gegend von Hildesheim, ist vorigem nahe verwandt, unterscheidet sich aber hauptsächlich dadurch, dass die drei ersten Dornen des Anterolateralrandes sehr reducirt sind, sowie, dass ausser Branchial- und Cardial-, auch die Gastral- und Hepaticalregion grössere Tuberkeln tragen.

Die sechs genannten und kurz charakterisirten Arten lassen sich übersichtlich in zwei Abtheilungen gruppiren. Die erste Abtheilung — *Laeves* — umfasst die Formen, deren Cephalothorax, mit Ausnahme eines grösseren Höckers, fast vollkommen glatt ist. Die *Laeves* sind augenscheinlich die der Zeit nach ältesten Formen. Die Gruppe der *Tuberculati* enthält bis jetzt nur zwei, event. drei Arten, die sich durch einen mehr oder minder stark tuberkulirten Cephalothorax auszeichnen: das Extrem wird durch das jüngere *C. Credneri* gebildet, während das ältere *C. taunicum* gleichsam in der Mitte zwischen diesem und den Arten der ersten Gruppe steht, mithin den Uebergang zwischen beiden vermittelt. Die *Tuberculati* scheinen für die jüngeren Ablagerungen des Alttertiärs charakteristisch zu sein.

[1]) Zeitschr. d. Deutsch. geol. Ges., 1871, Bd. XXIII, pag. 679, tab. 16 u. 17. fig. 1 — 4.

[2]) Neuerdings erhielt ich durch Herrn VINCENT in Brüssel eine als *Portunus nodosus* VAN BENEDEN bestimmte, im Argile de Boom vorkommende Krabbe, in der ich eine *Coeloma*-Art erkannte. Dieselbe scheint dem *C. taunicum* sehr nahe zu stehen, wenn nicht gar mit demselben ident zu sein; es würde sich somit die Zahl der Species event. auf sieben belaufen.

[3]) Zeitschr. d. Deutsch. geol. Ges. 1881, Bd. XXXIII, pag. 358, tab. 20, fig 1.

Ich hatte früher[1]) die Ansicht ausgesprochen, dass bei den Arten des Genus *Coeloma* die Tendenz einer weitergehenden Lobulirung, einer schärferen Begrenzung der Regionen und einer reicheren Sculptur von den älteren zu den jüngeren Arten hin sich nicht verkennen lasse. Ich möchte nach eingehendem vergleichenden Studium der verschiedenen Species dies dahin einschränken, dass wohl die Lobulirung auch bei den älteren Arten ebenso wie bei den jüngeren vorhanden ist, dass aber die begrenzenden Furchen bei ersteren nur schwach sind, demnach die einzelnen Regionen nicht so auffällig hervortreten wie bei den letzteren. Die Tendenz richtet sich also hauptsächlich auf ein schärferes Ausprägen der Furchen und auf eine reichere Ornamentirung der Oberseite von den *Laeves* zu den *Tuberculati* hin.

BITTNER und neuerdings MILNE EDWARDS[2]) betonten die Möglichkeit einer generischen Identität der WOODWARD'schen Arten *Litoricola glabra*[3]) und *Litoricola dentata* mit *Coeloma*. Ich wage hierüber kein Urtheil zu äussern, da die Abbildung der beiden Formen zu wenig ausreichend ist: ich gebe aber die grosse Wahrscheinlichkeit dieser Ansicht vollkommen zu. Bei der, wie sich jetzt herausstellt, ausgedehnten Verbreitung des Genus *Coeloma* stände das Vorhandensein desselben im englischen Tertiär wohl zu erwarten. Sollte eine neuere Untersuchung die Ansicht des Herrn MILNE EDWARDS bestätigen, so gebührte allerdings der Bezeichnung *Litoricola* die Priorität; es dürfte aber kaum zweckmässig erscheinen, den bereits in der Wissenschaft eingebürgerten Namen *Coeloma* zu Gunsten des wenig bekannten Namens *Litoricola* zu ändern.

Wie weit eine Verwandtschaft zwischen *Portunites* BELL und *Coeloma* besteht, auf welche v. FRITSCH aufmerksam macht (l. c. pag. 690), ist auch noch zu untersuchen.

---

[1]) Zeitschr. d. Deutsch. geol. Ges., 1881, Bd. XXXIII, pag. 363.

[2]) Note sur quelques Crustacés fossiles. Annales des sciences géologiques 1880. Vol. XI, Art. No. 2. pag. 5.

[3]) Quarterly Journal of the geolog. Society 1873.

Coeloma balticum Schlüter.

Taf. III. Fig. 8; Taf. IV. Fig. 1—5: Taf. V. Fig. 1—5:
Taf. VI, Fig. 1—5b.

1879. *Coeloma balticum* Schlüter, Zeitschr. d. Deutsch. geol. Ges., Bd. XXXI,
pag. 604, tab. 18, fig. 3.

Diese Art gehört zu den häufigsten Krebsen der Glaukonitformation, für welche sie geradezu als charakteristisches Leitfossil
bezeichnet werden muss. Ich habe einige hundert Exemplare
untersucht und kann daher eine sehr ausführliche Beschreibung
geben.

Die Grösse der Individuen wechselt vielfach; das kleinste der
von mir untersuchten Exemplare misst 31^{mm} Länge auf 37^{mm} Breite[1]).
Hiernach verhält sich Länge zu Breite wie 1 : 1,2. Das grösste
Exemplar misst mindestens (die Maasse waren leider nicht genau
zu nehmen) 83^{mm} Länge bei 100^{mm} Breite: Verhältniss etwa 1 : 1,2.
Die Durchschnittsgrösse der Mehrzahl betrug 50^{mm} Länge und
60^{mm} Breite, zuweilen etwas weniger, zuweilen mehr. Man kann
also das Verhältniss von Länge zu Breite mit 1 : 1,2 oder 5 : 6
als Durchschnitt annehmen.

Die Gestalt des Cephalothorax ist trapezförmig, und zwar ist
er, wie sich aus obigen Messungen ergiebt, etwas breiter als lang.
Die grösste Breite liegt genau zwischen den beiden letzten Dornen
des Anterolateralrandes, etwas vor der Mitte. Die Oberseite ist
sehr flach, etwas stärker von vorn nach hinten gekrümmt, als in
seitlicher Richtung; dem entsprechend ist auch die Dicke nur
gering, da sie nicht mehr, eher noch etwas weniger, als $^{1}/_{3}$ der
Körperlänge beträgt: es gelang mir nicht darüber zu entscheiden,
ob die beiden Geschlechter hierin differiren.

---

[1]) Die mitgetheilten Maasse beziehen sich immer in der Länge vom Hinterrande bis zum mittleren Frontalausschnitt, in der Breite von Basis zu Basis der
letzten Anterolateraldornen. Die Länge der Dornen ist also nicht mitgemessen,
da sie nur in den seltensten Fällen vollständig erhalten sind und aus dem Rest
ihre Länge sich nicht genau berechnen lässt: von Spitze zu Spitze der Dornen gemessen würde die Breite reichlich um 5^{mm}, die Länge bis zur Spitze der Frontal-
dornen um etwa 2^{mm} grösser sein.

Die Stirn ist breit: sie misst ungefähr $1\frac{1}{5}$ der Cephalothorax-breite (bei einem Exemplar beträgt die Stirnbreite 11, Körper-breite 54^{mm}: bei einem anderen 12 und 60^{mm}), springt etwa um die Hälfte ihrer Breite vor und biegt sich hierbei so stark nach unten, dass ihr Vorderrand ziemlich in gleiche Höhe mit den beiden Innendornen des Infraorbitalrandes zu stehen kommt.

Der Vorderrand der Stirn ist in vier ziemlich lange, dünne und runde Dornen ausgezogen, die in fast horizontaler Richtung, leicht nach oben und aussen gekrümmt, nach vorn springen. Zwei der Dörnchen liegen in der Mitte zu beiden Seiten der Längs-furche, welche die Stirn halbirt und sie durch einen schmalen Ausschnitt trennt: je eines steht am äusseren Rande und ist durch eine breite und flache Einsenkung vom inneren geschieden. Da sich die Stirn an den Seitenrändern etwas nach oben biegt, so liegen die inneren Dornen etwas tiefer als die äusseren, welche zugleich den Supraorbitalrand nach innen begrenzen.

Dieser besitzt eine grosse Länge und nimmt den ganzen Vorderrand, von dem äusseren Stirndörnchen bis zum ersten An-terolateralzahn, welcher ihn nach aussen begrenzt, ein. Zwei schmale, kleine Fissuren scheiden einen inneren, bogenförmigen und gewulsteten, von einem nicht gewulsteten und kaum vorsprin-genden Theil.

Stirn und Supraorbitalrand sind mit einem Saume feiner Knötchen eingefasst, der sich auf der Innenseite des ersten Vorder-seitenranddornes bis zur Spitze hinzieht, von da auf den Infra-orbitalrand fortsetzt.

Der Anterolateralrand ist schwach convex, bedeutend kürzer als der Hinterseitenrand und trägt vier starke, spitzige, nach oben gerichtete Dornen, durch welche er wellig ausgeschnitten erscheint. Der vorderste Dorn gleicht einer schlank-dreiseitigen Pyramide, ist gerade nach vorn gerichtet und bildet die äussere Begrenzung der Orbitalhöhle: seine Aussenseiten sind bis zur Spitze mit kleinen Körnchen bedeckt, seine den Augenhöhlen zu-gewendeten dagegen vollkommen glatt. Durch eine breite und tiefe Einsenkung getrennt, folgt der zweite, seitlich gerichtete, und dicht neben ihm der dritte Dorn; ersterer entspricht der

Hepatical-, letzterer der Epibranchialregion; wiederum durch einen
grossen Ausschnitt getrennt, folgt der letzte, seitwärts gerichtete
Dorn des Mesobranchiallobus. Die letzten drei sind drehrund und
allseitig bis zur Spitze mit kleinen Granulationen besetzt. Auf
den Steinkernen erscheinen die langen, spitzen Dornen stets als
breite, stumpfe Zacken, da es nur in seltenen Fällen gelingt, sie
beim Herauspräpariren zu erhalten.

Von dem letzten Dorn biegt sich der lange gerade Hinterseitenrand dem Hinterrande zu, mit welchem er einen stumpfen
Winkel bildet. Ein regelmässiger Körnchensaum fehlt dem Seitenrand in seiner ganzen Länge.

Der Hinterrand bildet in seinem Gesammtverlaufe einen ziemlich stark convexen Bogen, jedoch ist er zu beiden Seiten tief
und in der Mitte etwas schwächer ausgeschnitten. Er wird seiner
ganzen Länge nach von einem perlschnurartigen Saume feiner
Granulationen eingefasst, der als Abzweigung eines, den ganzen
Unterrand einfassenden Körnchensaumes anzusehen ist, welcher
am Hinterrande auf die Oberseite tritt.

Die Deutlichkeit der Regionen und die Schärfe der sie begrenzenden Furchen ist ausserordentlich vom Erhaltungszustande
beeinflusst. Im Allgemeinen sind die Furchen nur flach, aber
immer deutlich erkennbar.

Die Stirn wird durch eine schmale und ausnahmsweise tiefe
Furche halbirt, welche vorn zwischen den beiden Innenzähnen
mündet, am Hinterrande der Stirn sich spaltet, um den langen
schmalen Fortsatz des metagastrischen Lobus aufzunehmen. Seitlich in dieser Furche treten die epigastrischen Loben in Form
zweier flach-erhabener, gerundeter Hügel deutlich hervor. Die
verschmolzenen protomesogastrischen Loben sind von annähernd
sechsseitiger Gestalt und fast vollkommen flach. Zwischen beide
schiebt sich der vordere dolchförmige Fortsatz des metagastrischen
Lobus, der hinten breit ist und etwa fünfseitigen Umriss besitzt.
Flache, etwas gebogene, stets sehr undeutliche Querfurchen trennen
den urogastrischen Lobus einerseits von jenem, andererseits von
der Cardiacalregion. Diese, durch Querfurchen nicht weiter lobu-

lirt, besitzt eine längs-ovale Gestalt und verschmälert sich beträchtlich rückwärts.

Bei gut erhaltenen Steinkernen, aber niemals bei Exemplaren mit der Schale, bemerkt man auf ihr drei kleine flache Höckerchen, von welchen zwei auf dem breiten vorderen Theil, dem Epicardiallobus, in einer Querlinie, das dritte etwa in der Mitte zwischen dieser und dem Hinterrande median steht.

Die Hepaticalregion ist ziemlich gross, immer scharf begrenzt und zerfällt in zwei flache Hügel, deren äusserer, gewöhnlich etwas gewölbterer, direct neben dem zweiten Dorn des Anterolateralrandes steht.

Die Epibranchialloben sind, wenn auch klein, so doch deutlich geschieden.

Der Mesobranchiallobus stellt einen flachen und breiten, bogenförmig nach hinten gekrümmten Wulst dar, der vorn von einer etwas schärferen Furche als hinten begrenzt wird.

Der grosse und relativ stark gewölbte Metabranchiallobus trägt im hinteren Theile einen niedrigen kleinen Höcker, der auch bei Exemplaren mit der Schale wahrnehmbar ist. Von diesem Höckerchen aus läuft eine schwache, gerundete Kante, seitlich welcher der Cephalothorax besonders steil abfällt, dem Hinterrande zu.

Auf gut erhaltenen Steinkernen bemerkt man in bestimmten Gegenden des Cephalothorax bandförmige, meist gekrümmte rauhe Male, in welchen wir ohne Zweifel die Haftstellen von Muskeln zu erblicken haben. Die vordersten sind nur klein und beginnen in der Gastrocardiacalfurche etwa da, wo sich die Furche, welche die meta- und protogastrischen Loben scheidet, abzweigt. Zwei etwas grössere, schräg von innen nach aussen gerichtete, stehen im hinteren Theile des metagastrischen Lobus. Dahinter tritt wieder in der Gastrocardiacalfurche ein doppeltgekrümmtes Mal auf, das gewöhnlich am stärksten markirt ist und vorn beinahe mit einem schräg von innen nach aussen gerichteten Mal im vorderen inneren Theile des Metabranchiallobus verfliesst. Zu beiden Seiten der Cardiacalregion, im hinteren Theile derselben, tritt in der Gastro-

cardiacalfurche ein drittes Mal auf, das, obwohl von beträchtlicher
Länge, doch stets undeutlich ist.

Die ganze Oberseite des Cephalothorax ist mit zahlreichen,
dicht gedrängten flachen Granulationen bedeckt. Am grössten
sind sie auf der gastrischen und dem inneren Theile der Meso-
branchialregion, wo sie auch am dichtesten gedrängt sind. Auf
allen übrigen Regionen stehen sie etwas weiter aus einander und
sind kleiner; namentlich an den Rändern erreichen sie kaum die
Hälfte der Grösse der medianen.

Betrachtet man den Cephalothorax von vorn, so fallen vor
Allem die mächtig grossen und tiefen Augenhöhlen auf, deren
durchschnittliche Länge etwa $1/4$ der grössten Cephalothoraxbreite
gleichkommt. Wie bereits erwähnt, werden sie innen von dem
kleinen Stirnzahne, aussen von dem ersten Anterolateraldorn begrenzt. Der Infraorbitalrand ist leicht nach unten gekrümmt, läuft
von dem letzteren nach vorn und endigt schliesslich in einem
grossen, breiten, von oben nach unten comprimirten Zahne, der
weit nach vorn springt; neben diesem, nur durch einen schmalen
tiefen Einschnitt getrennt, gleichsam noch dazu gehörig, steht ein
kleineres Zähnchen, das die innere Grenze des Infraorbitalrandes
bildet; auch dieser ist, wie der Supraorbitalrand, mit einem Körn-
chensaume besetzt.

Eine Zweitheilung der Augenhöhle ist nicht scharf ausgesprochen; es verlängert sich wohl der innere Supraorbitalschlitz,
sowie derjenige neben dem Infraorbitalzahn in Form kleiner
Furchen, die als Grenze der inneren, dem Augenstiele zur Anheftung dienenden Partie gegen den grösseren äusseren zu seiner
Aufnahme bestimmten Theil angesehen werden können.

Die Augen sind eigenartig gestaltet; der Stiel ist sehr gross,
von plump-keulenförmiger Gestalt und reicht beinahe bis zum
äusseren Orbitaldorn. Auf seiner Vorderseite ist er etwa vom
ersten Drittel an schräg nach aussen abgestutzt, so dass, wenn
die so entstehende elliptische Oeffnung zur Aufnahme des Auges
bestimmt war, dasselbe auch eine beträchtliche Länge zeigte. Eine
breite schwache Furche läuft auf der Oberseite des Augenstieles
bis ganz in die Nähe des Randes. An der Basis war der Stiel ring-

förmig gewulstet und mit einigen kleineren Granulationen besetzt,
während er im Uebrigen vollkommen glatt ist.

Die Flanken bilden im vorderen Theil des Cephalothorax einen
sehr spitzen Winkel mit dessen Oberseite, vom letzten Antero-
lateralzahne an beinahe einen rechten.

Die Pterygostomialfurche ist ungemein deutlich, aber bei den
meisten Exemplaren ist die Schale nach dieser Richtung verschoben. Sie beginnt am inneren kleinen Infraorbitalzähnchen,
läuft in doppelt-S-förmig gekrümmten Linien auf dem vorderen
Theile der Flanken in der Mitte bis in die Gegend des letzten
Anterolateralrandes, von wo ab sie dem Oberrande näher liegt,
und verschwindet etwa zwischen dem dritten und vierten Bein-
paare.

Die Flanken sind mit ungemein feinen und zarten, nur hinten
und unterhalb der Augenhöhle etwas gröberen, zerstreuten Körnchen bedeckt, so dass sie dem unbewaffneten Auge glatt erscheinen.
Der Unterrand ist seiner ganzen Länge nach von einer Körnchen-
reihe eingefasst, von welcher sich zwischen dem zweiten und dritten
Fusspaar eine zweite abzweigt, die nach oben läuft und am Hinterrande auf die Oberseite tritt, welchen sie, wie bereits oben erwähnt, einsäumt.

Die Mundlücke war gross, von viereckiger Gestalt; doch ist
leider von den Kieferfüssen stets nur das äussere Paar erhalten,
und zwar gewöhnlich verschoben und weit klaffend. Das Haupt-
glied besitzt eine rechteckige, hinten etwas verschmälerte Form;
dem inneren Rande näherliegend läuft auf ihm eine schmale tiefe
Längsfurche in schräger Richtung von aussen nach innen. Nach
vorn folgt ein beinahe quadratisches Glied, dessen vordere innere
Ecke schräg bogenförmig abgestutzt ist; eine seichte Furche beginnt an der unteren äusseren Ecke und läuft schräg nach vorn
und innen, bis nahe zum Vorderrande. Die Palpe war lang und
schmal, vollkommen glatt oder nur mit wenigen eingestochenen
Punkten bedeckt, während sich auf den inneren Gliedern noch
eine dichte feine Granulation zeigt.

Vom Epistom und den Antennen konnte leider bei keinem
Exemplare etwas beobachtet werden, dagegen gelang es, vom

Endostom, wenn auch nur den Abdruck der Innenseite zu beobachten. Darnach besitzt es dieselbe Gestalt, wie sie von v. FRITSCH bei *Coeloma taunicum* beschrieben wurde, doch weichen die Details etwas ab. Es ist eine flache Platte mit geradlinigem Vorderrand, nach hinten in zwei lange spitze Zipfel ausgezogen. Zwei schräge kurze Querwülste convergiren in der Mitte, wo sie mit dem Innenrandsaum verschmelzen, und senden vom Vereinigungspunkt eine schmale mediane Leiste nach vorn; vor ihnen und parallel gerichtet liegen zwei nach innen an Tiefe zunehmende Furchen. Der Innenrand ist seiner ganzen Länge nach von einem etwa halbkreisförmig gebogenen Wulste umsäumt, der auf den Zipfeln von Furchen begleitet wird: ein schwächerer Saum hat wohl auch den Aussenrand der Zipfel eingefasst.

Das Sternalplastron ist ungemein gross, von breit elliptischer Form, jedoch um Beträchtliches länger als breit. Die vorderste Spitze ist klein, dreieckig und stets nach oben gebogen: ausser einigen eingestochenen Punkten ist sie im Gegensatz zu den folgenden Gliedern, die völlig glatt sind, mit Körnchen bedeckt. Das folgende Glied ist weit grösser als alle übrigen: die Spitze mit eingerechnet beträgt es etwa die Hälfte der Gesammtlänge des Plastrons; die Furchen im vorderen Theile, welche dem vorderen Ende der Gehfüsse entsprechen, sind mehr oder minder deutlich, reichen aber nicht ganz bis zur Mitte. Hierauf folgen zwei schmale Glieder, welche sich zwischen dem vorhergehenden und folgenden auskeilen, so dass sie nicht in der Mitte zusammenstossen, wohl aber eine schmale tiefe Spalte hinterlassen. Die weiteren vier Glieder bieten nichts Bemerkenswerthes, nur dass sie im Gegensatz zu den vorhergehenden, die senkrecht zur Medianaxe laufen, schräg dagegen gerichtet sind.

Zuweilen sind auch die kleinen Episternien erhalten, die rückwärts in schmale Spitzen ausgezogen sind, welche wenigstens an den vorderen Gliedern bis beinahe zur Naht des folgenden reichen.

Das Abdomen zählt mindestens sieben Glieder, die aber bei keinem Exemplar vollzählig erhalten sind; dasjenige des Männchens

zeigt eine spitz-dreieckige, dasjenige des Weibchens eine breit-
ovale Form. Wahrscheinlich besass das Abdomen einen Längs-
kiel, der aber so schwach ausgebildet ist, dass man kaum eine
Andeutung davon zu erkennen vermag. Bei beiden Geschlechtern
sind die beiden ersten Glieder am schmalsten und entsprechen
in ihrer Breite etwa dem mittleren Theil des Hinterrandes; das
dritte Glied füllt die Breite zwischen dem vierten Fusspaare
vollkommen aus; und während nun beim Männchen die vier
folgenden Glieder sich rasch verschmälern, behalten sie beim
Weibchen ziemlich die gleiche Breite bis zum letzten, welches sich
zuspitzt, bei. Die beiden letzten Glieder sind bei beiden Geschlechtern in der Längsrichtung am ausgedehntesten, während
alle anderen beträchtlich kürzer sind.

Die Gehfüsse sind gross und kräftig, namentlich ist das erste
Paar mit zuweilen mächtigen Scheeren ausgestattet. Bei diesem
liegen die drei ersten kleinen Glieder stets auf der Unterseite,
sind aber niemals gut erhalten; das erste endigt an seiner unteren
Hinterecke in einen kleinen spitzen Dorn, der in einen besonderen
Ausschnitt des zweiten Gliedes des Sternalplastrons eingreift.

Der Oberarm (Taf. VI, Fig. 3, 3b, 4 u. 4a) besitzt dreiseitig-
prismatische Gestalt und erreicht mit seinem oberen Ende gerade
den Anterolateralrand; die beiden Aussenflächen sind flach gewölbt,
die Innenfläche ist concav und wahrscheinlich nur mit einer häutigen,
nicht verkalkten Membran überzogen gewesen, da sich auf ihr nie
eine Spur von Schale fand. An der oberen und äusseren Vorderecke stehen zwei Dornen (a und a_1), ein breiter flacher (a) am Rande,
und durch eine tiefe breite Furche, die sich allmählich verflachend
bis zur unteren Ecke hinzieht, geschieden von einem spitzen,
etwas nach hinten gelegenen Dorn (a_1). Bei der normalen Lage der
Scheeren sieht man ihn von oben dicht neben dem letzten Antero-
lateralzahne, aber etwas nach vorn gerückt. Die innere Vorderecke
trägt ebenfalls einen flachen breiten Dorn (b) (Fig. 4a), der sich aber
so dicht an den der äusseren Ecke anschmiegt, dass beide zu einem
einzigen breiten, aber dünnen Zahne zu verschmelzen scheinen,
der durch einen scharfen Einschnitt zweitheilig ist. Von oben

gesehen liegt er bei der normalen Stellung der Scheeren neben dem vorletzten Anterolateraldorn. Die untere und äussere Vorderecke trägt einen grossen, stumpfkegelförmigen Dorn (c), der nach hinten durch eine schmale tiefe Furche abgeschnürt ist.

Die Oberfläche des Vorderarms war, mit Ausnahme der Innenseite, gleichmässig mit feinen runden, nicht sehr dicht stehenden Granulationen bedeckt. Der Vorderarm besitzt, von oben gesehen, einen subquadratischen Umriss, seine innere Vorderecke ist in einen langen spitzigen Dorn (d) ausgezogen, die äussere trägt nur ein kleines kugeliges Tuberkelchen, das in ein Grübchen hinter dem proximalen Höcker des Oberrandes der Hand eingreift; die beiden Hinterecken sind einfach und glatt abgerundet. Dagegen steht wieder ein kleines kugeliges Knötchen (f') (Fig. 3) an der unteren Hinterecke. Wie das vorhergehende Glied ist auch der Vorderarm granulirt: doch ist auf der Oberseite die Granulation etwas gröber.

Die Scheeren sind massig und plump, stets von verschiedener Grösse, und zwar ist immer die linke etwas kleiner als die rechte. Ihr Umriss ist lang-dreiseitig, mit einem kleinen kugeligen Höckerchen am proximalen Ende des Oberrandes, der mit dem äusseren vorderen des Vorderarmes zusammentrifft. Der Unterrand trägt ebenfalls am proximalen Ende einen kleinen runden Höcker (g), der mit dem proximalen äusseren (f') des Vorderarmes und (beim Zusammenziehen) dem distalen unteren (c) des Oberarmes zusammenstösst. Die Aussenseite ist flach gewölbt, am Unterrande läuft eine breite, sehr seichte, meistens kaum wahrnehmbare Furche fast bis zur Mitte des unbeweglichen Fingers.

Die Innenseite ist aufgetrieben, gewölbt und am Oberrande mit einer langen schmalen Furche zur Aufnahme des Vorderarmdornes versehen.

Die Finger sind breit, kurz und tragen runde Kerbzähne, die nach vorn an Grösse abnehmen. Der bewegliche Finger ist etwas breiter und gewölbter als der unbewegliche, dabei leicht bogenförmig. während letzterer fast gerade ist. Dem unbewaffneten Auge erscheint die Oberfläche der Hand vollkommen glatt, durch die Lupe sieht man jedoch, dass sie mit zahlreichen, sehr feinen kleinen Granulationen bedeckt war.

Es ist charakteristisch für unsere Art, dass fast alle Exemplare, mit Ausnahme der sehr stark zerbrochenen, das vorderste
Fusspaar erhalten haben, und zwar fast stets in gleicher Lage:
Ober- und Vorderarm hart an den Cephalothorax angeschmiegt,
die Scheeren nach unten und innen gebogen, so dass die Mund-
partie völlig verdeckt ist, wobei dann die rechte Scheere etwas
über die linke greift. Unter den zahlreichen Exemplaren, die ich
untersucht, fand ich auch nicht eines, das eine andere als die vorbeschriebene Lage zeigte, wo etwa die Scheerenfüsse nach aussen
gebogen wären und dem Körper nicht fest anlägen.

Die folgenden vier Gehfüsse sind bei keinem der vielen Exemplare gut erhalten; gewöhnlich sind nur die Schenkel einigermaassen
gut zu beobachten; dieselben sind ziemlich lang, sehr breit und
stark von vorn nach hinten comprimirt, wobei das letzte Paar am
flachesten ist. Der gerundete schmale Oberrand trägt zahlreiche
kleine und stumpfe Dörnchen, der etwas breitere Unterrand nur
vereinzelte feine Granulationen

Vorkommen: Ausserordentlich häufig in den Thonknollen
der Zone A_1.

Bemerkungen: Herr Schlüter hat als Unterschiede seines
Coeloma balticum von *Coeloma vigil* die folgenden Kennzeichen angegeben:

1) Bei *Coeloma balticum* ist die die Stirn halbirende Furche
weniger entwickelt;

2) statt des längs-ovalen kleineren Hügels hinter dem ersten
Seitenzahn in der Lebergegend bei *Coeloma vigil* ist bei *Coeloma
balticum* ein grosser quer-ovaler Hügel vorhanden, der sich von
der Extramedialregion bis an den zweiten Seitenzahn erstreckt,
und es liegt ausserdem noch ein kleiner Buckel vor dem dritten
Seitenzahn;

3) es sind die die Inframedialregion begrenzenden Seiten-
furchen sehr schwach entwickelt, so dass sie als verwischt bezeichnet werden müssen;

4) der Saum des Hinterrandes ist glatt (bei *C. vigil* granulirt);

5) bei *Coeloma balticum* fehlt eine Furche auf der Oberseite
der Hand (bei *C. vigil* eine solche vorhanden);

6) der Schenkel der Gehfüsse ist auf der Oberkante mit unregelmässigen, äusserst kleinen Körnchen bedeckt (bei *C. rigil*
statt dieser eine Reihe langer, dünner Stacheln).

Nachdem ich nun, gestützt auf ein sehr reiches Material,
Schlüter's Beschreibung bedeutend ergänzen und erweitern konnte,
ergab es sich, dass die sub 1) 3) 4) 5) genannten Unterschiede
nicht mehr aufrecht zu erhalten waren; in Bezug auf das sub 2)
genannte Merkmal wichen meine Exemplare beträchtlich von
Schlüter's Abbildung ab und zeigten eine grössere Aehnlichkeit
mit *C. rigil*; es blieb also nur noch als einziges festzuhaltendes
Merkmal der differirende Charakter des Oberschen-
kels beider Arten.

Ich war also wieder auf einem Punkte angelangt, wo Abbildungen, ja selbst die ausführlichste Beschreibung nicht hinreichend
sind, um entscheiden zu können, ob die beiden Formen verschieden
sind oder nicht. Es konnte also nur eine Vergleichung der Originale den Ausschlag geben, denn hierbei konnte man erst auf die
mehr oder minder grossen Eigenthümlichkeiten einer jeden Form
aufmerksam werden, die bei der ursprünglich selbstständigen Beschreibung einer jeden Art anzugeben unmöglich gewesen wäre,
da man eben nicht wusste, worauf es hierbei ankommt.

Ich habe daher auch hier wieder die Güte des Herrn Bittner
in Anspruch genommen, der mit grösster Liebenswürdigkeit eine
Vergleichung der samländischen Formen mit der vicentinischen
vornahm und mir seine ausführliche Untersuchung bereitwilligst
zur Disposition stellte. Ich kann nichts Besseres thun, als die
Ansichten dieses gewiegten Kenners über die Verschiedenheit der
beiden Arten, *Coeloma rigil* und *Coeloma balticum*, hier mitzutheilen.
Herr Bittner schreibt: »Die Stirn ist bei *Coeloma rigil* viel
schmaler als bei *Coeloma balticum*, bei dem von mir tab. V,
fig. 4 a[1]) abgebildeten weiblichen Exemplar nur 10 oder 11ᵐᵐ auf
49ᵐᵐ Gesammtbreite und 41ᵐᵐ Länge; bei dem besterhaltenen
Exemplar der samländischen Art von 54ᵐᵐ Körperbreite misst die
Stirn an derselben Stelle (Umbiegung des Stirnrandes in den

---

[1]) Brachyuren des vicentinischen Tertiärgebirges.

geraden Augenhöhlenrand) 16^{mm} Breite, also ein ganz gewaltiger
Unterschied, welche weitaus grössere Stirnbreite für *C. balticum* ganz constant ist und zu den am meisten in die
Augen fallenden Merkmalen gehört.
Bei demselben Exemplar von *C. vigil* beträgt die Stirnbreite
am vorderen Rande 9$^{1}\!/_{2}$^{mm}, bei *C. balticum* 11^{mm}. Bei meinem
C. vigil von Castelgomberto, das 61^{mm} breit ist (gegen 54^{mm} des
oben erwähnten *C. balticum*), beträgt die Stirnbreite am Vorderrande erst kaum mehr als 11^{mm}, an der Basis 16^{mm}.

Ein weiterer Unterschied, der sich innig an diese Verschiedenheit der Stirn anschliesst, ist der des oberen Augenhöhlenrandes.
Der innere Theil zwischen der Stirn und der inneren
Scissur ist bei *C. vigil* sehr lang, bei *C. balticum* unverhältnissmässig kurz. Des besseren Vergleiches wegen folgt
hier die etwas schematische, aber genaue Darstellung des Stirn-,
Orbital- und Anterolateralrandes beider Arten.

Auf die 11^{mm} Stirnbreite folgt bei dem oben erwähnten Stück
von *C. vigil* eine Distanz von 5^{mm} bis zum ersten, von da 7^{mm} bis
zum zweiten Einschnitt des Supraorbitalrandes, sodann eine Lücke
(der Einschnitt selbst) von über 2^{mm} bis zum ersten Rande des
ersten Seitenrandzahnes in gleicher Linie fortgemessen.

Bei Ihrem oben erwähnten Exemplar des *C. balticum* folgt
auf die Stirn von 16^{mm} Breite eine Distanz von nur 3^{mm} bis zur
ersten Scissur, sodann 7^{mm} (mehr also wie bei *C. vigil*) zwischen
erster und zweiter Scissur, sodann gar keine Lücke, sondern
knapp anliegend der erste Seitenrandzahn. Die Unterschiede in
der oberen Augenhöhlenrandbildung sind also ganz prägnante,
doch wird ein wenig vermittelt durch das Exemplar von Castelgomberto, welches eine etwas breitere Stirn besitzt als die Stücke
von Val Laverdà, sich aber noch unvergleichlich enger an diese
Stücke anschliesst als an die baltischen; fig. 4a meiner Abbildungen zeigt diese Verhältnisse ganz vorzüglich. Noch ist
zu bemerken, dass bei *Coeloma vigil* der zwischen beiden
Scissuren gelegene Rand gegen die Lücke hin zahnartig vorgezogen, bei *Coeloma balticum* gerade an dieser Stelle abge-
stumpft ist.

Die Seitenrandzähne stehen bei *C. vigil* dicht gedrängt,
weil ihre Basis verhältnissmässig sehr breit ist, und die
zweite breite Orbitalscissur trägt zu dem Eindrucke bei, den man
bei flüchtiger Ansicht hat, dass die Art fünf Seitenrandzähne besitze. Bei *Coeloma balticum* sind die Zähne, besonders an der
Spitze, viel dünner, und die Zwischenräume in Folge dessen breit
ausgerundet. Von einem welligen Ausgeschnittensein des Vorderseitenrandes durch dessen Bezahnung kann bei *C. vigil* nicht ge-
redet werden, die Zähne sitzen hier dicht auf einander (fig. 4 a
zeigt das sehr gut), die Zähne sind an der Basis glatt, erst an
der Spitze drehrund (der letzte ist jedoch schon an der Basis
drehrund), im übrigen sind sie granulirt wie die übrige Schale.

Die Breite resp. Länge einer Augenhöhle ist bei *C. balticum*
geringer als die Stirnbreite, bei *C. vigil* umgekehrt weit
beträchtlicher als diese, ca. ¹⁄₃ der grössten Körperbreite,
wie sich schon aus der Summirung der oben mitgetheilten Maasse
ergiebt.

Der Hinterseitenrand ist bei *C. vigil* ein ganz klein wenig
bauchig vorgewölbt: was ich von dem feinen, erhabenen, sehr zart
granulirten Saume sagte (l. c. pag. 38), der ausser dem Hinterseitenrand auch noch den Hinterrand umgiebt, so musste in Ihrem
Sinne (cf. oben in der Beschreibung pag. 150) statt »Hinterseitenrand« eigentlich »Unterrand« stehen: es ist das wieder eine
Uebereinstimmung zwischen beiden Arten.

Der Hinterrand scheint in seiner Configuration ebenfalls recht
gut zu stimmen, denn wenn Sie sagen, er sei in der Mitte ausgeschnitten (cf. oben), so beziehen Sie sich auf die ganze Dicke
des Cephalothorax: wenn es bei mir heisst (l. c. pag. 38), er
sei völlig gerade, so gilt dies von seinem feinen Saume. In Wirk-
lichkeit dürfte da kein Unterschied bestehen.

In der Oberflächenlobulation finde ich, mit Ausnahme des
schon von SCHLÜTER hervorgehobenen Unterschiedes, in der Hepa-
ticalgegend keinen Unterschied, auch die Metabranchialcon-
figuration ist dieselbe, wenn auch bei *C. vigil* vielleicht etwas
schwächer entwickelt. Auf der Hepaticalregion aber tritt der äussere
Höcker, der hinter dem ersten Zahne liegt, also dem zweiten ent-

spricht, sehr scharf umschrieben hervor, wie das meine Figuren
ausgezeichnet zeigen; die Furche, welche diesen Höcker vom dritten
Zahne trennt, ist ungewöhnlich breit, flach und glatt, der von dem
Höcker zum zweiten Zahne hinüberführende Rücken aber sehr
schmal und beinahe unterbrochen, während er bei *C. balticum*
sehr breit und fast so hoch als der Höcker selbst ist.
Sonst sind die Loben exact identisch, ebenso wie die
Granulation der Schale.

Der Flankenwinkel (gegen die Oberseite) ist bei beiden Arten
übereinstimmend, eine Verschiebung nach der Pterygostomialfurche
scheint auch bei *C. rigil* Regel zu sein. Körnelung der Flanken dieselbe wie bei *C. balticum*. - Die Kieferfüsse zeigen dagegen wieder
Unterschiede. Die Furche auf dem Hauptgliede der äusseren
Kieferfüsse liegt bei *C. balticum* verhältnissmässig weiter nach innen
als bei *C. rigil*, so dass die durch dieselbe getrennten beiden Längs-
abschnitte bei *C. rigil* eine viel ungleichere Breite besitzen als bei
C. balticum. Eingestochene Punkte oder Grübchen bei beiden Arten
gleich; auch von den feinen Granulationen der inneren Glieder
sind noch Spuren bei den vicentinischen Exemplaren zu bemerken.

Das Sternalplastron stimmt gut überein, auch die schmalen
auskeilenden Platten sind wie bei *C. balticum* vorhanden.

Bezüglich des Abdomens ist Neues nicht beobachtet.

Der Oberarm ist, soweit erkennbar, völlig gleichgebildet. Der
Vorderarm ist bei *C. balticum*, besonders rückwärts, etwas breiter
als bei *C. rigil*, der Dorn der inneren Vorderecke bei dieser Art
äusserst gross, lang und spitz (vergl. l. c. tab. 7, Fig. 4a links);
an der äusseren Hinterecke (vergl. Fig. 5) ebenfalls ein scharfer,
rückwärts gerichteter Dorn, der auf Fig. 4a deutlich hervortritt.
Nach vorn ist der Aussenrand gekörnelt-gesägt. Das ist also
wieder ein sehr scharfer Unterschied beider Arten. Schematisirt
würde sich also der Umriss des Vorderarmes beider Arten wie
unten Texttafel Fig. 4 und 5 darstellen.

Die Bildung der Scheeren ist im Wesentlichen bei beiden
gleich, auch die Backen und mahlzahnartigen, zuweilen ausgehöhlten

Zähne der Finger stimmen überein. Der Unterschied in der Be-
wehrung der Gehfüsse ist bekannt.«

Fassen wir die obige Auseinandersetzung noch einmal kurz
zusammen, so sind *C. balticum* und *C. vigil* zwei so ausserordentlich nahe stehende Arten, dass es der subtilsten Untersuchung
bedarf, um die Merkmale, welche beide Formen unterscheiden,
aufzufinden. Diese Merkmale: (vergl. die Skizzen 2 und 3 der
Texttafel) die relativ schmale Stirn des Cephalothorax, der breitere
Supraorbitalrand und demgemäss eine längere Augenhöhle mit
breiterer äusserer Scissur, die dicht gedrängten Dornen des Anterolateralrandes, das Vorhandensein eines hinteren, äusseren Dornes
am Vorderarm, und die Anwesenheit längerer Stacheln auf der
Oberkante der Schienen charakterisiren *Coeloma vigil*, das Gegentheil der sämmtlichen Kennzeichen, also breite Stirn, schmälerer
Supraorbitalrand etc. *C. balticum*.

Dromilites Succini sp. n.

Taf. VI, Fig. 6 — 8.

Der flachgewölbte Cephalothorax ist nicht ganz doppelt so
lang als seine grösste Breite beträgt; da die Seitenränder fast vollkommen geradlinig laufen, die Verschmälerung des Cephalothorax
auch vorn wie hinten nur sehr geringfügig ist, so zeigt er einen
längs-ovalen, beinahe rectangulären Umriss. Die Stirn ist, wenigstens an ihrer Basis, ziemlich breit, leicht nach abwärts gekrümmt
und wird durch eine leicht angedeutete Medianfurche halbirt: über
ihr vorderes Ende vermag ich nichts zu sagen, da dies bei keinem
Exemplare erhalten ist.

Der innere Theil des Supraorbitalrandes ist leicht gewulstet,
der äussere glatt: der innere Orbitalwinkel wird durch einen breiten,
aber kurzen, stumpfen Lappen gebildet.

Vorder- und Hinterseitenrand bilden eine gerade, nur an den
Enden leicht nach innen gekrümmte Linie, welche mit kleinen
spitzen Höckerchen besetzt ist. Am vorderen Theil vor der hinteren Querfurche stehen deren drei, die jedoch beträchtlich grösser
sind als die vier, welche sich hinter derselben finden. Der schein-

bar vollkommen gerade Hinterrand wird von einem scharfen, etwas
erhabenen Saume eingefasst.

Die Lobulirung der Oberseite ist sehr wenig ausgeprägt. Die
Nackenfurche, welche nur in der Mitte schärfer markirt ist, ist
auf den seitlichen Theilen vollständig verwischt. Sie begrenzt die
verschmolzenen Gastralregionen (mit Ausnahme des urogastrischen
Lobus) und die Hepaticalregionen rückwärts. Zwei kurze, kaum
merkbare Einsenkungen, die Fortsetzung der Gastrocardiacalfurche, kann man als die seitlichen Grenzen des metagastrischen
Lobus ansehen. Auf diesem stehen zwei niedrige runde Höckerchen ziemlich dicht neben einander, während zwei Gruppen einiger
weniger, aber dicht gedrängter kleinerer Höcker, die etwas nach
vorn und seitwärts von den letztgenannten stehen, den mesogastrischen Loben angehören. Dicht hinter der Stirn, zu beiden Seiten
der schwachen Längsfurche, erheben sich wiederum zwei etwas
grössere Höckerchen. Der ziemlich grosse urogastrische Lobus
wird seitlich von den kurzen, aber tiefen Ueberresten der Gastrocardiacalfurchen begrenzt, rückwärts scheidet ihn eine seichte
breite Depression von der Cardiacalregion; er trägt, wie aber nur
auf Steinkernen gut sichtbar ist, gleichwie die Cardiacalregion, zwei
neben einander stehende, flache, runde Höcker.

Die hintere Querfurche, welche nur auf den Seitentheilen des
Cephalothorax deutlich ausgesprochen, in der Mitte jedoch verwischt ist, trennt Antero- und Posterobranchialregion. Auf ersterer
steht neben der Gastrocardiacalfurche ein unregelmässiger Höcker
von beträchtlicher Grösse. Auf der Posterobranchialregion bemerkt
man drei parallele Reihen kleiner runder Höckerchen, welche,
schräg nach hinten gerichtet, vom Aussenrande bis beinahe zur
Mitte laufen. Die ganze Oberfläche ist mit kleinen, etwas unregelmässigen, dicht gedrängten Grübchen bedeckt.

Vorkommen: Selten in der Zone A_1.

Bemerkungen: Jedenfalls ist für diese Form die Bezeichnung *Dromilites* vorzuziehen, da sie sich doch eng an die von
BELL beschriebenen Arten des Londonthones — *Dromilites Bucklandi* und *Dromilites Lamarcki* — anschliesst, obgleich sie nicht

mit diesen zu verwechseln ist. Man erkennt die samländische Art leicht an der Verschiedenheit des Umrisses, der geringeren Grösse der Seitenranddornen und der abweichenden Sculptur der Oberfläche. Mit *Dromia Hilarionis* BITTNER (Neue Beiträge etc. pag. 10) hat unsere Form nichts gemein.

Anomura.

Pagurus Damesii sp. n.

Taf. VI, Fig. 9—9 c.

Diese interessante Species ist leider nur in einem einzigen Exemplare erhalten, und auch dieses nur in sehr fragmentarischem Zustande. Das Fossil stellt sich so dar, dass am Ende eines etwas verdrückten Steinkernes einer Gastropodenschale drei gekrümmte lange Füsse gleichsam aus dem Gestein herauszuwachsen scheinen. Man wird also nicht fehl gehen, wenn man annimmt, dass diese Füsse einem Kruster angehörten, der mit seinem weichen Hinterleibe in einem Gastropodengehäuse steckte. Der Verwesung und Zerstörung entgingen nur die härteren Theile, bei diesem Exemplar die drei ersten Beine. Vom Cephalothorax und den übrigen Füssen habe ich nichts beobachten können, und es stände noch zu erwägen, ob dieselben unter den drei ersteren verborgen liegen oder ob dieselben überhaupt nicht mit einem harten Panzer umgeben und demnach nicht erhaltungsfähig waren.

Vom ersten Fusspaar ist nur ein Theil der Hand des rechten Fusses erhalten[1]). Die Oberfläche desselben ist höckerig, in Folge zahlreicher, regellos darüber zerstreuter, spitziger oder gerundeter Dörnchen.

Die beiden folgenden Fusspaare liegen so, dass sie das erste und den etwa vorhandenen Cephalothorax von oben verhüllen. Von beiden sind je drei Glieder vorhanden: das erste Glied ist kurz, ca. 12ᵐᵐ lang, aber nahe die Hälfte so breit wie lang, nämlich 6ᵐᵐ, und besitzt eine rechteckige Gestalt. Auf der Aussen-

---

[1]) In Fig. 9a nicht ausgedrückt.

seite läuft in der Mitte eine gebogene Längsfurche; die Oberfläche
ist ebenfalls höckerig, die untere Kante aber mit einer Längsreihe
spitzer Dörnchen bewehrt.

Das folgende Glied war etwa noch einhalbmal so lang, ca.
16^{mm}, aber weit schlanker und leicht in der Spiralrichtung des
Gehäuses gebogen. Eine stumpfe Kante scheidet bei ihm eine
schräg nach innen abfallende, fast glatte Oberseite von einer tuberkulirten Aussenseite. Die Höckerchen sind noch kleiner und
spärlicher als auf vorigem, und nur die Unterkante der Aussenseite ist mit einer, vielleicht auch zwei, Dornenreihen besetzt.

Das dritte und letzte Glied ist mindestens zweimal so lang
wie das vorhergehende, aber noch viel schlanker, sehr stark gebogen und endigt vollkommen spitz. Der Querschnitt ist fünfseitig, und es sind die beiden äusseren (vielleicht auch die inneren)
Kanten mit einer Längsreihe von kleinen, aber dicken, cylindrischen
Knötchen besetzt, die in der Mitte ihrer schwach gewölbten Oberfläche ein kleines Grübchen (zur Einlenkung einer Borste?) tragen
(Fig. 9c, vergrössert); im Uebrigen ist das Endglied glatt.

Vorkommen: Sehr selten in der Zone A$_1$.

Bemerkungen: Die generische Stellung dieser Art des
ersten deutschen Vertreters der Gruppe der Paguriden kann noch
nicht vollkommen als gesichert gelten. Man dürfte eigentlich nicht
ohne weiteres einen Krebs, von dem nur die ersten drei Fusspaare
bekannt sind, von dem man jedoch weiss, dass der Hinterleib
weich war und in einer Gastropodenschale steckte, nur aus letzteren Gründen, dem Genus *Pagurus* zuzählen. Ebenso gut könnte
man ihn *Coenobita* oder *Bernhardus* nennen, da diese beiden
in der Sculptur der Beine sich in Nichts von *Pagurus* unterscheiden, mithin hiernach eine Trennung fossiler, generisch verschiedener Formen nicht möglich ist. So lange eben nicht die
inneren Antennen bei fossilen Exemplaren gefunden werden, so
lange man nicht in der Lage ist, etwaige weiche Anhänge des
Abdomen nachweisen zu können, so lange wird man sich dahin
bescheiden müssen, die generische Bezeichnung *Pagurus* für fossile
verwandte Formen nur als Aushülfe anzusehen, welche möglicherweise ganz Verschiedenes in sich vereinigt.

So weit mir bekannt, sind bisher nur zwei fossile Vertreter dieser Crustaceengruppe beschrieben oder wenigstens genannt worden.

Der eine, *Pagurus? Desmarestianus* SERRES, wird von REUSS[1]) aus Süd-Frankreich citirt, mit dem ausdrücklichen Hinzufügen, dass von dieser Art nur der Name bekannt ist, dass es jedoch an einer Beschreibung mit Abbildung fehle.

Der zweite, *Pagurus priscus*, wird von BROCCHI[2]) aus dem Mittel-Miocän von Pest beschrieben. Die betreffende Art wird auf einige Scheerenfragmente gegründet, und für sie gilt in noch höherem Maasse das oben für unsere samländische Art Gesagte. Diese aber ist trotz ihrer mangelhaften Erhaltung dennoch zur Zeit als der bestbekannte fossile Vertreter der Paguriden anzusehen, und zwar gewinnt sie ein um so höheres Interesse, als sie die älteste Form dieser Crustaceengruppe repräsentirt.

Macrura.

Hoploparia Klebsii sp. n.

Taf. VII, Fig. 1—4a: Taf. VIII: Taf. IX, Fig. 1—1a.

Dieser Krebs erreicht durchschnittlich eine beträchtliche Grösse. Exemplare, die mit ausgestrecktem Abdomen 40—50^{cm} Länge messen, sind die gewöhnlichen: daneben finden sich auch einzelne Scheeren, die auf noch grössere Länge hindeuten. Im Allgemeinen sind die Exemplare schlecht erhalten, stets mehr oder minder verdrückt, was bei ihrer Körpergrösse und einer relativ dünnen Schale nicht auffällig ist. Am häufigsten sind einzelne, aber auch stets stark verdrückte Scheeren; dass Cephalothorax und Abdomen eines Individuums zusammen vorkommen, ist weit seltener.

Der Cephalothorax besitzt den allgemeinen Habitus der Astacinen, bei einem der Exemplare misst er, das Rostrum nicht

---

[1]) Denkschr. d. Wiener Akadem. d. Wiss. Math.-naturw. Cl. 1859. Bd. XVII. pag. 82.

[2]) Annales des Sciences géologiques 1883. Bd. XIV. Art. 2 pag. 7, tab. 5, fig 9.

eingerechnet, 150ᵐᵐ, bei einem anderen 200ᵐᵐ. Etwa in der Mitte seiner Länge läuft eine, im Anfang tiefe und breite, später etwas seichter werdende Nackenfurche in etwas nach vorn gewendeter Richtung dem Unterrande zu, ohne jedoch diesen selbst zu erreichen; etwa im letzten Drittel ihrer Länge zweigt sich nach vorn ein kleiner, gleichfalls nach innen gerichteter Ast ab, der etwa in gleicher Höhe über dem Unterrande wie der Hauptzweig verschwindet.

In gleicher Höhe, wo sich der Seitenast von der Nackenfurche abzweigt, beginnt im vorderen Theile des Cephalothorax eine zweite, tiefe und breite Furche, die sich an ihrem unteren Ende in einen nach vorn und einen rückwärts gerichteten Ast gabelt. M'Coy hat sie nach ihrer Gestalt sehr treffend als » Z like cheek furrow« bezeichnet: der vordere Ast gabelt sich kurz vor seinem Ende noch einmal.

Zwischen den beiden Aesten der Hepaticalfurche, wie BELL dieselbe nennt, und zwischen ihrem hinteren Aste einerseits und der Cervicalfurche andererseits erhebt sich die Schale zu zwei gerundeten flachen Hügeln, deren hinterster der grössere ist.

Der Hinterrand des Cephalothorax ist in der Mitte ziemlich stark ausgeschnitten und wird in einiger Entfernung von einer Furche begleitet, die auf dem Rücken nur schmal und flach ist, auf den Flanken jedoch an Breite und Tiefe zunimmt und fast bis zum Unterrande reicht.

Das Rostrum ist ziemlich lang, sehr schmal und trägt an seiner Aussenseite zwei kurze spitze Dornen: eine tiefe Längsfurche, die sich rückwärts bis zur Nackenfurche fortsetzt, halbirt dasselbe. Seitlich der Furche erheben sich auf dem Rostrum zwei starke gerundete Längskiele, die sich etwas auf den eigentlichen Cephalothorax fortsetzen, hier aber bald schwächer werden. In der Verlängerung beider Kiele und gleichsam als Fortsetzung derselben laufen auf dem Rücken des Cephalothorax zwei Reihen länglicher, spitzer Dornen bis zur Nackenfurche, wo sie zusammentreffen.

Jenseits der letzteren findet sich nur eine mediane Reihe meist kleinerer, dichter gedrängter Dörnchen, die bis zum Hinterrande reicht. Sie beginnt mit zwei grösseren, in einer Querlinie stehenden Höckerchen, neben welchen, ziemlich hart an der Nackenfurche, noch ein gleiches steht. Die Augenhöhlen sind gross, von einem gewulsteten Rande umgeben. Die Postorbitalleiste ist in Gestalt eines hohen, aber rasch niedriger werdenden Kammes entwickelt, der vorn in ein kurzes Dörnchen ausläuft: daneben, aber etwas weiter nach unten und hinten, stehen zwei hakenförmig nach vorn gebogene Dörnchen.

Der ganze Cephalothorax, mit Ausnahme des unteren Theiles der Flanken, ist vollkommen glatt: an dem unteren Rande der Flanken stehen jedoch zahlreiche, aber vereinzelte kleine Granulationen, die in ziemlich breitem Bande bis zum Hinterrande zu verfolgen sind, wo sie sich etwas nach oben ziehen.

Das Abdomen zeigt seine sieben Segmente bei den einzelnen Exemplaren mehr oder minder vollkommen erhalten: seine Gesammtlänge mag etwa derjenigen des Cephalothorax gleichkommen. Das erste Glied ist kürzer und schmaler als alle übrigen und seitlich nur in einen kurzen stumpfen Lappen ausgezogen. Das zweite, dritte, vierte und fünfte Segment besitzen alle etwa die gleiche Länge. Während aber vom dritten bis fünften Gliede die Seitenlappen stumpf zugespitzt sind, ist derjenige des zweiten Gliedes breit, mit abgerundeter vorderer und rechtwinkeliger hinterer Ecke.

Die fünf ersten Segmente besitzen je eine Querfurche, die vom Rücken bis zur Mitte der Seitenlappen herabläuft, von wo ab sie sich beinahe rechtwinkelig nach hinten und oben einbiegt. Mit Ausnahme des ersten Segmentes, wo sie dem Hinterrande genähert ist, liegt sie bei allen übrigen dem Vorderrande näher und scheidet somit einen vorderen schmaleren Theil, welcher ca. $\frac{1}{3}$ der Gesammtlänge beträgt und unter das vorhergehende Segment geschoben werden konnte, von einem grösseren hinteren. Die Verlängerung dieser Furche auf die Seitenlappen nimmt auf den letzten Segmenten an Deutlichkeit ab: auf dem zweiten Gliede ist sie am schärfsten und tiefsten, auf dem fünften kaum mehr erkennbar.

Das sechste Segment ist von gleicher Länge wie die vorhergehenden, unterscheidet sich aber hauptsächlich dadurch, dass bei ihm die Querfurche dem Vorderrande näher liegt und die Seitenlappen nach hinten zu halbkreisförmig ausgeschnitten sind. Hieran lenkt die aus zwei Theilen bestehende Schwanzflosse vermittelst eines besonderen Schalenstückes ein. Ihr äusserer Theil ist schmal bandförmig und scheint aus zwei Gliedern gleicher Länge bestanden zu haben. Der innere, aus nur einem Stück bestehende Theil ist breit blattförmig.

Das letzte Segment ist bei keinem Exemplare vollständig erhalten; es ist aber beträchtlich länger als alle anderen und spitzt sich nach hinten ziemlich scharf zu; es trägt auf dem Rücken zwei breite Längskiele, die sich, ehe sie den Vorderrand erreichen, in einem flachen Querwulste vereinigen; ihr äusseres Ende ist durch einen ziemlich langen, parallel der Längsachse des Abdomen gerichteten Dorn bezeichnet.

Mit Ausnahme des letzten Segmentes, welches zerstreute kleine Höckerchen besitzt, sind alle übrigen mit eingestochenen Grübchen bedeckt, die auf den Seitentheilen etwas dichter stehen als auf dem Rücken.

Von den Füssen ist fast ausschliesslich nur das erste Paar gut erhalten, die eigentlichen Gehfüsse meist nur in rudimentären Stummeln, welche nichts Bemerkenswerthes bieten.

Die Scheerenfüsse überragen alle anderen an Länge und Stärke; die ersten Glieder habe ich nicht beobachten können, erst vom Oberarm an sind die Glieder gut erhalten. Dieser letztere (Tafel VII, Fig. 4 und 4a) besitzt eine dreiseitig pyramidale Gestalt und eine beträchtliche Länge; seine Aussenseite ist flach gewölbt, die Innenseite tief concav. Am Proximalende trägt er mehrere Dornen, von welchen derjenige der äusseren Vorderecke (a in Fig. 4) am längsten ist und in eine tiefe Furche des Vorderarmes eingreift; an der inneren Vorderecke, etwas vom Rande entfernt, steht ein etwas kleinerer, nach oben gerichteter Dorn (b in derselben Figur) und an der unteren Ecke ein grosser, kräftiger Doppelzahn (c), zwischen dessen sehr ungleich grossen Spitzen ein schmaler Dorn (G) des Vorderarmes eingreift; etwas dahinter steht ein kleinerer spitzer Stachel (d).

Der Vorderarm besitzt eine gedrungen prismatische Gestalt
und ist ziemlich stark gewölbt. Auf seiner Oberseite stehen drei
Reihen schräg nach aussen und innen gerichteter Höcker, wovon
die innerste Reihe drei (A B C), die mittlere zwei (D E) und
die äussere nur einen Höcker (F) zählt.

Der letztere steht an der kürzesten Stelle des Oberarmes und
gleicht mehr einem schmalen, hoch erhabenen Längsrücken: die
beiden mittleren sind zu einem zweispitzigen Längskamme verschmolzen: die tiefe Furche zwischen den beiden Rücken ist zur
Aufnahme des langen Aussendornes (a) des Oberarmes bestimmt.
Die drei Dornen (A B C) der innersten Reihe sind spitz-kegel-
förmig und stehen weit auseinander, der eine am Proximalende,
der andere in der Nähe des Distalrandes und der dritte zwischen
beiden, dem ersteren etwas genähert. Auf der Unterseite befindet
sich am Proximalende, hart am Rande stehend, ein grosser spitziger
Stachel (G), der, wie bereits erwähnt, zwischen die Spitzen des
Doppelhöckers (c) des Oberarmes eingreift: weiter nach vorn,
etwa in der Mitte der Länge, steht ein ziemlich grosser (H) und
am Distalrande ein kleiner spitzer Dorn.

Die Scheeren waren gross, etwas comprimirt: die Oberseite
ist flach, auf ihr läuft hart am Aussenrande eine breite, seichte
Furche, die sich nicht auf den unbeweglichen Finger fortsetzt:
die Unterseite ist bedeutend stärker gewölbt, und hier läuft eine
breite, tiefe Furche wohl bis zur Spitze des unbeweglichen Fingers. Der Ober- oder Innenrand der Hand (Taf. IX. Fig. 1a) trägt
fünf spitze, seitlich comprimirte, kräftige Dornen, die in zwei Längsreihen — einer inneren oder unteren zu zwei, und einer äusseren
oder oberen zu drei — stehen. Der Aussen- oder Unterrand der
Hand war seiner ganzen Länge nach bis zur Spitze des unbeweglichen Fingers mit zwei Längsreihen kleiner spitzer Stacheln besetzt: etwas grösser stehen sie in nur einer Längsreihe auf der
Aussenseite des beweglichen Fingers. Da, wo der bewegliche Finger einlenkt, trägt die Hand einen grossen plumpen, etwas weiter
nach aussen einen kleineren, spitzen Höcker.

Die Finger sind sehr ungleich. Der bewegliche ist schmal,
wahrscheinlich gerade und trägt am Proximalende gegenüber

dem grossen Höcker der Hand zwei etwas kleinere und spitze
Dornen.

Der unbewegliche Finger ist mindestens noch einmal so breit
wie der bewegliche und zerfällt durch die tiefe Furche der Unterseite in einen inneren hochgewölbten Theil von fast kreisförmigem
Querschnitt und in einen äusseren seitlich comprimirten Theil, der
gleichsam wie ein Kamm dem inneren aufsitzt.

Beide Finger sind auf ihren Innenseiten mit mächtigen, meist
flachen oder stumf-konischen Zähnen besetzt (Taf. VII, Fig. 2):
eine bestimmte Folge in der Grösse scheint nicht obzuwalten:
gewöhnlich überragt je ein Zahn des beweglichen und des unbeweglichen Fingers alle anderen an Grösse.

Es scheint, als ob zuweilen die beiden Scheeren eines Individuums beträchtliche Differenzen in der Grösse der Zähne aufweisen. Hierfür sprechen einige Fragmente, welche nur mit sehr
feinen spitzen Zähnchen besetzt sind. Bei dem auf Taf. VII.
Fig. 3 abgebildeten Scheerenbruchstück sind beide Finger, mit
Ausnahme eines grossen Zahnes, mit kleinen spitzen Zähnchen
besetzt. Ob aber in der Regel die eine Scheere stets mit Zähnen
geringerer Grösse bewaffnet ist wie die andere, liess sich nicht
feststellen; jedenfalls hat keine der beiden hierin einen Vorzug vor
der anderen, da ich sowohl rechte wie linke Scheeren mit normaler wie verkümmerter Bezahnung gefunden habe. Es dürfte
die Abweichung demnach nur als zufällige individuelle Verkümme-
rung anzusehen sein.

Mit Ausnahme der zahlreich eingestochenen Pünktchen, welche
Oberarm. Vorderarm und Scheere bedecken. ist die Schale vollkommen glatt.

Vorkommen: Häufig in den Thonknollen der Zone A₁.

Bemerkungen: Von allen Vertretern des Genus *Hoploparia*.
welche bis jetzt beschrieben wurden, kann nur *H. gammaroides*
BELL aus dem Londonclay mit unserer Art verglichen werden. Die
samländische Art unterscheidet sich aber auf den ersten Blick
durch die reichere Sculptur auf dem Rücken des Cephalothorax:
die drei Dornenreihen, wie sie oben beschrieben, fehlen der englischen Form.

Auch scheint es, als ob die Zähne der Scheeren der *H. gammaroides* bei normaler Entwickelung eine geringere Grösse erreichten und in ihrer Form von der kräftigen backzahnartigen Gestalt der *H. Klebsii* abwichen. Doch scheint diesem Unterschiede nicht allzu viel Werth beigemessen werden zu dürfen: da das auf Taf. VII, Fig. 3 abgebildete Scheerenfragment gleichsam in die Mitte zwischen der Bezahnung von *H. gammaroides* und *H. Klebsii* fällt.

Es darf nicht unerwähnt bleiben, dass *H. Klebsii* durchschnittlich bedeutend grösser als *H. gammaroides* zu sein scheint.

—

Vermes.

Taf. X.

Tubicolae.

Serpula flagelliformis Sowerby.

Taf. X. Fig. 1 und 2.

1845. *Serpula flagelliformis* Sowerby. Mineral Conchology. Bd. VII, pag. 50, tab. 631, fig. 2—3.

1861. *Serpula misera* Mayer, Faunula des marinen Sandsteines von Kleinkuhren. Vierteljahrsschr. d. naturw. Gesellsch. in Zürich. Bd. VI, Heft 1, pag. 121.

Die lange Röhre ist vielfach, aber unregelmässig schlangenartig hin und her gewunden. Die Mehrzahl der Exemplare zeigt gern die Form eines langgezogenen schmalen unregelmässigen Hufeisens. Ihre Dicke ist sehr unbedeutend, das stärkste Exemplar misst am oberen Ende wenig mehr als 1^{mm} im Durchmesser und wird gegen die Spitze hin dünn und fadenförmig. Die Stärke der Wand ist ebenfalls sehr gering; der Querschnitt halb kreisförmig. Die Oberfläche ist glatt mit einigen gröberen concentrischen Wachsthumsringen. Die Röhre ist in ihrer ganzen Länge an fremden Körpern, gewöhnlich im Innern von Echiniden- oder Pelecypodenschalen, angeheftet. Diese Form kommt durchweg in Kolonien vor, deren einzelne Individuen in den mannigfachsten Verschlingungen durch einander gewunden sind.

Vorkommen: Nicht sehr häufig in der Zone A$_1$ und A, nach Sowerby in den Brackesham Sands.

Bemerkungen: Von dieser Art lag mir Mayer's Original-
exemplar vor, das die Bestimmung *Serpula misera* trägt. Ich konnte
mich jedoch nicht von der specifischen Selbstständigkeit dieser Species, die alle Charaktere von Sowerby's *S. flagelliformis* trägt,
überzeugen. Unsere Exemplare stimmen nicht nur in Bezug auf
das kolonieenweise Vorkommen mehrerer Individuen, sondern auch
vortrefflich in Bezug auf Gestalt und Biegung der Röhre mit der
citirten Art überein. Sowerby's Abbildungen zeigen sehr deutlich
die verzerrt hufeisenförmige Biegung des älteren Theiles der Röhre,
die natürlich bei einzelnen Exemplaren mehr oder minder modificirt sein kann.

Serpula exigua Sowerby.

Taf. X, Fig. 3 und 4.

1845. *Serpula exigua* Sowerby, Mineral Conchology. Bd. VII, pag. 50, tab. 645,
fig. 4.

Diese sehr kleine, kaum 1,5ᵐᵐ im Durchmesser haltende Art
besitzt eine anfangs spiral nach rechts gewundene Röhre. Nach
Beschreibung eines Umganges in horizontaler Ebene löst sich die
Röhre los und und dreht sich nach oben. Die enggenabelte Spirale
ist mit der Unterseite an fremden Körpern festgewachsen. Die
Oberseite ist gewölbt, in der Mitte gerundet gekielt, und glatt.
Die Wand ist ziemlich dick, der innere Querschnitt kreisförmig.

Vorkommen: Ziemlich häufig in der Zone A₂, nach Sowerby
im Bartonclay.

Bemerkungen: Die nahe verwandte oberoligocäne *S. um-
bilicijormis* Goldf. unterscheidet sich durch eine grössere Zahl
von Windungen und schärfer gekielte Oberseite, die gleichfalls
unserer Art sehr gleichende *S. corniculum* Goldf. aus dem Grob-
kalk unterscheidet sich ebenfalls durch eine grössere Zahl von
Windungen.

Es mag dahingestellt bleiben, ob Sowerby's fig. 4a die Win-
dung der Röhre richtig wiedergiebt: nach der in natürlicher Grösse
dargestellten Abbildung scheint dies nicht der Fall zu sein.

Serpula heptagona Sowerby.

Taf. X. Fig. 5—11.

1845. *Serpula heptagona* Sowerby, Mineral Conchology. Bd. VII, pag. 52. tab. 631.
   fig. 7.

1861 ?*Serpula ambulacrum* Mayer. Faunula des marinen Saudsteines von Kleinkuhren. Vierteljahrsschr. d. naturw. Gesellsch. in Zürich. Bd. VI.
   Heft 1. pag. 120.

Die gerade, nur anfangs leicht gekrümmte Röhre erreicht eine
Länge von über 36ᵐᵐ; da der Durchmesser von der Spitze gegen
die Mündung hin, wo er etwa 6ᵐᵐ beträgt, nur sehr langsam an
Grösse zunimmt, so besitzt die Röhre eine dentalienartige Form.
Entweder ist die Röhre nur mit der Spitze oder auch mit einem
kleineren Stück der unteren Partie an fremde Körper festgewachsen,
der grössere obere Theil ist jedoch frei. Die Stärke der Wand
ist gering, der innere Querschnitt kreisrund. Die Aussenseite ist
mit sieben, durch gleiche Abstände getrennte Längsrippen geziert,
welche von der Spitze bis zum Oberrande reichen. Im älteren
Theil der Röhre sind die Rippen scharf, zuweilen hoch, kammförmig und dünn, gegen die Mündung hin werden sie kräftiger, wobei sie sich gleichzeitig mehr und mehr abrunden.
Die Zwischenräume sind leicht concav, nur bei zweien derselben
bemerkt man eine scharf eingerissene mediane Längsfurche. Die
Oberfläche ist glatt oder in Folge der Wachsthumsstreifen etwas
schuppig; letztere, die im Allgemeinen concentrisch laufen, beschreiben auf den gefurchten Zwischenräumen einen spitzen Winkel, dessen Scheitel in der Furche nach vorn liegt.

Bei den Exemplaren aus der Zone A₁ ist sehr häufig der
Abdruck der Unterseite des Operculum vorhanden (Taf. X, Fig. 9
und 11). Hiernach zu schliessen besass dasselbe etwas geringeren
Durchmesser als das Lumen der Röhre und die leicht concave
Unterseite war mit feinen, aber stacheligen Radialrippen bedeckt,
welche von einem, zuweilen schwach excentrisch gelegenen Punkte
nach der Peripherie hinlaufen. Zuweilen schiebt sich nahe dem
Rande zwischen je zwei stärkeren noch eine schwächere Radial-
rippe ein.

Vorkommen: Häufig in der Zone A$_1$ und seltener in A$_2$: in England im Bartonclay; in Belgien im Paniselien.

Bemerkungen: Diese Art ist von SOWERBY in den verschiedensten Abänderungen vortrefflich abgebildet, wie sich dieselben auch unter den samländischen Exemplaren wiedererkennen lassen. Junge Exemplare der *Serpula heptagona* sind insofern schwer von *Serpula crassa* SOW. zu unterscheiden, als bei denselben gewöhnlich drei der Längsrippen stärker wie die übrigen, kaum angedeuteten, ausgebildet sind: daher ihr äusserer Querschnitt mehr dreiseitig wie bei jener wird, namentlich wenn die Rippen lamellenartig werden und die Röhre sich an einem fremden Körper fest geheftet hat. Es wird aber, wie bereits SOWERBY bemerkt, bei einiger Aufmerksamkeit gelingen, wenigstens Andeutungen von zwei oder mehreren Längsrippen zu finden.

Was MAYER unter *Serpula ambulacrum* verstanden hat, vermag ich nicht zu eruiren. Wahrscheinlich hat er junge Exemplare der *Serpula heptagona*, die mit einem grösseren Stück der Röhre fest gewachsen waren, verkannt; wenigstens deutet seine Bemerkung, dass »Grösse und Form der Röhre im Allgemeinen mit der Facies der *Serpula crassa* SOW. übereinstimmen«, darauf hin.

Ditrupa strangulata DESH. sp.

Taf. X. Fig. 12 — 17 a.

1825. *Dentalium strangulatum* DESHAYES, Monographie du genre Dentalium, pag. 372, No. 39, tab. 16, fig. 28.

Die schlanke, schwach gebogene, cylindrische Röhre wird etwa bis 18^{mm} lang; ihre Dicke ist gering, sie beträgt 1,5 — 1,75^{mm} am unteren Ende und nimmt nach obenhin nur wenig zu: kurz unterhalb der Mündung nimmt die Dicke jedoch wieder ab, so dass die cylindrische Röhre am oberen Ende gleichsam einen kurzen konischen Aufsatz trägt. Die Wand ist im Allgemeinen ziemlich dick, an der Mündung jedoch papierdünn und daher der Rand scharf schneidend. Sowohl am oberen wie am unteren Ende ist die Röhre geöffnet. Die Aussenfläche ist glatt, hie und da mit einigen leichten Wachsthumsrunzeln.

Vorkommen: Sehr häufig in der Zone A_1, vereinzelt in A_2. Nach NYST im ganzen belgischen Tertiär verbreitet, ferner in England und Frankreich.

Bemerkungen: Die samländischen Exemplare gleichen vollkommen solchen, die ich aus der Etage Laekenien besitze. Bemerkenswerth ist das Vorkommen in der Zone A_1; während in A_2 nur einzelne Individuen meist recht wohl erhalten vorkommen, treten sie in A_1 kolonieenweise und unregelmässig durch einander gehäuft auf. Da aber in A_1 alle kalkigen Schalen zerstört sind, so sieht man hier nur cylindrische Hohlräume, in deren Mitte sich ein Steinkern befindet, der beim Aufschlagen der Thonknollen herausfällt, so dass nur eine genaue Prüfung eine Identität mit dem Vorkommen in A_2 erweisen lässt.

Lieferung VI.

Echinodermata.

Taf. I—VI.

Echinodermata.

Echinoidea.

Coelopleurus Zaddachi sp. n.

Taf. I, Fig. 1—7.

Die Schale besitzt die durchschnittliche Grösse der Coelopleuren und zeigt einen gerundet fünfseitigen Umriss. Die Oberseite ist mässig gewölbt, die Unterseite flach, am Rande etwas aufgetrieben. Bei etwas grösseren Exemplaren sind die Ambulacralfelder schwach über die flachen Interambulacralfelder erhoben. Die Porenzonen bestehen aus einfachen, nicht gejochten, runden Porenpaaren, die im oberen Theile in gerader, im unteren Theile leicht gewellter Linie vom Scheitel zum Munde laufen. Dünne spitze Dörnchen treten häufig zwischen den einzelnen Porenpaaren auf, wo dieselben etwas weiter stehen als auf der Unterseite. Die Porenzone selbst besitzt kaum die Hälfte der Breite der Interporiferenzone. Zwei dicht neben einander stehende Warzenreihen laufen in der Mitte der Ambulacra vom Scheitel zum Munde, wobei die einzelnen Warzen nach beiden Richtungen etwas an Grösse abnehmen. Die Warzen selbst sind verhältnissmässig gross, undurchbohrt und glatt, von kleinen runden, einander fast berührenden Höfchen umgeben: die Zahl einer Reihe beträgt etwa 8—10. Einige wenige Körnchen finden sich zwischen beiden Reihen in den einspringenden Winkeln, daneben sind unregelmässig zerstreut feine Dörnchen über das ganze Ambulacralfeld verbreitet.

Auf der Unterseite bemerkt man in nächster Nähe des Peristoms zwischen den beiden Hauptwarzenreihen vier bis sechs rechteckig gerundete Eindrücke, die sich bei den Abdrücken als kleine Knötchen darstellen.

Die Interambulacralfelder sind beinahe doppelt so breit wie die Ambulacralfelder und mit vier Warzenreihen, aus etwa 4 bis 5 Warzen bestehend, besetzt, von welchen die beiden inneren aus Warzen gleicher Grösse wie die der Ambulacralfelder bestehen, während diejenigen der beiden äusseren aus etwas kleineren Warzen zusammengesetzt sind. Die vier Warzenreihen sind nur auf die Randtheile und Unterseite beschränkt und nehmen nach dem Peristom an Grösse ab. Körnchenwarzen und Dörnchen finden sich in gleicher Weise zerstreut wie auf den Ambulacralfeldern: zuweilen häufen sich die Dörnchen am oberen Ende der beiden inneren Reihen.

Auf dem oberen Theile der Ambulacralfelder ordnen sich die Körnchenwarzen zu einer Reihe an, welche zwischen je einer inneren und äusseren Hauptwarzenreihe entspringt und bis zum Scheitelschilde läuft. Die Körnchenwarzen dieser Reihe sind abwechselnd grösser oder kleiner, zuweilen noch durch einzelne feinere Dörnchen getrennt. Die beiden Reihen begrenzen ein breites glattes Mittelfeld, dessen unterer Theil bei günstiger Erhaltung schwache, zickzackförmig hin und her laufende Furchen zeigt. In dem Raume zwischen diesen Reihen und den Ambulacralfeldern treten ebenfalls spärliche Körnchen auf, ohne sich jedoch zu einer Reihe anzuordnen, die man als Fortsetzung der beiden äusseren Hauptwarzenreihen ansehen könnte.

Das Scheitelschild ist ziemlich gross, mit grosser runder, von einem Saume eingefasster Afterlücke. Die fünfseitigen, ausgebreiteten Genitaltäfelchen sind weit durchbohrt und mit vier bis sechs Körnchenwarzen geziert, die um die Afterlücke hinter dem Saume einen Kreis bilden. Die kleinen Ocellartäfelchen tragen nur ein Wärzchen, das im Vereinigungspunkte je zweier interambulacraler Körnchenwarzen-Reihen liegt.

Das Peristom ist rund, gross, mit deutlichen, aber wenig tiefen Einschnitten.

Die nur in Bruchstücken resp. deren Abdrücken bekannten Stacheln besitzen runden Querschnitt und waren wohl ziemlich lang, nach oben etwas zugespitzt; ihre Oberfläche ist mit dicht gedrängten tiefen Längsfurchen bedeckt, die ihrerseits wieder fein quergestreift sind.

Vorkommen: Häufig in der Zone A₁.

Bemerkungen: *Coelopleurus Zadduchi* besitzt grosse Verwandtschaft mit zwei bereits bekannten Arten, mit *C. Tournoueri* Cotteau, ganz besonders aber mit *C. Delbosi* Desmarest. Erstere Art unterscheidet sich einmal sehr leicht durch die grössere Zahl kleinerer Warzen der Ambulacralfelder, besonders aber durch die zwei Reihen von Secundärwarzen, welche zu beiden Seiten des glatten Mittelfeldes bis zum Scheitel reichen.

Weit grösser ist die Verwandtschaft mit *C. Delbosi*, und ich habe mich daher nur schwer dazu entschlossen, die samländische Art neu zu benennen.

Der Hauptunterschied beider Arten besteht in der etwas verschiedenen Länge der äusseren Warzenreihen der Interambulacralfelder. Bei *C. Delbosi* treten dieselben, wenn auch an Grösse der Warzen abnehmend, auf die Oberseite, reichen aber nicht bis zum Scheitelschilde, sondern verschwinden vorher. Die betreffende Stelle in Cotteau's Beschreibung lautet: »Les rangées latérales sont plus petites et les tubercules dont elles se composent diminuent encore de volume à la face supérieure, deviennent très-espacés et forment, sur le bord des zones porifères, une rangée qui disparaît avant d'arriver au sommet«. Bei *Coelopleurus Zadduchi* dagegen treten an der betreffenden Stelle nur kleine, nicht in einer Reihe angeordnete Körnchenwarzen auf, die aber ebenfalls nicht bis zum Scheitelrande reichen. Es entsteht nun die Frage, hat man diese Körnchenwarzen als Fortsetzung der äusseren Hauptwarzenreihe anzusehen oder nicht? Ich will diese Frage nicht entscheiden, sondern nur bemerken, dass mir in einem Falle durch ein beträchtlich kleineres Hauptwärzchen der Uebergang zwischen der Hauptwarzenreihe und den folgenden Körnchenwarzen festgestellt erschien, immerhin war jedoch der Abstand beider zu schroff, um letztere als directe Fortsetzung der ersteren auffassen zu können.

Sollte sich aber die oben gestellte Frage bejahen, so wäre
C. Zaddachi einzuziehen und mit *C. Delbosi* zu vereinigen, da die
anderen Charaktere namentlich mit COTTEAU's Abbildung sehr gut
harmoniren. Es ist vor Allem das granulirte Scheitelschild, dessen
Afterlücke bei beiden von einem Wärzchenkranze umgeben ist,
die Uebereinstimmung der »cordelette très-régulière des granules
allongés«, welche das glatte Mittelfeld der Interambulacralfelder
begrenzen, mit der Körnchenwarzenreihe am gleichen Platze bei
C. Zaddachi. Ferner ist auch bei COTTEAU's fig. 7 der Raum
zwischen der »cordelette« und der Porenzone ohne Warzenreihe
genau so, wie er sich bei unserer Art darstellt. Allerdings sieht
man bei fig. 6 die äussere Wärzchenreihe deutlich bis in die Nähe
des Scheitelschildes reichen, was annehmen lässt, dass fig. 7 etwas
verzeichnet ist.

Weniger stimmt *C. Zaddachi* mit TOURNOUER's Abbildung des
Coelopleurus Delbosi überein, und wenn man hiernach einzig und allein
schliessen wollte, so wären beide Arten sicher verschieden. Die
äussere Wärzchenreihe ist sehr stark ausgebildet und reicht fast
vollständig bis zum Scheitel. Auch ist die Wölbung, namentlich
aber die Grösse des Peristoms, eine andere. Letzteres zeigt einen
viel geringeren Durchmesser als bei unserer Form.

Die gleichen Unterschiede gelten aber auch im Vergleich von
TOURNOUER's *C. Delbosi* mit COTTEAU's *C. Delbosi*; ganz besonders
ist noch hervorzuheben, dass bei TOURNOUER's Abbildung die »cordelette« auf den Interambulacralfeldern fehlt. Ich neige demnach
der Ansicht zu, dass TOURNOUER's Form einer anderen Art zu-
gehört.

Baueria gen. nov.

Mässig grosse Seeigel, von rundem oder gerundet-fünfseitigem
Umrisse. Ambulacralfelder beträchtlich schmaler als die Interambulacralfelder. Poren rund und nicht gejocht, in geraden Zonen
vom Scheitel zum Munde laufend. Warzen ungekerbt und undurchbohrt. Die Hauptwarzenreihen nur auf den unteren Theil
der Interambulacral- und Ambulacralfelder beschränkt, deren oberer
Theil mit Körnchenwarzen, Dornen oder verticalen und zickzack-

förmig hin und her laufenden Leistchen geziert ist. Peristom etwa 0,5 des Gesammtdurchmessers betragend, schwach eingeschnitten. Scheitelschild ausser den fünf grossen Genitalporen mit deutlichen Ocellarporen. Afterlücke klein, central gelegen. Stacheln rund, lang, etwas zugespitzt und fein längs gekerbt.

Hierher gehören die Arten:

1. **Baueria Agassizii** D'Archiac sp [1]).

1846. *Coelopleurus Agassizii* D'Archiac. Description des fossiles rec. par M. Thorent dans ces couches à Nummulines des environs de Bayonne. Mém. de la Soc. géologique de France, 2. série, tome II, pag. 205, tab. III, fig. 2a, b, c, d.

aus den Nummulitenschichten von Bayonne.

2. **Baueria geometrica** Noetling.

Vorkommen: In der Zone A_1 des samländischen Tertiärs sehr häufig, sehr selten (nur in einem Exemplar) in der Zone A_2.

Bemerkungen: Das oben charakterisirte Genus besitzt eine grosse Verwandtschaft mit *Coelopleurus*, unterscheidet sich aber dadurch, dass die Warzenreihen der Ambulacralfelder ebenso wie diejenigen der Interambulacralfelder nur auf die Unterseite und den Rand beschränkt sind: bei *Coelopleurus* reichen die Warzenreihen der Ambulacralfelder dagegen bis zum Scheitel. Ferner ist bei *Baueria* der obere Theil der Interambulacralfelder ausser mit den Längsleisten mit zickzackförmig hin und her laufenden Querleisten, die mit Körnchen besetzt sind, geziert, während bei *Coelopleurus* dieser Theil entweder glatt oder nur mit schwachen, zickzackförmigen Furchen versehen ist. Ausserdem scheint die Afterlücke bei *Baueria* relativ kleiner als bei *Coelopleurus* zu sein.

Es könnte den Anschein haben, als ob die Abtrennung genannter beiden Arten von *Coelopleurus* und die Aufstellung eines neuen Genus nicht gerechtfertigt wäre. Ich glaube aber, ein derartig bedeutender Unterschied der Schalsculptur, welchen die genannten Arten im Vergleich mit typischen *Coelopleurus*-Formen

---

[1]) Des leichteren Vergleiches halber gebe ich hier die Copie von D'Archiac's *Coelopleurus Agassizii* wieder (vergl. unten die Texttafel Fig. 6 — 6b).

zeigen, genügt, um dieselben auszuscheiden, zumal die Diagnose des Genus *Coeloplteurus*, wie dieselbe von Desor aufgestellt ist, für unsere Formen nicht mehr zutrifft. Da überdies der Unterschied in der Schalensculptur ein leicht in die Augen springender ist, zwei geographisch weit getrennte Arten denselben aber gemeinsam besitzen, so scheint die Aufstellung des neuen Genus hinlänglich begründet.

Baueria geometrica sp. n.

Taf. II. Fig. 1—9.

Eine ziemlich kleine Art, die in ihrer durchschnittlichen Grösse beträchtlich hinter der französischen zurückbleibt. Die Gestalt schwankt zwischen gerundet-fünfseitigem und nahezu kreisförmigem Umriss. Die Oberseite ist in der Regel wenig gewölbt, die Höhe der Schale entspricht etwa ihrem halben Durchmesser; einzelne Individuen sind aber etwas aufgetriebener, so dass die Schale stumpf-konisch wird; ich habe solche Formen als var. *conica* bezeichnet. Die Unterseite ist flach, am Rande etwas gewölbt.

Die Porenzonen bilden gerade Bänder, die nur auf der Unterseite leicht gewellt und aus ungejochten Porenpaaren zusammengesetzt sind; eine Verdoppelung der Porenpaare findet nirgends statt, dagegen besteht auf der Unterseite die innere Porenreihe aus grösseren Poren als die äussere, wie die Steinkerne am besten zeigen. Die Porenzonen sind beträchtlich schmaler als die Interporiferenzone, was allerdings auf den Steinkernen nicht sehr deutlich ist.

Die Ambulacralfelder (Taf. II, Fig. 8, vergrössert) sind schmal, etwa halb so breit wie die Interambulacralfelder, und auf ihrer unteren Hälfte mit zwei Reihen zu je etwa 8 bis 9 kleinen Hauptwarzen besetzt. Die Wärzchen sind ungekerbt und undurchbohrt und nehmen nach dem Munde zu an Grösse ab. Auf der Unterseite stehen sie so dicht gedrängt, dass die kleinen elliptischen Höfchen in einander fliessen, nach oben rücken sie etwas auseinander, wobei dicht gedrängte kleine Granulationen sich zwischenschieben; eine Reihe gleicher, dicht gedrängter Körnchen scheidet auch die beiden Hauptwarzenreihen.

Als Fortsetzung der beiden Hauptwarzenreihen laufen auf der
Oberseite zwei convergirende Längsleistchen, die mit etwa 6 bis 7,
in unregelmässigen Abständen auf einander folgenden, fein längs-
gestreiften Dornen von plump-cylindrischer Gestalt besetzt sind.
Zwischen den einzelnen Dornen finden sich kleine Körnchenwarzen:
wo sie in unregelmässigen Zickzacklinien stehen, zuweilen so eng,
dass sie undeutliche Leistchen bilden.

Die breiten Interambulacralfelder (Taf. II, Fig. 8a, vergrössert)
sind mit vier Reihen zu zwei Paaren angeordneten Hauptwarzen
von gleicher Beschaffenheit wie diejenigen der Ambulacralfelder
besetzt, diese aber ebenfalls nur auf die untere Hälfte beschränkt.
Sowohl auf der Aussenseite als zwischen beiden Paaren bilden die
kleinen, dicht an einander gedrängten Granulationen Längsreihen;
im unteren Theile, wo die Hauptwarzen eng an einander stehen,
fehlen zwischen denselben die kleineren Granulationen: nach oben,
wo sie weiter aus einander rücken, treten letztere auch zwischen
ersteren auf.

Der obere Theil der Interambulacralfelder zeigt vier mit Dornen von gleicher Beschaffenheit wie auf den Ambulacralfeldern
besetzte Längsleistchen; die beiden äusseren, etwas stärkeren,
nehmen ihren Anfang zwischen je einer äusseren und einer inneren
Hauptwarzenreihe und laufen in der Weise nach oben, dass zwei
benachbarte Interambulacralfelder convergiren und sich in einen
besonders starken, auf den Ocellartäfelchen, dicht über dem Anfang
der Porenzonen gelegenen Dorn vereinigen. Die beiden schwächeren
inneren Längsleisten, welche in der Fortsetzung der beiden inneren
Hauptwarzenreihen liegen, convergiren nach der Mitte des Feldes
und vereinigen sich in einem, dicht an der Afterlücke gelegenen,
ebenfalls hervorragend starkem Dorn der Genitaltäfelchen. Die
Dornen dieser vier Längsreihen sind durch zickzackmässig hin
und her laufende Querleistchen verbunden, die mit Körnchenwarzen bedeckt sind; letztere treten übrigens auch zerstreut auf
der ganzen oberen Hälfte der Interambulacralfelder auf.

Das Scheitelschild (Taf. II, Fig. 9, vergrössert) ist mittelgross,
aus fünf von einer grossen Pore durchbohrten Genitaltäfelchen und
fünf von kaum sichtbar durchbohrten Ocellartäfelchen bestehend.

Jedes der Täfelchen trägt einen besonders starken Dorn, wovon
diejenigen der Genitaltäfelchen am äusseren Ende derselben dicht
über den Porenzonen liegen. Die letzteren waren mit ersteren
durch gerade, mit Granulationen besetzte Leistchen verbunden,
so dass auf dem Scheitelschilde ein zierlicher fünfstrahliger Stern
entsteht, dessen Felder gleichfalls Granulationen tragen.

Die kleine runde Afterlücke war, wie ein einziges Exemplar
zeigt, von vier schwach gewölbten, gleichgrossen Täfelchen bedeckt.

Das Peristom ist etwa gleich 0,5 des Gesammtdurchmessers,
gerundet-fünfseitig, an den Ecken schwach eingeschnitten.

In engster Verbindung mit den Steinkernen und Abdrücken
dieser Art kommen vielfach Abdrücke von Stacheln vor, die
derselben zweifelsohne angehört haben. Aus diesen Fragmenten
lässt sich schliessen, dass dieselben von kreisförmigem Querschnitt,
ziemlich lang und nach oben etwas zugespitzt waren. Die
Gelenkfläche, ebenso wie der kurze Stachelkopf, waren glatt, der
Stiel selbst fein längsgefurcht, und die Längsfurchen wieder quer
gekerbt; der Stachelring ist mit kleinen Knötchen besetzt, welche
den Längsfurchen entsprechen.

Eine ähnliche Oberflächensculptur haben jedenfalls auch die
Dornen der Interambulacralfelder und des Scheitelschildes besessen.

Vorkommen: Sehr häufig in der Zone A₁: in einem Exemplar in der Zone A₂ gefunden.

Bemerkungen: *Baueria geometrica* ist wahrscheinlich der
Echinus« in ZADDACH's Tertiärgebirge des Samlandes, kann aber
diese Bezeichnung nicht behalten. Sie unterscheidet sich von
allen verwandten Arten besonders durch die charakteristische
Sculptur der Interambulacralfelder und des Scheitelschildes.

Grosse Aehnlichkeit zeigt sie mit *Coelopleurus Agassizii*.
Dieser unterscheidet sich aber besonders dadurch, dass ihm
die beiden inneren Längsleisten der Interambulacralfelder, sowie
die Dornenreihen auf dem oberen Theile der Ambulacralfelder
fehlen. Im Grossen und Ganzen war *C. Agassizii* weniger reich
sculpturirt als die samländische Species: er scheint auch etwas
grösser zu sein.

Salenia.

Salenia Pellati Cotteau.

Taf. III, Fig. 1—1b.

1860. *Salenia Pellati* Cotteau. Échinides nouveaux ou peu connus. Rev. et Mag. de Zool., pag. 40. tab. VI. fig. 11—14.

Schale von kreisförmigem Umriss; die Oberseite ziemlich hoch, gewölbt, Unterseite anscheinend flach, blos an den Rändern etwas gewölbt.

Die Porenzonen waren nicht genau zu beobachten, anscheinend aber von geradlinigem Verlauf; über Grösse, Anordnung der einzelnen Porenzonen, liess sich nichts feststellen, nur dass sie kaum halb so breit wie das Mittelfeld sind. Die Ambulacralfelder sind sehr schmal und mit zwei Reihen von etwa 11 bis 12 kleinen, gehöften (?), etwas entfernt stehenden Wärzchen besetzt, die nach dem Scheitel zu an Grösse abnehmen. Beide Reihen sind durch eine Mittelreihe kleiner dichtstehender Granulationen getrennt.

Die Interambulacralfelder sind mehr als doppelt so breit als die Ambulacralfelder und tragen zwei Reihen Hauptwarzen von ziemlich ungleicher Grösse: eine oder zwei, in der Mitte der Höhe stehend, zeichnen sich durch Grösse aus, während die anderen beträchtlich kleiner sind; soweit beobachtet werden konnte, betrug die Zahl einer Reihe nicht über vier.

Die Hauptwarzen sind von schmalen, in einander fliessenden Höfchen umgeben, die auf der Innen- und Aussenseite mit einem Kranz von Secundärwarzen besetzt sind. Kleinere Granulationen treten zerstreut hie und da auf.

Leider konnte in Folge der Erhaltungsweise nicht untersucht werden, ob die Stachelwarzen gekerbt und durchbohrt waren.

Das Scheitelschild ist von bedeutender Grösse und beträchtlich über die Schale erhaben. Soweit die Erhaltung dessen Zusammensetzung zu studiren erlaubt, kann man noch drei grosse Genitaltäfelchen und ebenso viel kleinere Ocellartäfelchen, sowie ein überzähliges in der Mitte erkennen. Die Sculptur der Täfelchen war nicht zu beobachten, verschiedene Spuren deuten jedoch darauf hin, dass dieselben nicht glatt, sondern mit radialen Furchen versehen waren.

Afterlücke und Peristom waren nicht erkennbar.

Vorkommen: Nur ein einziges Exemplar in der Zone A₁. In Frankreich im Terrain nummulitique von Biarritz.

Bemerkungen: Es schien anfangs zweifelhaft, ob die samländische Form mit der südfranzösischen Art zu vereinigen sei. Vor Allem war der bedeutende Grössen-Unterschied in Betracht zu ziehen, — die samländische Form ist fast dreimal so gross als die französische —, dann konnte, wie erwähnt, nicht beobachtet werden, ob der Warzenhals gekerbt war und ob sich an den Porenpaaren eine gleiche Granulation wie bei jener befände. Schliesslich hat mich aber die Uebereinstimmung in der Anordnung und Ausbildung der Haupt- und Secundärwarzen bewogen, unsere Form mit der französischen zu identificiren. Da letztere nur in zwei, erstere nur in einem Exemplar gekannt ist, so ist es nicht unwahrscheinlich, dass von jener sich grössere, von dieser kleinere Exemplare finden werden, oder dass der Grössen-Unterschied durch locale Variation hervorgerufen ist.

Echinocyamus.

Echinocyamus piriformis Agassiz.

Taf. III. Fig. 2—9b.

1861 ? *Rana Henschei* Mayer, Vierteljahrsschrift der Naturforsch. Gesellsch. in Zürich. Bd. 6. Heft 2, pag. 120.
(Weitere Synonymie cf. Tournouer, Recensement des Echinodermes etc.. Actes de la société Linnéenne de Bordeaux. Bd. XXVIII. 1870—72, pag. 269.)

Die Mehrzahl der im samländischen Tertiär gefundenen Exemplare zeigt einen längs-ovalen Umriss, doch variirt derselbe ungemein, wie Tournouer dies auch an den französischen Formen beobachtet hat. Regelmässig längs-ovale Exemplare, die weder nach vorn, noch nach hinten verschmälert resp. verbreitert sind (Fig. 2), sind selten, häufiger sind die von birnförmigem Umriss, d. h. hinten etwas breiter, vorn verschmälert (Fig. 4); daneben treten Exemplare von gerundet - fünfseitigem Umriss auf (Fig. 3), die in der Mitte am breitesten, nach vorn und hinten verschmälert sind. Letztere leiten zu Formen von fast kreisförmiger Gestalt (Fig. 8) hinüber, die anscheinend den samländischen Tertiärablagerungen eigenthümlich sind. Die Oberseite ist mehr oder minder gewölbt, bei der Mehrzahl der Exemplare flach niedergedrückt, bei den selteneren, kreisrunden, dagegen fast halbkugelig gewölbt. Die Unterseite ist bei der Mehrzahl der Exemplare vollkommen flach, bei einzelnen Individuen aber leicht aufgetrieben, zuweilen in der Mitte um das Peristom herum leicht eingesenkt. Der Rand ist mehr oder minder stumpf gerundet.

Die Ambulacralfelder sind subpetaloid, an den Enden leicht geöffnet, zuweilen leicht erhaben. Die Porenzonen sind etwas schmaler als die Interporiferenzone und bestehen aus wenigen, ungejochten Porenpaaren, die in beträchtlicher Entfernung vom Rande verschwinden; die innere Reihe ist gerade, die äussere leicht gebogen.

Das Peristom ist klein, kreisrund und liegt vollkommen central. Die Afterlücke ist gleichfalls rund, aber weit kleiner, zwischen Peristom und Hinterrand, im Allgemeinen gleich weit von beiden gelegen, doch variirt ihre Lage etwas. Bei Fig. 3 liegt sie etwas weiter vom Peristom entfernt als vom Hinterrand, bei Fig. 9 dagegen demselben stark genähert.

Das Scheitelschild ist klein, zuweilen in Form eines kleinen Knöpfchens erhaben und mit vier deutlichen Genitalporen versehen.

Die Oberfläche ist mit zahlreichen, dicht gedrängten kleinen Wärzchen von gleicher Grösse bedeckt, die von einem schmalen tiefen Höfchen umgeben werden.

Die Steinkerne ähneln sehr denjenigen der *Scutellina Michelini*, unterscheiden sich aber sofort durch die inframarginale Lage der Afteröffnung, sowie durch die weniger starken Einschnitte der radiären Scheidewände.

Vorkommen: Häufig als Steinkern in der Zone A_1; ebenso mit erhaltener Schale in A_2. In Frankreich vom Eocän bis Miocän, nach TOURNOUER sogar noch lebend.

Bemerkungen: Tournouer hat l. c. dieser Art eine äusserst eingehende und lehrreiche Besprechung gewidmet, und kann ich dessen Beobachtungen in Bezug auf die Variation des Umrisses und Schwankungen in der Lage des Afters bestätigen. Dass aber diese Formverschiedenheiten bestimmte Niveaus repräsentiren, muss ich nach den samländischen Funden bezweifeln, denn hier kommen alle diese verschiedenen Formen neben einander in dem Sande der Zone A_2 vor.

Das Samland hat eine bis jetzt neue Varietät geliefert, die ich, dem Beispiele Tournouer's folgend, mit var. C. oder *conica* bezeichnen möchte. Den Typus derselben stellt Fig. 5 dar: der Umriss ist wechselnd, es giebt kreisrunde, fünfeckige etc. Individuen, ebenso schwankt die Lage des Afters bei ihnen recht beträchtlich, gemeinsam ist aber allen die hohe Wölbung der Oberseite.

Wenn man die beiden extremsten Formen, welche das Samland geliefert, z. B. Fig. 4 und Fig. 9, vergleicht, so drängt sich die Frage auf, ob es nicht zweckmässig sei, sie zu trennen und mit besonderem Namen zu belegen. Nach eingehender Untersuchung von ca. 30 Individuen konnte ich mich aber nicht dafür entscheiden, denn beide Extreme sind durch eine Reihe von Zwischenformen verbunden, die eine Trennung beider nicht zulässig erscheinen lassen.

Dass *Echinocyamus propinquus* Forbes, wie neuerdings Cotteau[1]) annimmt, von unserer Art zu trennen sei, glaube ich nach eingehender Vergleichung der genannten Literatur und von Exemplaren aus Belgien mit den samländischen Formen verneinen zu dürfen. Es ist mir unmöglich, Exemplare, wie meine Fig. 4, von Cotteau's *E. propinquus* zu unterscheiden, da auf sie alle Hauptmerkmale zutreffen, welche Cotteau für erstere Art als charakteristisch bezeichnet, z. B. die weniger fünfseitige Gestalt, die mehr nach hinten gerückte Lage des Afters; andererseits konnte ich mich aber auch, wie gesagt, nicht dafür entscheiden, die Formen von Fig. 3 oder 9 abzutrennen.

---

[1]) Cotteau, Description des Échinides tertiaires de la Belgique. Mémoires cour. de l'Académ. roy. de la Belgique 1880. Bd. XLIII, pag. 39 u. 40.

Lenita Desor.

Desor betont in der Diagnose des Genus das Fehlen der inneren Scheidewände (»point de cloisons à l'intérieur«) und betrachtet dies negative Merkmal als einen gewichtigen Unterschied des Genus *Lenita* von *Scutellina* und *Echinocyamus*, denen ersteres in der äusseren Form gleiche. *Lenita* beweise hierdurch trotz des verschiedenen äusseren Ansehens mehr Verwandtschaft mit *Fibularia* als mit jenen.

Ich kann diese Ansicht berichtigen. Sowohl durch gut erhaltene Steinkerne als auch durch directe Beobachtung vermittelst Anschleifen liess sich das Vorhandensein von regelmässig angeordneten Scheidewänden im Innern mit Sicherheit feststellen. In der Anordnung besitzen diese Scheidewände grosse Uebereinstimmung mit *Scutellina*; hiernach muss eine Verwandtschaft mit *Fibularia* ausgeschlossen werden. hingegen gewinnt die durch die äussere Form bereits angedeutete Verwandtschaft mit *Scutellina* und *Echinocyamus* durch das Vorhandensein gleicher innerer Merkmale mehr Wahrscheinlichkeit.

Lenita patellaris (Leske) Agassiz.

Taf. IV, Fig. 1—5a.

(Synonymie cf. Cotteau, Échinides tertiaires de la Belgique. Mémoires couronnés de l'Académie royale de Belgique 1880, pag. 44.)

Ein kleiner, ziemlich flacher Seeigel, im Allgemeinen von längs-ovalem Umriss, der jedoch mehr oder minder bedeutenden individuellen Schwankungen unterliegt. Bei einzelnen ist die Schale vorn etwas verbreitert und zugespitzt, hinten dagegen stark verschmälert und zugespitzt (Fig. 1): andere sind vorn verbreitert, aber abgerundet (Fig. 2); andere zeigen regelmässig längs-ovale, vorn und hinten gerundete Gestalt (Fig. 3), und wieder andere sind vorn verschmälert und gerundet. hinten verbreitert. aber zugespitzt (Fig. 4). Ich habe nicht geglaubt, in diesen kleinen Schwankungen der Form mehr als individuelle Variation erblicken zu sollen, um so mehr, als auch belgische Exemplare dieselben Schwankungen zeigen.

Oberseite schwach gewölbt, nach den Seiten abschüssig, ältere
Exemplare hierdurch in der Medianlinie schwach gekielt erschei-
nend. Unterseite meist vollkommen flach, zuweilen an den Rändern etwas aufgebogen.

Ambulacra mässig gross, nicht bis zum Rande reichend, subpetaloid und an den Enden geöffnet. Porenzonen aus runden ungejochten Porenpaaren in geringer Zahl gebildet, die am Rande
und auf der Unterseite vollkommen fehlen. Auffallender Weise
sind selbst bei den wohlerhaltensten Individuen des Krantes die
Porenzonen nur sehr schwer zu erkennen, — bei den belgischen
Exemplaren ist dies übrigens auch der Fall, — deutlich bemerkt
man sie nur an den Steinkernen der Zone A_1.

Peristom klein, gerundet fünfseitig, genau central gelegen und
nicht vertieft.

Afterlücke klein, rund, supramarginal, aber etwas vom Hinterrande entfernt.

Die Oberfläche wird von zwei Arten von Warzen bedeckt;
sehr feine, schwach, aber deutlich gehöfte Wärzchen sind auf
die Oberseite beschränkt, welche sie dicht gedrängt in unregelmässiger Anordnung bedecken; die anderen, bedeutend grösseren
Wärzchen sind von einem tiefen Höfchen umgeben, treten aber
nur auf der Unterseite auf, wo sie zwei breite, durch ein schein-
bar glattes Band getrennte Zonen zu beiden Seiten des Peristoms
bilden. Unter der Lupe bemerkt man jedoch, dass die anscheinend glatte Zone mit zahlreichen dicht gedrängten Körnchen
bedeckt ist, die vereinzelt auch zwischen den Warzen auftreten.

Das Scheitelschild liegt central, ist aber sehr klein und undeutlich; mit der Lupe erkennt man auf den Schalen sehr selten
die vier Genitalporen, auf den Steinkernen (Taf. IV, Fig. 5a, vergrössert) bemerkt man sie auch ohne Lupe, in seltenen Fällen
daneben fünf Ocellarporen.

Im Krante sind die Schalen immer erhalten, in der Zone A_1
dagegen nur die Steinkerne, die sich leicht von den sehr ähnlichen
Scutellinen-Steinkernen unterscheiden lassen. Da ich durch die
Einschnitte der Steinkerne zuerst auf das Vorhandensein innerer

Scheidewände aufmerksam wurde, so beschreibe ich dieselben etwas eingehender.

Betrachtet man den Steinkern Fig. 5a von oben, so sieht man, dass in den Ambulacralfeldern zwei tiefe convergirende Einschnitte einen dreieckigen Lappen begrenzen, dessen Aussenseite schwach gebuchtet ist; auf den Interambulacralfeldern begrenzen diese Einschnitte einen schmaleren, trapezförmigen Lappen, der seinerseits durch einen mittleren, etwas kürzeren Einschnitt in zwei schmale Zipfel zerspalten ist: der dem hinteren Interambulacralfeld entsprechende Lappen ist nicht getheilt und trägt den Abdruck des Afters. Die Unterseite bietet nichts Bemerkenswerthes dar.

Davon, dass diesen Einschnitten in der That Scheidewände im Innern der Schale entsprechen, habe ich mich, wie gesagt, durch Anschleifen überzeugt.

Vorkommen: Im Saulande sowohl in den Zonen A_1 und A_2, in letzterer häufiger; in Belgien nennt COTTEAU dieselbe nur aus der Etage Laekenien.

Bemerkungen: Eine genaue Beschreibung dieser Art hat COTTEAU mitgetheilt. Sie ist hier der Vollständigkeit halber wiederholt. Auch waren kleine Abweichungen zu verzeichnen, die ohne genauere Beschreibung schwer verständlich geblieben wären.

Scutellina.

Scutellina Michelini COTTEAU sp.

Taf. III, Fig. 10—16a.

1861. *Sismondia Michelini* COTTEAU, Échinides nouveaux ou peu connus. Rev. et Mag. de Zoologie, 1861. pag. 49. tab. VII. fig. 13—15.

Die verhältnissmässig kleine Art zeigt im Allgemeinen einen gerundeten, schwach fünfseitigen Umriss und ist meist etwas länger als breit, doch variirt diese Form etwas, indem auch fast kreisförmige oder vielmehr ovale Individuen vorkommen; im ersteren Falle ist die Schale nach vorn verbreitert und zugespitzt, nach hinten verschmälert und abgestutzt; zuweilen ist der Hinterrand schwach gebuchtet.

13*

Die Oberseite ist mässig gewölbt, der höchste Punkt der Wölbung liegt central; die Ränder sind stumpf und gerundet, die Unterseite ist flach und in der Mitte etwas vertieft.

Die Ambulacralfelder sind kurz, subpetaloid, an den Enden weit geöffnet; die Porenzonen schmäler als die Interporiferenzone, aus weniger entfernt stehenden, nicht conjugirten Porenpaaren bestehend. Die Poren der äusseren Reihe sind etwas grösser als die der inneren. Auf der Unterseite laufen in der Mitte der Ambulacralfelder schwache Furchen dem Munde zu.

Das kleine Peristom ist von gerundet-fünfseitiger Gestalt und liegt central.

Das Periprokt ist ebenfalls klein, rundlich und liegt entweder so hart marginal, dass der Hinterrand dadurch leicht gebuchtet ist, oder es liegt etwas inframarginal, immer aber hart am Hinterrande. In letzterem Falle ist es von der Unterseite vollkommen sichtbar, im ersteren Falle nur zum Theil.

Das Scheitelschild liegt central, ist von runder Gestalt und obwohl ziemlich klein, immer deutlich sichtbar; zuweilen, namentlich bei kleineren Exemplaren, ist es als flaches Knöpfchen erhoben (Taf. III. Fig. 15). Vier grosse Genitalporen (Fig. 10) sieht man bei fast allen Individuen.

Die Oberfläche ist mit zahlreichen, vollkommen gleichmässigen, dicht gedrängten kleinen Wärzchen bedeckt, die von einem schmalen tiefen Höfchen umgeben sind.

Im Innern der Schale (Fig. 13) laufen zu beiden Seiten der Ambulacralgefässe niedrige radiäre Scheidewände, die, von fünf hohen, aber meist abgebrochenen Auriceln ausgehend, die Schale in fünf grössere (den Ambulacralfeldern entsprechend) und fünf kleinere Kammern (den Interambulacralfeldern entsprechend) theilen. In den Ambulacralkammern erheben sich auf der Unterseite flache concentrische Runzeln, die durch einen glatten radialen Streifen gespalten werden. Durch diese Runzeln wird auf der Unterseite der Steinkerne eine charakteristische, fiederförmige Zeichnung (Fig. 13 c) hervorgebracht, woran die im Uebrigen den Steinkernen der *Lenita patellaris* sehr ähnlichen Steinkerne leicht kenntlich sind.

Vorkommen: In der samländischen Glaukonitformation sowohl in der Zone A₁ als auch in A₂ verbreitet, doch in letzterer häufiger. Cotteau nennt diese Species aus dem Eocän des Plateau du Four (Loire-Inférieure.)

Bemerkungen: Cotteau stellte diese Art zu *Sismondia*, bezweifelte aber selbst diese generische Bestimmung. Gegen die Zugehörigkeit zu *Sismondia* sprechen die nicht conjugirten Porenpaare — eine Beobachtung, die übrigens Cotteau auch anführt —, die kurzen, nicht verlängerten Porenzonen, sowie die einfachen radiären Scheidewände. Cotteau begründete seine Ansicht, wonach *Scutellina Michelini* eine *Sismondia* sei, hauptsächlich auf die inframarginale Lage des Afters hin. Abgesehen davon, dass keine unzweifelhafte Sismondienspecies bekannt ist, deren After so hart marginal liegt, habe ich oben nachgewiesen, dass durch die hart marginale Lage der Afterlücke dieselbe bei der geringsten Schwankung inframarginal liegt. Ich kann mich nicht dazu verstehen, auf diesen Unterschied der Afterlage, der einen unmessbaren Theil eines Millimeters beträgt, einen generischen Unterschied zu begründen, da alle anderen Merkmale für *Scutellina* sprechen.

Nahe verwandt mit unserer Art ist *Scutellina lenticularis* des Pariser Beckens, und auch Cotteau hat auf diese Verwandtschaft bereits aufmerksam gemacht. Hiernach unterscheidet sich *S. Michelini* — wie ich überdies aus eigener Anschauung bestätigen kann — von *S. lenticularis* durch die stärker gewölbte Oberseite, den stumpfen gerundeten Rand und die etwas gröberen Tuberkeln.

Echinarachnius van Phels.

In der Monographie der Scutellides pag. 68 hat Agassiz dieses Genus wieder hergestellt und die Unterschiede von den Scutellen im engeren Sinne dahin präcisirt, dass es sich, obgleich jenen sehr ähnlich, durch mehr kreisförmigen Umriss, etwas geöffnetere Ambulacren, und besonders durch die marginale Lage des Periprokts auszeichne.

Halten wir zunächst an dem letztgenannten Charakter, der marginalen Lage des Afters, fest, so bringt Agassiz selbst

eine Ausnahme hiervon, da bei seinem *E. incisus* DEFR. sp. die
Afterlücke inframarginal liegt.

In der Synopsis hat DESOR demnach auch die Lage der Afterlücke als marginal oder inframarginal angegeben, da auch der von
ihm angeführte *E. Juliensis* DESOR einen inframarginalen After
besitzt.

Bei den recenten Formen liegt bei *E. parma* und *atlanticus*
der After marginal, bei *E. Rhumphii* meist supramarginal, zuweilen
auch marginal. Die letztere Schwankung zeigt auch *E. porpita*
DESOR aus der Umgegend von Bordeaux, wenn das von TOUR-
NOUER l. c. pag. 15, fig. 6 abgebildete grössere Fragment wirklich
dieser Art angehört, im anderen Falle zeigte *E. porpita* nur supramarginale Lage der Afterlücke.

Nimmt man nun auch mit DESOR an, dass *E. incisus* AG. eine
Sismondia ist, so ergiebt sich doch aus obiger Auseinandersetzung,
dass bei *Echinarachnius* je nach den Arten die Afterlücke zwischen infra- und supramarginaler Lage schwankt, demnach bei der Bestimmung fossiler Formen nicht gut zu ver-
werthen ist [1]).

Da ferner auch die Form der Ambulacra, — *E. atlanticus* besitzt
z. B. fast ganz geschlossene Ambulacra —, und die äussere Gestalt
der Schale wenig von *Scutella* abweichen, die nur einfach gegabelten
Ambulacralfurchen der Unterseite aber nur in den seltensten Fällen
bei fossilen Exemplaren deutlich sichtbar sind, so wäre es schwierig, hierher gehörige Formen sicher zu bestimmen, wenn man
nicht die erwähnte Einschränkung in Bezug auf die Lage des
Afters zugeben will.

Es ist mir jedoch geglückt ein anderes, sicheres Merkmal in
der Anordnung der einzelnen Kalkpfeiler, welche im Innern den
peripheren Theil der Schale der *Echinarachnius*-Arten einnehmen,

---

[1]) Ich enthalte mich der Entscheidung, ob innerhalb generischer Grenzen
derartige weite Schwankungen zulässig sind. Sollte aber, was ich vermuthe,
E. Juliensis nicht hierher gehören, so wären die Schwankungen in der Lage der
Afterlücke weit geringer, denn lebende wie fossile Formen zeigten dann entweder
eine marginale oder supramarginale Afterlücke; und dieser Mehrzahl
steht *E. Juliensis* mit inframarginalem After in der That etwas fremdartig
gegenüber.

aufzufinden. Hierauf brachte mich zunächst ein angeschliffenes Exemplar der *Scutella germanica* BEYR., welche an den randlichen Theilen diese Kalkpfeilerchen in einem sich wiederholenden arabeskenartigen Muster angeordnet zeigte.

Ich zerschnitt demnächst ein von AGASSIZ als *E. parma* (vergl. unten die Texttafel Fig. 7) bestimmtes Exemplar dieses Genus und war in hohem Grade überrascht durch die auffallende Aehnlichkeit in der Anordnung der randlichen Pfeilerchen der recenten mit der fossilen Art.

Um aber sicher zu gehen und um mich nicht über den Werth der Anordnung dieser Kalkpfeilerchen zu täuschen, zerschnitt ich ein Exemplar des nahe verwandten *Arachnoides placentula* und fand hier allerdings auch die Kalkpfeilerchen in einem bestimmten Muster gruppirt, das aber von demjenigen des *Echinarachnius* ganz verschieden ist.

Soweit mir bekannt und aus der Literatur ersichtlich, findet im peripherischen Theil der echten Scutellen keine regelmässige Gruppirung der Kalkpfeilerchen statt, der Rand ist mit solchen regellos erfüllt, *Echinarachnius* und *Arachnoides* zeigen dagegen regelmässige Anordnung der Kalkpfeilerchen, wie ich sie im Folgenden nach einem recenten Exemplar beschreibe (vergl. unten die Texttafel Fig. 7).

Zunächst zeichnen sich die Interambulacralfelder durch zwei nahestehende radiale Scheidewände aus, welche divergirend vom Rande bis zur Mitte der Höhe reichen; in den vorderen vier Interambulacralfeldern treten zwischen denselben zwei oder drei bedeutend kurze auf, während im analen Interambulacralfeld dieselben fehlen. Man kann hiernach, selbst wenn die Porenzonen der Ambulacra nicht mehr deutlich sein sollten, die Afterlücke auch nicht mehr vorhanden ist, die Exemplare sehr leicht orientiren.

Der breite Raum zwischen den radiären Scheidewänden, entsprechend den Ambulacralfeldern, wird von mehr oder minder langen, zuweilen verzweigten oder auch nur einfache Pfeilerchen bildenden Kalkleistchen eingenommen, die in concentrischen Kreisen angeordnet sind. Genau entsprechend der Mitte der Ambulacralfelder läuft ein schmaler radialer Zwischenraum, der diese Kalkpfeilerchen in zwei Gruppen scheidet.

Die Gruppirung selbst lässt sich mit Worten kaum wieder-
geben. Die unten folgende Texttafel stellt sie in Fig. 7 besser dar,
als eine weitläufige Beschreibung dies zu thun vermag. Es kam
hier wesentlich darauf an, die allgemeine Anordnung und den
Unterschied derselben in den respectiven Feldern zu demonstriren.

Echinarachnius germanicus Beyrich sp.

Taf. IV. Fig. 6 — 12.

1818.　*Scutella germanica* Beyrich. Zur Kenntniss des tertiären Bodens der Mark
　　　　Brandenburg. Karsten's und v. Decues's Archiv f. Mineralogie etc.
　　　　Bd. 22. pag. 101.
1850.　*Scutella germanica* Erman und Hertek, Ueber Tertiärschichten, welche die
　　　　den Bernstein-führende Braunkohle an der samländischen Ostsee-
　　　　küste bedecken. Zeitschr. d. Deutsch. geol. Ges.. Bd. 2. pag. 410.
1858.　*Scutella germinans* Desor. Synopsis. pag. 234.
1860.　*Scutella germinans* Mayer, Die Faunula des marinen Sandsteines von Klein-
　　　　kuhren bei Königsberg. Vierteljahrsschr. der naturf. Gesellsch. in
　　　　Zürich. Bd. VI. Heft 2. pag. 120.

Schale von fast kreisförmigem, bei jüngeren Exemplaren etwas
elliptischem Umriss und dann etwas länger als breit; in letzterem
Falle vorn verschmälert und gerundet, hinten verbreitert und stumpf
zugespitzt; letzterer Charakter tritt aber nur bei jüngeren Individuen deutlich hervor, die dann beinahe fünfseitigen Umriss zeigen.
Oberseite fast ganz flach, nur in der Mitte über die flacheren
peripherischen Theile etwas aufgetrieben, daher ein hutförmiges
Profil zeigend. Unterseite vollkommen eben. Rand scharf und
schneidend, leicht gewellt.

Ambulacralfelder sehr klein, weniger als die Hälfte der Entfernung vom Scheitelschild bis zum Rande betragend, subpetaloid
und ungleich.

Das vordere unpaare Ambulacrum ist am längsten und am Ende
vollkommen geöffnet [1]). Die Porenzonen bestehen aus zahlreichen
gejochten Porenpaaren, etwa ebenso breit wie die Interporiferenzone; die innere Reihe, aus runden Poren zusammengesetzt, ist

---

[1]) In der Abbildung Fig. 10a aus Versehen geschlossen dargestellt.

vollständig gerade, die äussere Reihe mit schlitzförmigen Poren ebenfalls fast gerade, nur am oberen Ende leicht gekrümmt. Die paarigen Ambulacra sind von ungleicher Grösse, die vorderen etwas länger als die hinteren, am Ende fast vollständig geschlossen. Porenzonen etwas breiter wie die Interporiferenzone, ebenfalls aus gejochten Porenpaaren gleicher Zusammensetzung wie ersteres bestehend. Innere Porenreihen gerade, äussere stark gekrümmt.

Auf der Innenseite der Ambulacralfelder sieht man, genau wie bei dem recenten Exemplar, die eigenartige Stellung der einem Porenpaar entsprechenden Poren, indem nämlich die inneren Poren vollkommen senkrecht, die äusseren aber sehr schief zur Achse der Ambulacra stehen: sämmtliche Poren sind durch schmale Furchen, in denen man wohl die Rinnen für die einzelnen Ambulacralfüsschen zu erblicken hat, verbunden, und entsprechend der Porenstellung sind die Furchen, welche eine äussere und eine innere Reihe verbinden, schräg, diejenigen, welche die beiden inneren Reihen verbinden, horizontal gerichtet.

Auf der Unterseite setzen sich die Ambulacra in Gestalt schmaler, kaum sichtbarer Furchen fort, welche sich anscheinend dicht in der Nähe des Mundes einmal gabeln.

Das Peristom ist klein, rund und liegt genau central.

Das Periprokt ist ebenfalls klein, von ovaler Gestalt, auf der Oberseite nahe dem Hinterrande am Ende einer seichten Furche gelegen (Taf. IV, Fig. 7). Nach dem Alter variirt die Entfernung der Afterlücke vom Hinterrande etwas: bei kleineren Exemplaren liegt sie demselben näher als bei grösseren Individuen.

Das Scheitelschild ist klein, aber fast bei allen Schalen zerstört, weshalb es auch nicht ausreichend genau untersucht werden konnte. Es liegt anscheinend ganz central oder etwas nach vorn, stets aber im höchsten Punkte der Schale. Die vier grossen Genitalporen waren deutlich, auch wohl auf der Aussenseite, die fünf kleinen Ocellarporen dagegen nur auf der Innenseite der Schale zu sehen.

Die Oberfläche ist mit zahlreichen, aber nicht sehr dicht gedrängten, gleichmässigen, kleinen Wärzchen bedeckt, die von einem schmalen, tiefen Höfchen umgeben werden.

Der periphere Theil im Innern der Schale (Taf. IV, Fig. 10)
ist mit zahlreichen, mehr oder minder gebogenen Kalkpfeilerchen
erfüllt, deren Anordnung eine ähnliche wie bei dem recenten
Exemplar ist, nur dass sich eine Tendenz zu stärkerer Verzweigung der einzelnen Kalkpfeilerchen kund giebt: die Anordnung
ist dadurch etwas mehr arabeskenartig als bei *E. parma* (vergl.
unten die Texttafel Fig. 7).

Man sieht aber noch deutlich bei *E. germanicus* die radialen,
wenn auch stark zerrissenen und verzweigten Hauptleisten der
Interambulacralfelder; mit Ausnahme des analen Interambulacrums,
wo der Zwischenraum zwischen den Hauptleistchen frei bleibt,
schieben sich zwischen diejenigen der übrigen Ambulacra secundäre, aber doch ziemlich lange verzweigte Radialleistchen ein.

Das breite Feld zwischen den interambulacralen Leistchen,
entsprechend also den Ambulacralfeldern, ist mit Kalkpfeilerchen
in meist concentrischer Anordnung, wie das vordere Ambulacrum
noch deutlich zeigt, erfüllt; durch starke Verzweigung ist die concentrische Stellung jedoch etwas verwischt: eine glatte Rinne, entsprechend der Mittellinie des Ambulacrums, theilt auch hier die
Kalkpfeilerchen in zwei Gruppen. Die Abbildung bringt diese
Verhältnisse besser zum Ausdruck, als die Beschreibung sie zu
geben vermag.

Vorkommen: Sowohl in der Zone A_1 (hier nur als Steinkerne), als auch in der Zone A_2 (meist mit wohl erhaltener Schale).

Bemerkungen: BEYRICH hat unsere Art zuerst als *Scutella germanica* beschrieben. Leider aber war in Folge eines Druck-
fehlers *S. germarnica* zu lesen. Daraus hat dann DESOR *S. germinans* gemacht und MAYER diesen corrumpirten Namen ohne
weiteres acceptirt.

Es kann nicht befremden, dass BEYRICH diese Art für
eine *Scutella* hielt, denn der ganze Habitus sprach ohne weiteres
dafür. Dass ich in Bezug auf die generische Stellung anderer
Ansicht geworden bin, verdanke ich einzig und allein einem sehr
reichlichen Material, welches mir eine eingehende Untersuchung
wichtiger systematischer Charaktere, wie Lage des Afters, Anordnung der peripheren Kalkpfeilerchen etc., ermöglichte, Merkmale,

die Beyrich nicht untersuchen konnte. Ich muss hierbei ausdrücklich hervorheben, dass in Folge der eigenthümlichen Erhaltungsweise die Exemplare des Krautes (und solche hat Beyrich
untersucht) fast niemals die Lage des Periproktes zeigen, Beyrich
dasselbe daher auch nicht beobachten konnte.

Nach den oben mitgetheilten Untersuchungen kann die generische Stellung des *E. germanicus* nunmehr als gesichert gelten.

In seiner bereits mehrfach citirten Abhandlung hat Tournouer
eine Species aus den Asterienkalken von Bordeaux als *Echinarachnius porpita* Desor beschrieben, der die grösste Aehnlichkeit mit unserem *E. germanicus* zu besitzen scheint. Leider aber
ist seine Abbildung zu wenig zulänglich, um hierüber Gewissheit zu erlangen. Sollte sich aber die Identität beider Formen
bestätigen, so müsste die jüngere Speciesbezeichnung »germanicus«
der älteren »porpita« weichen.

Echinolampas.

Echinolampas subsimilis d'Archiac.

Taf. IV, Fig. 13—14.

(Literaturnachweise cf. Dames. Die Echiniden der vicentinischen etc. Tertiärablagerungen. Palaeontographica Bd. XXIV. 3. F. l. pag. 38.)

Schale von ovalem, fast schwach fünfseitigem Umrisse, hinten
etwas breiter als vorn, aber stumpf zugespitzt. Oberseite hoch
gewölbt; der Punkt höchter Wölbung im Scheitelschilde, excentrisch nach vorn liegend; Profillinie von hier in mässiger Krümmung nach hinten, etwas steiler nach vorn abfallend. Unterseite
flach, nur in der Mitte um das Peristom schwach concav.

Die Ambulacralfelder schwach erhaben, von sehr ungleicher
Grösse: das unpaare ist schmäler und kürzer als die anderen, da
es nur bis in die Mitte der Entfernung zwischen Scheitelschild
und Rand reicht, und am Ende geöffnet. Die Porenzonen sind
gleich lang und bestehen aus runden gejochten Porenpaaren.
Die vorderen paarigen Ambulacra sind schwach gekrümmt,
breiter und beträchtlich länger als ersteres. Die Porenzonen derselben sind sehr ungleich: die hinteren gekrümmten, etwas stärker

als die vorderen, reichen bis zu zwei Drittel der Entfernung zwischen Scheitelschild und Rand; die vorderen geraden messen etwa die Hälfte der Länge.

Die hinteren Ambulacra sind am längsten; ihre ziemlich geraden Porenzonen besitzen fast die gleiche Länge, die nur wenig kürzer als die der äusseren ist. Auf Steinkernen — und nur solche liegen mir vor — setzen hier die beiden inneren Porenreihen eines jeden Ambulacrums über das Ende der Petaloiden bis zum Peristom fort.

Mundlücke queroval und deutlich pentagonal, in schwacher Einsenkung, genau dem Scheitelschilde gegenüberliegend. Periprokt quer-elliptisch, etwas grösser als erstere, hart am Hinterrande gelegen.

Scheitelschild stark excentrisch nach vorn gerückt, leider bei keinem meiner Exemplare erhalten. Schalenoberfläche nicht erhalten.

Vorkommen: Selten in der Zone A_1, ferner im Eocän von Biarritz und im veronesischen Tertiär.

Bemerkungen: Am besten sowohl in Bezug auf Beschreibung als Abbildung stimmt die samländische Echinolampas-Art mit d'Archiac's Form überein. Besonders hat mich aber die Ausbildung der Porenzonen der verschiedenen Ambulacra, die Dames l. c. genauer beschreibt, bewogen, unsere Form mit jener zu identificiren.

Schizaster.

Schizaster acuminatus Agassiz.

Taf. V, Fig. 1—2b.

(Synonymie cf. Cotteau, Description des Échinides tertiaires de la Belgique. Mémoires cour. de l'Acad. royal de la Belgique. Bd. XLIII, 1880, pag. 65.)

Ausser dem vorzüglich erhaltenen Abdruck eines Theiles der Oberseite eines grösseren Exemplares besitze ich noch ein verhältnissmässig vollständig erhaltenes, kleineres Individuum. Mit Hülfe beider war es möglich, die Art sicher und gut zu bestimmen, doch musste auf die Beschreibung einiger Theile, wie Hinter- und

vollständige Unterseite, verzichtet werden, da sie nicht erhalten
waren; es ist dieser Mangel jedoch von keiner Bedeutung für die
Bestimmung.

Die Grösse der Schale ist sehr schwankend, ihr Umriss herz-
förmig, vorn etwas verschmälert und gebuchtet, in der Mitte am
breitesten, hinten leicht zugespitzt. Oberseite hoch gewölbt; die
Profillinie fällt vom höchsten Punkt, der auf dem Kiele des hinteren Interambulacrums etwas hinter dem Scheitelschilde liegt, in
schräger Richtung nach vorn: nach hinten krümmt sie sich steil
dem Hinterrande zu.

Das vordere Ambulacrum liegt in einer langen, geraden und
tiefen, an den Rändern gekielten Furche, die den Rand stark
buchtet und auf der Unterseite bis zum Peristom reicht. Bei einzelnen Individuen ist die Furche breit, verhältnissmässig flach und
verschmälert sich mit dem Aufhören der Porenzonen gegen den
Rand hin etwas; bei anderen Individuen ist sie schmal, tief und
verengt sich gleichfalls dem Rande zu; ich weiss nicht, ob die
schmale Furche auf Verdrückung zurückzuführen ist. Die letzteren
Individuen stimmen sehr gut mit einem etwas verdrückten Exemplar von St. Gilles. während erstere grössere Uebereinstimmung
mit Cotteau's fig. 16 zeigen.

Das Ambulacrum selbst ist lang und gerade und unterscheidet
sich dadurch von den paarigen Ambulacren, dass es aus zwei Reihen
kleiner, dicht gedrängter, schräger Porenpaare besteht, die in
schmalen Furchen liegen und durch kleine Bälkchen getrennt sind.

Die paarigen Ambulacren sind gleichfalls sehr stark vertieft,
aber an Grösse sehr ungleich: die vorderen sind lang, stark divergirend und leicht S-förmig gekrümmt, die hinteren kaum die Hälfte
so lang, stehen sehr nahe und sind am unteren Ende vollkommen
abgerundet.

Die Porenzonen, welche zum Theil auf den Wänden der concaven Ambulacren liegen, bestehen aus etwas verlängerten Poren,
die durch eine deutliche Furche verbunden sind; die einzelnen
Paare werden durch niedrige Leistchen geschieden. Die Interporiferenzone ist bei sämmtlichen paarigen Ambulacren schmaler
als die Porenzone.

Die Interambulacralfelder sind im oberen Theile schmal und
zwischen den concaven Ambulacralfeldern stark erhoben; das hintere ist, wie bereits erwähnt, scharf gekielt.

Das Scheitelschild ist excentrisch nach hinten gerückt und
etwas verlängert; man beobachtet zwei äussere hintere und zwei
kleinere vordere Genitalporen (Taf. V, Fig. 2b, vergrössert). Die
Ocellarporen sind wenig deutlich.

Die Oberfläche ist mit kleinen crenulirten und durchbohrten,
dicht gedrängten Wärzchen bedeckt, die auch im vorderen Ambulacralfeld auftreten, während die hinteren glatt sind. Anscheinend
nehmen die Wärzchen vom Scheitel nach dem Rande an Grösse
zu; sicher beobachten konnte ich nur, dass die Ambulacra von
einem Saume etwas grösserer Wärzchen eingefasst sind.

Die Peripetalfasciole, sowie Spuren der Lateralfasciole sind
deutlich erkennbar.

Vorkommen: Sehr selten in der Zone A$_1$. COTTEAU führt
die Art aus den Sables ypresiens supérieurs, dem Laekenien in-
férieur und dem Wemmelien an.

Bemerkungen: Auch in Ostpreussen scheint die Grösse
des *Sch. acuminatus* in ähnlicher Weise zu variiren, wie COTTEAU
dies von belgischen Exemplaren beschreibt. Auffallend ist mir bei
COTTEAU's Abbildung, dass er vier Genitalporen angiebt, in der
Beschreibung aber nur von zweien spricht; auch sind in fig. 14
die Wärzchen nicht crenulirt gezeichnet, wie es die generische
Diagnose verlangt.

Im Uebrigen stimmen die samländischen Formen recht gut
mit den belgischen überein, bis auf eine Verschiedenheit des vorderen Ambulacrums. COTTEAU bildet in fig. 11 die Ambulacra
vergrössert ab; hieraus ersieht man, dass sich die vordere Furche
anscheinend nach dem Rande hin nicht verschmälert und die Porenpaare nicht in Furchen, die durch Bälkchen getrennt werden, liegen.
Was nun den letzteren Charakter anbetrifft, so ist er selbst nicht
einmal bei den hinteren Ambulacren, deren Poren doch gewiss
durch tiefe Furchen verbunden sind, in der Zeichnung ausgedrückt;
es ist also immerhin möglich, dass im vorderen Ambulacrum, wo
die Furchen und Bälkchen im allgemeinen weniger deutlich sind,
dies Merkmal übersehen wurde.

Was die Verschmälerung der vorderen Furche nach dem Rande hin angeht, so habe ich bereits bemerkt, dass ein belgisches Exemplar der Etage Lackenien dieselbe deutlich zeigt. Ferner zeigt diese Verschmälerung GOLDFUSS's fig. 2a, die von COTTEAU auch ausdrücklich in der Beschreibung erwähnt wird: ebenfalls zeigt diese Figur die Furche im vorderen Ambulacrum.

Demnach harmoniren in Bezug auf Ausbildung der vorderen Furche die samländischen und ein Theil der belgischen Exemplare mit GOLDFUSS's Abbildung, während ein anderer Theil der belgischen Exemplare davon abweicht. Da aber COTTEAU selbst diese Formen mit GOLDFUSS's Abbildung identificirt, so darf in dieser Variation kein wichtiger Unterschied erblickt werden.

Da *Schizaster acuminatus* vom Unter- bis ins Ober-Eocän reicht, wäre es auch möglich, dass die Ausbildung der vorderen Furche je nach dem Niveau verschieden ist.

Maretia.

Maretia Sambiensis BEYRICH sp.

Taf. V. Fig. 6—8.

1848. *Spatangus Sambiensis* BEYRICH. Zur Kenntniss des tertiären Bodens der Mark Brandenburg. KARSTEN's u. v. DECHEN's Archiv f. Bergbau etc. Bd. XXII, pag. 100.

1861. *Hemispatangus Regiomontanus* MAYER, Die Faunula des marinen Sandsteins von Kleinkuhren. Vierteljahrsschr. der naturf. Gesellsch. in Zürich. Bd. VI, pag. 119.

Schale von breit herzförmiger Gestalt, wenig länger als breit: vorn breit-gerundet und seicht gebuchtet, hinten verschmälert und gerade abgestutzt. Oberseite mässig gewölbt, nach den Seiten dachförmig abfallend. Der Punkt höchster Wölbung liegt im hinteren, flach erhabenen Interambulacralfeld, in etwa ein Drittel der Entfernung zwischen Scheitelschild und Rand. Die Profillinie fällt von hier etwas steiler nach hinten als nach vorn ab. Die Hinterseite ist senkrecht abgestutzt; die Unterseite flach, nur um das Peristom herum vertieft, das Plastron, namentlich im hinteren Theile, flach erhaben (Fig. 7).

Die Ambulacralfelder sind etwas vertieft und ungleich, das vordere unpaare in einer seichten Furche gelegen und in Folge des Erhaltungszustandes bei keinem der Exemplare deutlich sichtbar.

Die geringen, am Ende etwas geöffneten Ambulacren, besitzen unter sich die gleiche Länge, aber etwas verschiedene Breite: die beiden breiteren vorderen divergiren unter sehr stumpfem Winkel; ihre Porenzonen sind ungleich breit, die hintere etwas breiter als die vordere, mit einem mehr als doppelt so breiten Zwischenfeld. Die vordere Porenzone ist stark gebogen und ihre Porenpaare verschwinden in der Nähe des Scheitels, die hintere ist weniger gekrümmt und bis zur Spitze deutlich. Die Porenpaare sind zahlreich, gejocht und durch niedrige Leistchen geschieden.

Die hinteren Ambulacralfelder sind etwas schmaler als die vorderen und divergiren unter sehr spitzem Winkel; ihre Porenzonen wie bei vorigen, aber etwas schmaler und weniger gebogen.

Das hintere Interambulacralfeld ist etwas erhaben und stumpf gekielt.

Das Peristom ist sehr gross, von quer-ovaler Gestalt, mit stark vorspringender Unterlippe und liegt nur wenig vor der Mitte.

Das runde Periprokt befindet sich oben an der Spitze der Hinterseite.

Das Scheitelschild ist etwas excentrisch nach vorn gelegen, deutlich aber bei keinem meiner Exemplare zu erkennen.

Die grossen Tuberkeln der Oberseite sind wenig zahlreich, selten mehr denn zwei bis drei in den paarigen Interambulacralfeldern, aber breit und tief gehöft, daher auch bei schlecht erhaltenen Exemplaren immerhin noch wahrnehmbar. Auf der Unterseite sind dieselben etwas kleiner, aber nicht sehr dicht gedrängt, reihenweise angeordnet und nehmen vom Rande nach dem Peristom an Grösse zu.

Das Plastron ist, mit Ausnahme einiger kleineren Wärzchen, auf dem hinteren Theile glatt. Soweit erkennbar, bedecken im Uebrigen zahlreiche kleine gehöfte Wärzchen die ganze Schalenoberfläche.

Bei einzelnen Individuen sind deutliche Fragmente der subanalen Fasciole zu beobachten.

Vorkommen: Sowohl in der Zone A_1 als in A_2, nirgends aber gut erhalten.

Bemerkungen: Obgleich BEYRICH diese Art gut beschrieben und namentlich auch die Unterschiede zwischen ihr und dem verwandten *Sp. Hoffmanni* hervorgehoben hat, benannte K. MAYER in Unkenntniss der einschlägigen Literatur dieselbe Art neu.

BEYRICH rechnete die Species zu *Spatangus* in weiterem Sinne. Nachdem aber das Vorhandensein einer subanalen Fasciole nachgewiesen werden konnte, eine Peripetalfasciole dagegen fehlt, ist dieselbe zu *Hemipatagus = Maretia* zu stellen.

Die charakteristischen Merkmale der *M. Sambiensis* sind die breite Gestalt der Schale, die geringe Zahl der grossen Tuberkeln auf der Oberseite, vor Allem aber die nur wenig aus dem Centrum nach vorn gerückte Lage des Peristoms, worauf auch bereits BEYRICH aufmerksam machte. Diese sämmtlichen Kennzeichen, wozu noch einige untergeordnete in der Wölbung und der Richtung der vorderen Ambulacralfelder kommen, unterscheiden die samländische Form von allen übrigen bekannten Arten, insbesondere von der verwandten *M. Hoffmanni*.

Maretia Grignonensis DESMAREST.

Taf. V, Fig. 3—5c.

(Synonymie cf. COTTEAU, Description des Échinides tertiaires etc. Mémoires cour. de l'acad. royal de la Belgique. 1880, Vol. XLIII. pag. 75.)

1861. *Hemipatagus Hoffmanni* MAYER. Die Faunula des marinen Sandsteins von Kleinkuhren. Vierteljahrsschr. der naturf. Gesellsch. in Zürich. Bd. VI. pag. 119.

Kleine oder mittelgrosse Seeigel von herzförmiger Gestalt, vorn gerundet, durch eine Furche am Rande ziemlich stark gebuchtet, nach hinten verschmälert und gerade abgestutzt. Oberseite mässig gewölbt, Profillinie eine theilweise flache Curve bildend, nach hinten fast horizontal oder nur wenig geneigt laufend, nach vorn in steilem Bogen abwärts gekrümmt. Seitenflächen ziemlich abschüssig. Unterseite vollkommen flach, nur im hinteren Theile des Plastrons erhaben.

14

Die Ambulacralfelder sehr ungleich: das unpaare besteht aus wenigen zerstreuten Porenpaaren, die nur auf Steinkernen deutlich sichtbar sind; die Vorderfurche beginnt erst in einiger Entfernung vom Scheitelschilde deutlich zu werden, buchtet den Rand mehr oder minder aus und reicht auf der Unterseite bis in die Nähe des Peristoms. Die paarigen Ambulacralfelder sind petaloïd, leicht gekrümmt und an den Enden etwas geöffnet. Die Porenzonen sind nur sehr schwach vertieft, fast ebenso breit wie die Interporiferenzone und bestehen aus verhältnissmässig wenigen, gejochten Porenpaaren; die Poren der inneren Reihen sind rund, die der äusseren schlitzförmig. In den beiden vorderen Ambulacralfeldern verschwinden die Poren der vorderen Zonen in der Nähe des Scheitels fast vollständig, oder sie werden doch sehr undeutlich.

Das Peristom ist mässig gross, quer-oval, mit wenig vorspringender Unterlippe, liegt weit nach vorn und in gleicher Höhe mit der Unterseite der Schale.

Das ziemlich grosse, runde Periprokt liegt an der Spitze der Hinterseite.

Das Scheitelschild ist klein, excentrisch nach vorn gerückt, mit vier deutlichen grossen Genitalporen, aber fast immer zerstört.

Die grossen, tief und breit gehöften, crenulirten Warzen treten in mehr oder minder grosser Zahl auf der Oberseite in den beiden vorderen und der vorderen Hälfte der beiden hinteren Interambulacralfelder auf; auf der Unterseite finden sie sich, wenn auch beträchtlich kleiner und näher gedrängt, in zwei Zonen zu beiden Seiten des Peristoms, wobei die demselben zunächstliegenden am grössten sind.

Die kleineren, gleichmässig grossen Wärzchen bedecken dicht gedrängt die ganze Oberseite; am Vorderrande und neben der vorderen Furche werden dieselben gern etwas grösser.

Bei einzelnen Fragmenten sind Spuren einer subanalen Fasciole zu bemerken.

Vorkommen: Ausserordentlich häufig, aber nicht gut erhalten in der Zone A_1, selten in A_2; in Belgien vom Ypresien bis zum Wemmelien, ferner an zahlreichen Localitäten des französischen Eocän.

Bemerkungen: Die Art ist mit der jüngeren *M. Hoffmanni*
von Bünde, mit welcher MAYER unsere Art verwechselt hat, nahe
verwandt. Vor Allem unterscheidet sich *M. Grignonensis* durch
die weit geringere Grösse: die mehrere hundert Exemplare, welche
ich aus dem samländischen Tertiär untersuchte, schwanken in ihrer
Grösse zwischen den beiden abgebildeten, durch die geringere
Breite der Ambulacralfelder, sowie auch durch die geringere Zahl
der grösseren Tuberkel auf der Oberseite der Interambulacralfelder.

Von jüngeren Exemplaren der damit zusammen vorkommenden
M. Sambiensis unterscheidet sich unsere Art durch die etwas
schmalere Gestalt, die Wölbung der Oberfläche, vor Allem aber
durch die schmaleren Ambulacralfelder und den stärker excen-
trischen Mund.

Laevipatagus gen. nov.

Umriss breit oval, Oberseite hoch gewölbt, Unterseite flach,
um das Peristom herum etwas concav; Hinterseite vertical abgestutzt, sehr flach vertieft. Unpaares Ambulacrum undeutlich in
seichter Furche gelegen; paarige Ambulacren vollständig petaloid,
stark gekrümmt und sehr breit, aus gejochten Porenpaaren bestehend.

Peristom gross, quer-oval, excentrisch nach vorn; vor demselben zwei dicke, blasenförmige Anschwellungen der Schale.

Periprokt längs-oval an der Spitze der Hinterseite liegend.

Scheitelschild klein, mit vier Genitalporen. Schale auf der
Oberseite nur mit kleineren, dicht gedrängten Wärzchen bedeckt,
ohne grosse Warzen; auf der Unterseite nehmen die Wärzchen
vor und zu beiden Seiten des Peristoms etwas an Grösse zu.

Plastron glatt, nur im hinteren Theile mit kleinen Wärzchen.
Eine deutliche Subanalfasciole vorhanden.

Bemerkungen: *Laevipatagus* zeigt eine grosse Verwandtschaft zu *Spatangus* im engeren Sinne, unterscheidet sich aber vor
Allem durch das Fehlen der grossen Tuberkel auf der Oberseite
der Interambulacralfelder. Ob die beiden blasenartigen Anschwellungen der Schale vor dem Peristom ein generisches Kennzeichen

14*

sind, vermag ich nicht zu sagen. BEYRICH hat (l. c. pag. 100) auf ähnliche Anschwellungen bei allen Exemplaren der *Maretia Hoffmanni* hingewiesen, die ich an einem Individuum der hiesigen Sammlung constatiren konnte; die Grösse und Form dieser Anschwellungen scheint aber gewissen Schwankungen zu unterliegen, auf welche ich in der folgenden Beschreibung zurückkommen werde.

Von Fasciolen wurde nur eine subanale beobachtet, und ich glaube kaum, dass sich etwa eine Peripetalfasciole vorfindet, da die wenigen gut erhaltenen Exemplare dieselbe sicher hätten erkennen lassen.

Die Combinirung der beiden letzten Charaktere — Anschwellungen der Schale vor dem Peristom, subanale Fasciole — mit den übrigen Merkmalen lässt das Genus *Laeripatagus* als nahe verwandt mit *Maretia* erscheinen, von welcher es sich aber, wie gesagt, durch den Mangel der grösseren Warzen auf der Oberseite unterscheidet.

Laevipatagus bigibbus BEYRICH sp.

Taf. VI. Fig. 1—6.

1848. *Spatangus (Micraster) bigibbus* BEYRICH, Zur Kenntniss des tertiären Bodens der Mark Brandenburg. KARSTEN's und v. DECHEN's Archiv. Bd. XXII. pag. 100.

1861. *Leiospatangus tubifer* MAYER. Die Faunula des marinen Sandsteins von Kleinkuhren. Vierteljahrsschr. der naturf. Gesellsch. in Zürich. Bd. VI. pag. 119.

Schale von breit-ovalem, fast kreisförmigem Umriss, etwas breiter als lang; nach vorn und hinten verschmälert, aber vorn gerundet und ziemlich stark gebuchtet, hinten gerade abgestutzt. Der Punkt der höchsten Wölbung liegt etwa in der Mitte des hinteren Interambulacralfeldes, von wo aus die Schale ziemlich steil nach hinten, etwas flacher nach vorn zum Scheitelschilde abfällt; von hier läuft die Profillinie auf kurze Erstreckung horizontal und biegt sich dann fast senkrecht nach unten um.

Die Unterseite ist flach, um das Peristom herum eingesenkt, zuweilen mit stark convexem Plastron. Die Hinterseite ist ver-

tical abgestutzt, aber seicht ausgehöhlt, so dass der obere und
der untere Theil der Schale unmerklich vorspringen.

Die Ambulacralfelder sind ungleich, aber breit und gross, etwas
vertieft: das vordere ist undeutlich und liegt in einer mässig tiefen
Furche, die am Scheitel beginnt, den Rand ziemlich tief buchtet
und auf der Unterseite kurz vor den Anschwellungen am Peristom
aufhört.

Die vorderen paarigen Ambulacralfelder sind sehr breit, am
Ende fast vollständig geschlossen und divergiren unter sehr stumpfem
Winkel. Die Porenzonen, mit zahlreichen gejochten Porenpaaren,
sind etwa ein Drittel so breit wie die Interporiferenzone. Die vordere
Porenzone ist stark gebogen, und es werden die Porenpaare derselben
in der Nähe des Scheitels undeutlich oder verschwinden vollständig;
die hintere ist nicht so stark gekrümmt und bis zum Scheitel deutlich zu verfolgen.

Die hinteren Ambulacralfelder sind etwas schmaler als die vorderen und divergiren unter einem sehr spitzen Winkel; Porenzonen
wie bei vorigen, nur weniger gebogen. Bei einem Exemplar sieht
man, dass die Poren dieser Ambulacralfelder auch auf die Unterseite
fortsetzen, wo sie, wenn auch weit von einander entfernt, auf den
grossen langgestreckten Ambulacraltäfelchen zu beiden Seiten des
Plastrons deutlich sichtbar sind. Das Peristom ist gross, von quer-
ovaler Gestalt, mit stark vorspringender Unterlippe und liegt excentrisch, wenig vor der Mitte, in tiefer Einsenkung.

Vor dem Peristom am Rande der Einsenkung stehen, schräg
zur Medianaxe gerichtet, zwei glatte, dicke, blasenförmige Buckel,
welche durch einen schmalen Zwischenraum getrennt werden.

Die Gestalt, Grösse, Richtung und Entfernung dieser, wohl
als blasenförmige Ausstülpungen der Schale aufzufassenden Buckel
variirt sehr stark. Bei der Mehrzahl meiner Exemplare zeigen
dieselben lang-eiförmige Gestalt mit dem breiten Ende nach vorn,
und mag ihre Länge etwa der Breite des Peristoms gleichkommen
(Fig. 1a, 2, 3, 5 und 6).

Bei einem Exemplar nun (Fig. 4), bei welchem Abreibung nicht
anzunehmen ist, sind diese grossen Buckel zu einer winzig kleinen,
aber doch stark aufgetriebenen Anschwellung reducirt; leider fehlt

an dem Stück die eine Hälfte, doch sieht man noch, dass der Raum zwischen beiden Buckeln hier recht breit war.

Die Breite des Zwischenraumes schwankt, wie die Abbildungen zeigen, ebenso wie die Stellung der Buckel zur Medianaxe innerhalb ziemlich weiter Grenzen.

Als ganz besonders auffallende Ausbildung in der Gestalt dieser Anschwellungen ist ein Exemplar (Fig. 6) hervorzuheben, das allerdings nur in einem Fragmente des vorderen Theiles erhalten ist. Hier haben sich von dem grösseren eiförmigen Buckel auf der Vorderseite zwei kleinere Anschwellungen abgeschnürt, die, wenn auch noch nicht vollständig getrennt, doch durch eine tiefe Furche davon geschieden sind: eine etwas tiefere Furche scheidet diese Secundäranschwellungen unter einander. Da die beiden Anschwellungen vor dem Munde noch erhalten sind, beide auch die gleiche Gestalt zeigen, so ist hier keinenfalls an eine abnorme Bildung eines dieser Buckel zu denken, sondern das Fragment stellt entweder eine Varietät oder eine andere Art vor. So weit ich erkennen kann, waren die grossen Buckel etwas niedriger als bei den typischen Formen, doch möchte ich hierauf kein zu grosses Gewicht legen.

Das Periprokt ist mässig gross, längs-oval und liegt am oberen Ende der Hinterseite.

Das Scheitelschild ist klein, etwas nach vorn gelegen, aber bei keinem meiner Exemplare erhalten, wie die Abdrücke beweisen, mit vier deutlichen Genitalporen versehen.

Die Oberfläche ist auf der Oberseite nur mit kleinen, dicht gedrängten gehöften Wärzchen bedeckt, die sich in der Nähe des Randes in schräge Reihen stellen. Auf der Unterseite nehmen die Wärzchen nach dem Peristom hin an Grösse zu und stehen etwas weiter auseinander.

Das Plastron ist glatt, nur im hinteren Theile (Fig. 5) mit kleinen Wärzchen besetzt.

Eine, wenn auch nicht vollkommen geschlossene, subanale Fasciole ist bei mehreren Exemplaren zu beobachten.

Vorkommen: Sehr häufig, aber meist schlecht erhalten, in der Zone A$_2$, seltener in den Mergelknollen in der Zone A$_1$.

Bemerkungen: BEYRICH hat diese Form zuerst als *Spa-tangus (Micraster) bigibbus* beschrieben und ihre wesentlichen charakteristischen Kennzeichen angegeben. Da sie jedoch dem Genus *Micraster* in dessen heutiger Abgrenzung nicht eingereiht werden kann, so war es nöthig, ein neues Genus zu errichten.

Da MAYER die ältere Artbezeichnung nicht kannte, so hat er unsere Art unter dem Namen *Leiospatangus tubifer* beschrieben. Eine Gattung dieses Namens habe ich jedoch trotz eifriger Bemühungen in der Literatur nicht auffinden können. Sollte MAYER für unsere Art damit eine neue Gattung haben aufstellen wollen, so hätte er eine Diagnose geben müssen, die das Wiedererkennen ermöglichte. Da das nicht geschehen ist, ist die Bezeichnung *Leiospatangus* zu cassiren.

Als charakteristisches Kennzeichen des *Laeeispatagus bigibbus* muss die Abwesenheit grösserer Warzen auf der Oberseite und das Vorhandensein von zwei grossen dicken blasenartigen Anschwellungen der Schale vor dem Peristom bezeichnet werden. Welche Funktionen diese Anschwellungen gehabt haben, wird kaum zu ermitteln sein, da bei lebenden Formen ein Analogon, bis jetzt wenigstens, nicht bekannt ist.

Asteroidea.

Crenaster.

Crenaster poritoides DESMAREST.

Taf. VI. Fig. 7 — 7 c.

Es liegen mir einige Randplättchen eines Seesternes vor, die ich nach Vergleich mit belgischen Exemplaren mit dieser Art identificire. Es sind ziemlich dicke, mehr oder minder parallelepipedische Randplättchen mit glatten, von einem starken Saume eingefassten Seitenflächen und deutlichem Gelenk auf der Innenfläche. Die Aussenfläche ist flach gekrümmt und mit zahlreichen eingestochenen punktförmigen Vertiefungen bedeckt.

Vorkommen: Sehr selten in der Zone A₂, in Belgien in
der Etage Laekenien.

Bemerkungen: Leider war es mir nicht möglich, die Literatur dieser Art zu erhalten, und ich muss mich in der Bestimmung einzig und allein an das Vergleichsmaterial aus Belgien
halten, mit welchem die Täfelchen des samländischen Tertiärs gut
übereinstimmen.

Erklärung der Texttafel zu Lieferung I.

Vertebrata.

— · —

Fig. 1.   *Chimaera mediterranea* Laxx, Unterkiefer.
    a. rechte Dentalplatte.
    b. linke Dentalplatte.

Fig. 1a.   *Chimaera mediterranea* Laxx.. Oberkiefer.
    a'. rechte Postdentalplatte.
    b'. linke Postdentalplatte.
    c. rechte Prädentalplatte.
    d. linke Prädentalplatte.

Fig. 2.   *Rhinobates Horkeli* M. und H., Querschnitt eines Rumpfwirbels: Copie nach Hasse.

Fig. 3.   *Rhinobates* sp. Eocän: Copie nach Hasse.

Fig. 4.   *Rhinobates cemiculus* G. St. Hil., Querschnitt eines Rumpfwirbels: Copie nach Hasse.

Fig. 5.   *Rhinobates* sp. Eocän: Copie nach Hasse.
    d. centraler Doppelkegel.
    a. Innenlage der Aussenzone.
    a'. Aussenlage der Aussenzone.
    o. Oberflächenverkalkungen.

Fig. 6.   *Crotophus* sp. Eocän: Copie nach Hasse.
    i. Innenzone.
    d. centraler Doppelkegel.
    a. Innenlage der Aussenzone.
    a'. Aussenlage der Aussenzone.

Fig. 7.   *Astrape dipterygia* M. und H.: Querschnitt eines Schwanzwirbels: Copie nach Hasse.

Fig. 8.   *Astrape* sp., Senon: Copie nach Hasse.

Fig. 9.   *Torpedo marmorata* M. und H.: Querschnitt eines Rumpfwirbels: Copie nach Hasse.

Erklärung der Texttafel zu Lieferung I. Vertebrata.

Fig 10. *Torpedo* sp.
Fig. 11. *Torpedo* sp. } Crag: Copie nach Hasse.

    i. Innenzone.
    d. centraler Doppelkegel.
    a. Innenlage der Aussenzone.
    a'. Aussenlage der Aussenzone.

Fig. 12. *Squatina vulgaris* Linn.. Frontalansicht des 6. Rumpfwirbels.
    r. Randsaum des centralen Doppelkegels.
    n. Neurapophysen.
    h. Hämapophysen.

Fig. 13. *Alopias vulpes* Linn., Dorsalseite des 7. Rumpfwirbels.
    u. Lücken für die Knorpelzapfen der Neurapophysen.

Fig. 13a. *Alopias vulpes* Linn., Ventralseite des 7. Rumpfwirbels.
    h. Lücken für die Knorpelzapfen der Hämapophysen.

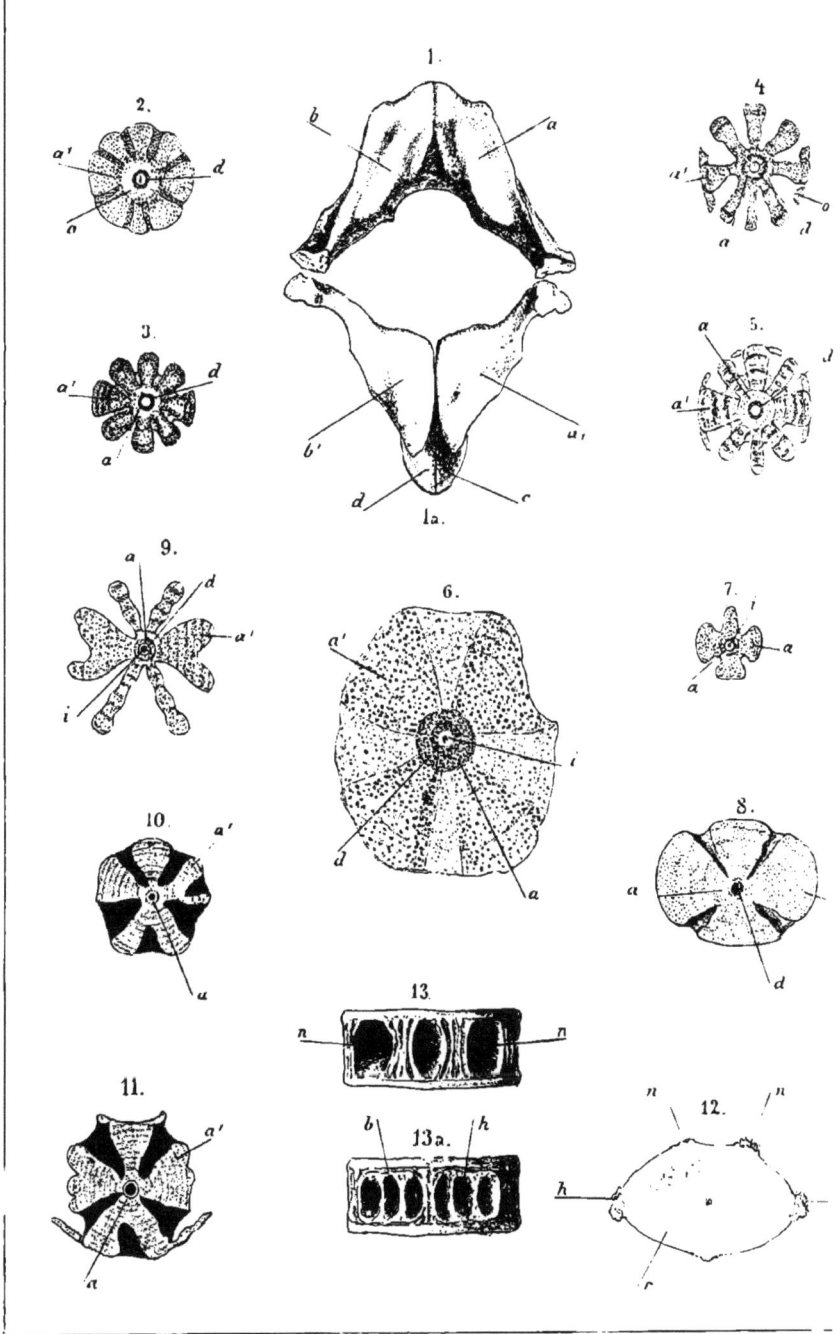

Erklärung der Texttafel zu Lieferung II und VI.

Crustacea und Echinodermata.

Calappilia verrucosa Mh.SE Edw.
(Copie aus Bouillé, Paléontologie de Biarritz.)

Cocloma vigil M. Edw. Schematische Zeichnung der vorderen Partie des Cephalothorax.

Cocloma balticum Schlüter. Schematische Zeichnung der vorderen Partie des Cephalothorax.

Cocloma vigil M. Edw. Schematischer Querschnitt des Vorderarms.

Cocloma balticum Schlüter. Schematischer Querschnitt des Vorderarms.

Baueria Agassizii d'Arch. sp., Oberseite.

»   »   »   »   Seitenansicht.

»   »   »   Ambulacral- und Interambulacralfelder, stark vergrössert.
Copie nach d'Archiac, Desc. des Foss. etc. Mém. de la soc. géol. de France, 2. série, vol. III, fig. 2a, b, c.)

Echinurachnius parma Agass., recent; Innenfläche der Oberseite.

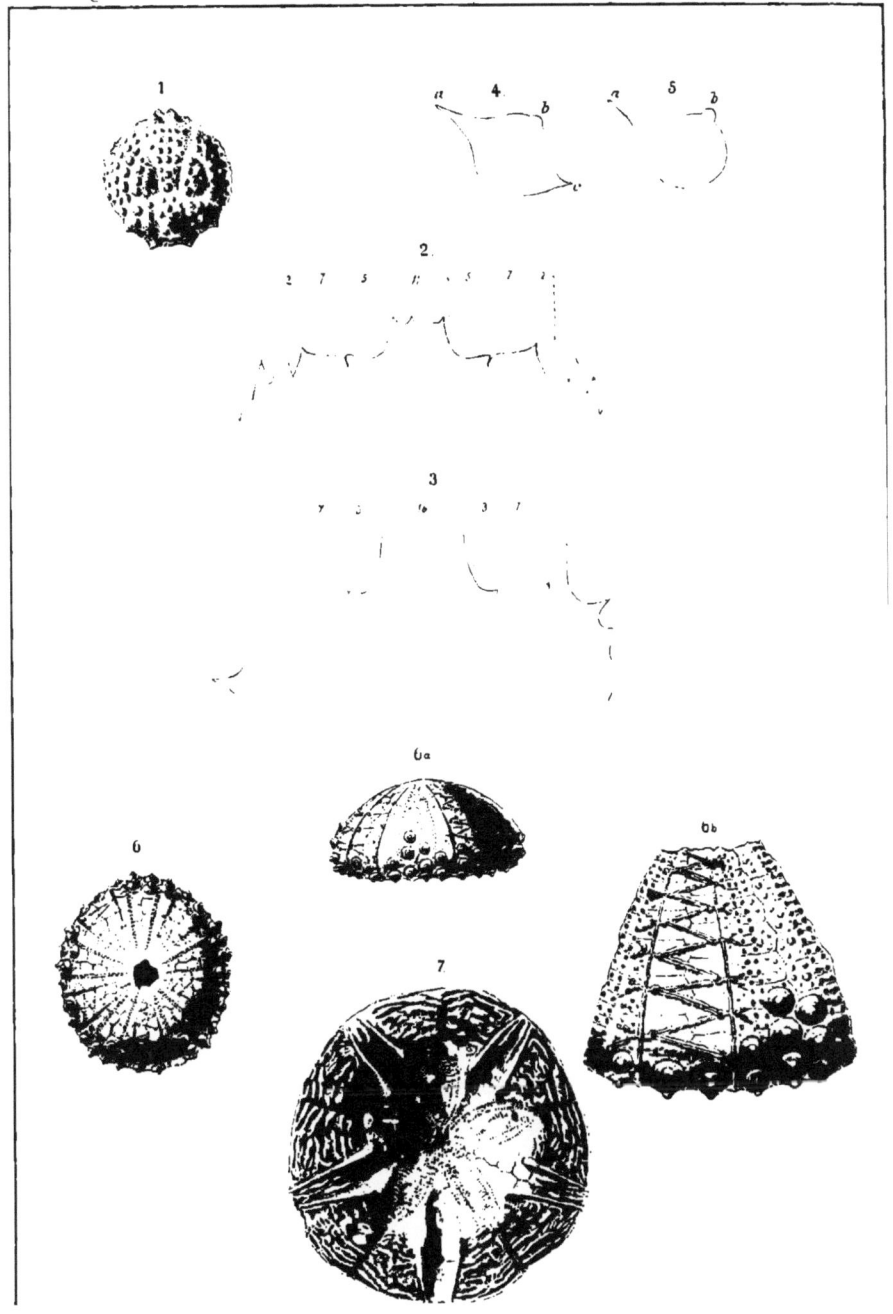